Verhaltens- und Kommunikationsstile

Verhaltens- und Kommunikationsstile

Erkennen und optimieren

von
Eberhardt Hofmann

HOGREFE · GÖTTINGEN · BERN · WIEN · PARIS · OXFORD · PRAG · TORONTO · CAMBRIDGE, MA · AMSTERDAM · KOPENHAGEN · STOCKHOLM

Dipl.-Psych. *Eberhardt Hofmann,* geb. 1959. Studium der Psychologie in Tübingen. Tätigkeit in verschiedenen Großorganisationen im Bereich der Personalentwicklung. Lehraufträge an verschiedenen Hochschulen. Wohnhaft in Friedrichshafen.

Wichtiger Hinweis: Der Verlag hat für die Wiedergabe aller in diesem Buch enthaltenen Informationen (Programme, Verfahren, Mengen, Dosierungen, Applikationen etc.) mit Autoren bzw. Herausgebern große Mühe darauf verwandt, diese Angaben genau entsprechend dem Wissensstand bei Fertigstellung des Werkes abzudrucken. Trotz sorgfältiger Manuskriptherstellung und Korrektur des Satzes können Fehler nicht ganz ausgeschlossen werden. Autoren bzw. Herausgeber und Verlag übernehmen infolgedessen keine Verantwortung und keine daraus folgende oder sonstige Haftung, die auf irgendeine Art aus der Benutzung der in dem Werk enthaltenen Informationen oder Teilen davon entsteht. Geschützte Warennamen (Warenzeichen) werden nicht besonders kenntlich gemacht. Aus dem Fehlen eines solchen Hinweises kann also nicht geschlossen werden, dass es sich um einen freien Warennamen handele.

Bibliografische Information der Deutschen Nationalbibliothek

Die Deutsche Nationalbibliothek verzeichnet diese Publikation in der Deutschen Nationalbibliografie; detaillierte bibliografische Daten sind im Internet über http://dnb.d-nb.de abrufbar.

© 2011 Hogrefe Verlag GmbH & Co. KG
Göttingen · Bern · Wien · Paris · Oxford · Prag · Toronto
Cambridge, MA · Amsterdam · Kopenhagen · Stockholm
Rohnsweg 25, 37085 Göttingen

http://www.hogrefe.de
Aktuelle Informationen · Weitere Titel zum Thema · Ergänzende Materialien

Umschlagabbildung: © Faber Visum – Fotolia.com
Satz: Grafik-Design Fischer, Weimar
Gesamtherstellung: Hubert & Co, Göttingen
Printed in Germany
Auf säurefreiem Papier gedruckt

ISBN 978-3-8017-2346-0

Inhaltsverzeichnis

Einführung

Dieses Buch beschäftigt sich mit dem Thema „Persönlichkeit" und „Persönlichkeitsentwicklung". Der Begriff „Persönlichkeit" ist sowohl in der Alltagssprache als auch in der Wissenschaft eher unscharf und wird zur Bezeichnung unterschiedlicher Sachverhalte benutzt. In diesem Buch wird der Begriff zur Beschreibung von Verhaltensroutinen verwendet, die vor allem in Stresssituationen relativ automatisch ablaufen, ohne dass diese bewusst gesteuert werden. Diese automatisierten Verhaltensweisen (Kommunikations- und Verhaltensmuster) sind dabei zeitlich sehr konstant und laufen relativ standardisiert ab. Je stressreicher die Situation ist, in der man sich befindet, desto rigider wird das automatisierte Verhalten sein. Die Konstanz dieser automatisierten Verhaltensweisen über viele Situationen hinweg macht es möglich, eine verbale Beschreibung der dann ablaufenden Verhaltensroutinen in einigen wenigen Sätzen, der sogenannten „Notfallregel", zu formulieren. Diese ziemlich konstanten Verhaltensstrategien stellen aus der Sicht dieses Buches also den Kern der „Persönlichkeit" einer Person dar.

Wie entstehen solche Handlungsroutinen?

In der Regel werden diese Handlungsroutinen sehr früh im Leben als eine Konsequenz aus der Bewertung zwischenmenschlicher Situationen auf dem Hintergrund noch nicht ganz ausgereifter gedanklicher Prozesse gebildet und verfestigt. Im späteren Leben werden sie dann oft nicht mehr angemessen korrigiert. Die sich daraus ergebenden Grundannahmen über sich selbst und bezüglich der Umgebung führen zu Schemata, die in ähnlich erscheinenden Situationen wiederum relativ automatische Bewertungen dieser Situationen auslösen. Die Lebens- und Beziehungsgestaltung erfolgt dabei eher nach dem Prinzip der Konstruktion als dem der sachlichen Kausalität, das heißt, das Bild, das wir von der uns umgebenden sozialen Realität haben, entsteht zu einem guten Teil in unserem eigenen Kopf und nur bedingt aus den „objektiven" Gegebenheiten in der Außenwelt.

Das Verhalten, insbesondere in Stresssituationen, wird nicht so sehr absichtlich gesteuert, sondern eher stark von automatisierten Handlungsroutinen geprägt, die oftmals sogar der jeweiligen Person selbst verborgen sind. Dies wird in verschiedenen Situationen besonders deutlich:

- Verbal bekundete Verhaltensabsichten (z. B. auch gute Vorsätze) haben oft wenig Gemeinsamkeit mit dem tatsächlich ausgeführten Verhalten.

- In vielen zwischenmenschlichen Situationen treten immer wieder die glei-chen Schwierigkeiten auf. Man sagt dann: „die Chemie stimmt nicht". Diese zwischenmenschliche „Chemie" folgt jedoch genauen Regeln, die von den jeweiligen Notfallregeln der beteiligten Personen bestimmt werden.
- Man „stolpert" immer wieder über die gleichen Schwierigkeiten und hat den Eindruck, dass man diese zu einem gewissen Maß auch selbst erzeugt.

Wie lassen sich die in diesem Buch vermittelten Inhalte nutzen?

Die Erkenntnisse sind vor allem in drei Bereichen anwendbar: Man kann zu-nächst gezielt an sich selbst arbeiten, indem man die eigene Notfallregel ken-nenlernt, sie auf ihre Alltagstauglichkeit überprüft und an ihrer Optimierung arbeitet. Wenn man dann versucht, die Notfallregel anderer Personen zu be-stimmen, kann man wiederkehrende Interaktionsmuster analysieren und schließlich Strategien erarbeiten, um Interaktionen zu optimieren. Zusätzlich ist die Kenntnis der eigenen Notfallregel insbesondere in Entscheidungssitu-ationen hilfreich: Sie kann dabei helfen zu überprüfen, welche Entscheidungs-option wohl am besten zur eigenen Person bzw. zur eigenen Notfallregel passen würde:

a) *Selbstoptimierung:* In der Regel sind die Grundannahmen und die dazuge-hörigen Verhaltensstrategien zur Handlungssteuerung in sozialen Konstella-tionen nicht ganz optimal, sondern enthalten Fehlannahmen und Ungereimt-heiten, die zu Sollbruchstellen (Problemen) in der Interaktion mit anderen Menschen führen können. Sofern man die eigene Notfallregel kennt, kann man diese systematisch verändern, und zwar so, dass sie weniger geeignet ist, als Stressquelle wirken zu können. Eine Entwicklung der Persönlichkeit kann also durch das Erkennen und Beseitigen der Sollbruchstellen erfolgen, die in der nicht ganz optimalen Notfallregel angelegt sind.

b) *Optimierung zwischenmenschlicher Interaktionen:* Die Kenntnis von Ver-haltensroutinen und der dahinterstehenden verbal formulierten Verhaltens-strategien ermöglicht es, zwischenmenschliche Konflikte zu analysieren und in einem veränderten Licht zu betrachten. Das Wissen um die Notfallregel des Gegenübers führt zu einer Optimierung interaktioneller Einflussmög-lichkeiten. Es gilt dabei zu beurteilen, was der Interaktionspartner braucht und ich ihm vielleicht geben kann, ohne mir selbst zu schaden. Zudem gilt es zu erkunden, wovor sich der Interaktionspartner fürchtet, was also be-drohlich für ihn ist. Ziel ist es also, die emotionale Überlebensstrategie des Interaktionspartners zu dekodieren. Dadurch wird der andere kalkulierbar und steuerbar. So kann z. B. der Umgang mit Mitarbeitern, Vorgesetzten und

Kunden systematischer angegangen werden. Die zwischenmenschliche Dimension kann eine für beide Seiten positivere Tönung erhalten. Es soll die Befähigung erworben werden, Kooperation zu fördern und Synergien zu bilden. Diese Sichtweise ist ein ausgezeichnetes Instrument zur Lösung interpersoneller Konflikte. Hindernisse bei der Konfliktlösung bestehen zu einem guten Teil darin, das Wirken und Agieren des Gegenübers in seinem Warum und Wozu nicht ausreichend erfasst zu haben. Die Analyse der Überlebensstrategie des Gegenübers zeigt die Möglichkeiten und Grenzen zukünftiger Kooperationen auf und eröffnet die Chance, den eventuell schmalen Rahmen der interaktionellen Möglichkeiten optimal zu nutzen. So ist es möglich, sich in einer Situation auf das Machbare zu konzentrieren und Bemühungen, die vorhersehbar frustrierend enden werden, von vornherein zu unterlassen.

c) *Optimierung von Entscheidungen:* Aufgrund der Kenntnis der eigenen Notfallregel sowie der Notfallregel anderer relevanter Personen im sozialen Umfeld ist es möglich, in Entscheidungssituationen verschiedene Optionen besser zu beurteilen und zu bewerten. Besonders relevant ist dies z. B. bei beruflichen Entscheidungen, wenn es darum geht, die Qualität der Beziehung zu den potenziellen Kollegen und noch wichtiger zum potenziellen Chef einzuschätzen. Welche berufliche Option entspricht am besten der eigenen Notfallregel? Mit welcher beruflichen Option würde man vermutlich besser zurechtkommen? Welche Verhaltensänderung wäre aufgrund einer bestimmten beruflichen Option wohl notwendig? Kann und will man diesen Veränderungsaufwand leisten, wenn man sich in die jeweilige Situation begeben würde? Man kann also überlegen, ob die jeweiligen Verhaltens- und Kommunikationsstile eher zueinander passen, neutral sind oder zu vorprogrammierten Konflikten führen werden.

Die in diesem Buch vertretene Sichtweise von „Persönlichkeit" orientiert sich sehr an der neurophysiologischen Forschung und an der Klassifikation der Weltgesundheitsorganisation (Delling, 2008) sowie an deren Präzisierung für den psychologischen Bereich (Saß, Wittchen & Zaudig, 2003). Das Grundverständnis von „Persönlichkeit" fußt dabei auf dem Hintergrund der sogenannten „kognitiv-behavioralen" Sichtweise (z. B. Sulz, 1999).

Eine Analogie

Abbildung 1 stellt eine Analogie für das Entstehen von Stress dar. Sie vergleicht die interaktionelle Situation mit dem Entstehen eines Gewitters. Wenn die Person anders strukturiert (geladen) ist, als es die Situation erfordert, bzw. es der

Strukturierung (Ladung) einer anderen Person entgegensteht, so kommt es zu
Entladungen (Blitzen) und es entsteht eine Belastung (es regnet). Die Belas-
tungen (Regenfälle) sammeln sich in einem Gefäß, sobald dabei eine individuelle Schwelle überschritten ist, entstehen akute Stresssymptome.

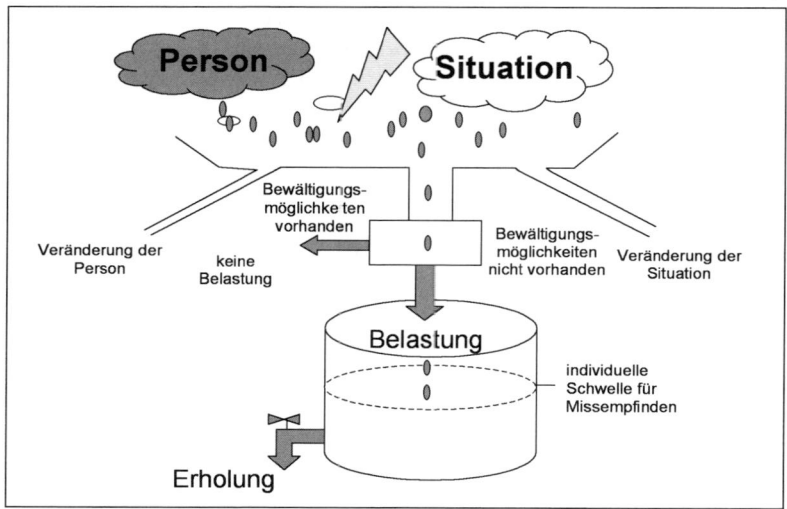

Abbildung 1: Analogie für die Stressentstehung und die Stressbeeinflussung

Was kann man nun tun, um auf dieses Geschehen Einfluss zu nehmen? Zunächst
kann man versuchen, die Entstehung der „Gewitter" so weit wie möglich zu verhindern, indem man zentrale Lebensentscheidungen so trifft, dass die Umwelt,
in der man sich befindet, in einem größtmöglichen Einklang zu den eigenen
Dispositionen steht. Man kann auch versuchen, die Situation zu verändern oder
sich selbst als Person, indem man die eigene Notfallregel verändert. Ist all dies
nicht möglich, so ist man auf den Aufbau von Bewältigungs- oder Erholungs-
möglichkeiten angewiesen (z. B. Hofmann 2001), um Dampf (Wasser) abzulas-
sen. Besser ist es jedoch, wenn man verhindern kann, dass Spannungen entstehen.

Aufbau des Buches

Das Buch kann als Lese- und Arbeitsbuch genutzt werden. Wenn es als reines
Lesebuch verwendet wird, wird es natürlich nur eine sehr begrenzte verhaltens-
ändernde Wirkung haben. Einen größeren Nutzen kann dieses Buch entfalten,

wenn man die beschriebenen Übungen auch tatsächlich im Alltag durchführt.
Ein zentrales Element der kognitiv-behavioralen Sichtweise besteht gerade in
der Idee, dass sich eine Veränderung im konkreten Handeln, in der Interaktion
mit anderen Menschen und in Form einer Realitätsprüfung fundamentaler Annahmen über das Funktionieren von Beziehungen vollzieht und weniger in
Gedanken und in theoretischen Analysen. Daher möchte ich Sie ermutigen, die
vorgestellten Übungen auch tatsächlich durchzuführen.

Der Sprachstil des Buches ist häufig so gewählt, dass er eher plakativ ist, um
die Sachverhalte klarer zu formulieren und klarer abgrenzen zu können.

Im ersten Kapitel des Buches wird ein Modell für die verschiedenen Arten
der Verhaltenssteuerung vorgestellt. Ausgehend von diesem Modell wird im
zweiten Kapitel die Bedeutung der individuellen Notfallregel erläutert, diese
Notfallregel erfasst und die dazugehörige Entwicklungsregel formuliert. Im
Kapitel 3 geht es um die Bedeutung sogenannter Verhaltens- und Kommunikationsstile. Sieben solcher im Alltag besonders relevanter Stile und die dazu-
gehörigen psychologischen Kalküle werden im Kapitel 4 ausführlich vorgestellt. Die Bedeutung von Verhaltensexperimenten sowie deren konkrete Planung
und Durchführung werden im Kapitel 5 erklärt. Die Durchführung von Verhaltensexperimenten ist das zentrale Mittel der Persönlichkeitsentwicklung,
und eine unterstützende Maßnahme hierzu, nämlich die gedankliche Bearbei-
tung der Notfallregel, wird im sechsten Kapitel beschrieben. Das siebte Kapitel beschäftigt sich schließlich mit Grundprinzipien der Verhaltensänderung.

1 Verschiedene Mechanismen der Verhaltenssteuerung

Um die Mechanismen der Selbstoptimierung und die zentralen Aspekte der zwischenmenschlichen Interaktion verstehen zu können, muss man die dabei relevanten Wege der Verhaltenssteuerung kennen. Unser Verhalten wird von relativ wenigen kybernetischen Prozessen gesteuert, die im Gehirn systematisch und konstant ablaufen, so als ob dieses programmiert worden wäre. Jedes Gehirn enthält dabei auch einige Fehlprogrammierungen, die zu fehlerhaftem Verhalten in kritischen Momenten führen können. Man trifft dann z. B. Fehlentscheidungen, die hätten verhindert werden können. Unser Verhalten wird weitgehend vom Gehirn gesteuert, daher braucht man etwas Hintergrundwissen zum Aufbau des Gehirns, um die relevanten Steuerungsarten zu verstehen. Das erste Kapitel vermittelt schwerpunktmäßig dieses notwendige Wissen. Zum Verständnis der Steuerungsmechanismen benötigt man zusätzlich noch psychologisches Wissen, das im nachfolgenden Kapitel vermittelt werden soll.

Im Bezug auf zwischenmenschliche Interaktionen wird häufig davon ausgegangen, dass die Kommunikation das zentrale Thema sei, um effizienter handeln zu können. Dass dies zu kurz gegriffen ist, merken wir spätestens dann, wenn wir unsere kommunikativen Fähigkeiten absolut perfekt gemacht haben. Denn was macht ein Mensch, bevor er seinen Mund aufmacht? Was er innerlich an Gedanken und Plänen produziert, bevor er mit der Kommunikation beginnt, ist das Eigentliche. Die Art der Kommunikation ist natürlich bedeutsam, sie ist jedoch eher ein Folgeprodukt vorgelagerter Prozesse als ein eigenständiges Phänomen. Um die für die Verhaltenssteuerung relevanten Prozesse zu verstehen, muss man zunächst wissen, welche Funktionssysteme die menschliche Psyche beinhaltet.

1.1 Die Funktionssysteme der Psyche

Der Mensch verfügt grundsätzlich über zwei unterschiedliche Funktionssysteme zur Steuerung von Verhalten und Entscheidungen: über ein bewusstes System und über ein „autonomes" Verarbeitungssystem. In diesem Zusammenhang vermeide ich den Begriff „unbewusst", weil er sehr oft durch die Nähe zu psychoanalytischen Ideen mit Begriffen wie „Verdrängung", „triebhaft", „primitiv", „unberechenbar" etc. assoziiert wird. Das Unbewusste wird aus einer solchen Perspektive heraus oft als eine Art Rumpelkammer der Psyche verstanden. Im Gegensatz dazu sollen hier „autonome psychische Prozesse" als Funktionen verstanden werden, die aus Ökonomiegründen automatisch ablaufen, ohne dass sie ständig mit Aufmerksamkeit belegt sein müssen. Es wäre katastrophal, wenn man sich immer und vollständig dessen bewusst wäre, was gerade im Körper abläuft. Man würde dann z. B. die Muskelspannung wahrnehmen, die in den verschiedenen Muskelgruppen nötig ist, um ein Buch in der Hand zu halten. Man würde auch wahrnehmen, wie die Körpertemperatur konstant gehalten wird. Ähnlich würde es sich beim Lesen selbst verhalten: Beim Lesen dieser Sätze würde man sich darüber bewusst sein, wie einzelne Linien Buchstaben bilden und diese zu Worten zusammengesetzt werden. Ebenso wäre man sich der Tatsache bewusst, dass die einzelnen Buchstaben im Wortverbund anders ausgesprochen werden als einzeln: Ein „Z" wird im Wortverbund nicht als „Zett" ausgesprochen. Wir wären uns ständig der Grammatik bewusst, mit der einzelne Worte zu Sätzen zusammengefügt werden, damit sie einen Sinn ergeben usw. Wenn uns das alles ständig bewusst wäre, bräuchten wir entweder eine ungeheure Verarbeitungskapazität oder wir wären gar nicht mehr lebensfähig. Es wäre darüber hinaus sehr unökonomisch, ständig Wahrnehmungen präsent zu halten, die für das, was im Moment passiert, nicht notwendig sind. Unter „autonom" verstehe ich daher diejenigen Prozesse, bei denen Funktionsweisen „im Hintergrund" ablaufen, ohne dass der Scheinwerfer des Bewusstseins im Moment gerade auf sie gerichtet ist. Eine Analogie für den Dualismus „bewusst – autonom" stellt auch der Gebrauch eines Computers dar. Für den Benutzer des Computers ist nur das relevant, was er auf seinem Bildschirm sieht. Alles, was eigentlich in der Software abläuft, ebenso wie die gesamte Hardware, ist für die effiziente Benutzung des Computers zumindest so lange irrelevant, wie das Programm einwandfrei funktioniert. Ist dies jedoch einmal nicht der Fall, so kann man immer noch in die einzelnen Menüs gehen oder die Betriebsanleitung lesen, im Notfall sogar zu einem Spezialisten gehen, der sich mit den speziellen Funktionsweisen besser auskennt. Die Notwendigkeit, sich tiefer in die Funktionalität einzudenken, ergibt sich jedoch immer erst im Ausnahmefall, der Normalfall, die Routine, läuft rein auf der Benutzeroberfläche ab.

Unbewusst in dem hier verwendeten Sinne sind also
- unterschwellige Wahrnehmungen,
- Wahrnehmungen außerhalb des Aufmerksamkeitsfokus,
- alle gedanklichen und emotionalen Prozesse, die vor der Ausreifung der Großhirnrinde (am Ende der Pubertät) ablaufen,
- Gedächtnisinhalte, die von der Großhirnrinde „abgesunken" sind (vergessen wurden), die aber wieder bewusst gemacht werden können.

Im Zusammenspiel von bewusster und autonomer Funktionsweise sind vier verschiedene Subsysteme zu berücksichtigen: der bewusste Verarbeitungsmodus, die autonome Kognition, die autonome Emotion und das autonome Nervensystem (vgl. Abbildung 2). Diese Subsysteme sind funktionell und anatomisch gut abgrenzbar und werden nachfolgend näher beschrieben. Danach werden die Gesetzmäßigkeiten und die Besonderheiten bei der Zusammenarbeit dieser Subsysteme thematisiert.

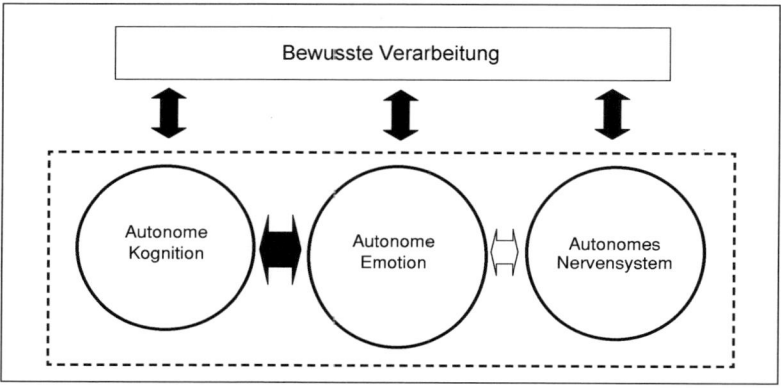

Abbildung 2: Die verschiedenen Funktionssysteme

Autonomes Nervensystem

Ein Funktionssystem der Verhaltenssteuerung ist das „Autonome Nervensystem", das vor allem für die vegetative Regulation verantwortlich ist. Die allermeisten Körperfunktionen laufen, ohne dass wir uns ihrer bewusst sind und ohne dass wir viel Einfluss auf sie haben ab. Sie werden vom sogenannten „Autonomen Nervensystem" gesteuert. Solche Körperfunktionen sind z. B. der Herzschlag, die Atmung, die Verdauung, die Regulation der Körpertemperatur, die Hormonausschüttungen usw. Der Körper regelt das physiologische Gleichgewicht (die physiologische Homöostase) mit Hilfe des „Autonomen Nervensystems" in der Regel völlig unbemerkt. Sonst wäre es beispielsweise auch schwer möglich zu schlafen. Dass das „Autonome Nervensystem" eine ganze Menge an Funktionen reguliert, wird immer erst dann wahrnehmbar, wenn es zu Fehlfunktionen kommt. Im Normalfall dagegen läuft alles „unbewusst". Das „Autonome Nervensystem" befindet sich zu einem Teil zentral im sogenannten Hirnstamm und zum anderen Teil dezentral praktisch im ganzen Körper verteilt.

Autonome Kognition

Ein zweites Funktionssystem der Verhaltenssteuerung besteht in der „Autonomen Kognition". In der „Autonomen Kognition" läuft all das ab, was man hauptsächlich in den langen Jahren der Schul- und sonstigen Ausbildungen oftmals mühsam lernt, was durch die jahrelange Übung aber völlig automatisch geschieht. Beispiele hierfür sind das Lesen, das Verständnis für Grammatik, das Rechnen, aber auch viele komplexe Bewegungsleistungen wie z. B. das Halten des Gleichgewichts beim Radfahren, das Binden einer Krawatte oder das Binden von Schuhen. Diese Leistung kann dabei so komplex sein, dass man sehr wahrscheinlich auch beim intensiven Nachdenken darüber, wie man es eigentlich schafft, z. B. das Gleichgewicht auf einem Fahrrad zu halten, nicht genau beschreiben könnte, wie man es macht. Ein anderes Beispiel für eine solche komplexe Bewegungsleistung ist das Fahren einer Kurve mit dem Auto. Für das Fahren einer Kurve müssen komplexe Berechnungen zwischen optischen und kinästhetischen Parametern durchgeführt werden, die niemand so genau beschreiben kann, die aber während einer Autofahrt ständig autonom ablaufen. Ein weiteres Beispiel ist der Schaltvorgang beim Autofahren: Ein Fahranfänger muss enorme Aufmerksamkeit dafür aufbringen, um die Kupplung zu betätigen, den Schalthebel in die richtige Position zu bringen, die Kupplung wieder synchronisiert mit dem Gasgeben einzukuppeln und dabei auch noch den der jeweiligen Geschwindigkeit angemessenen Gang zu wählen. Noch ein anderes Beispiel: Fast jeder von uns kann erkennen, ob ein Satz grammatikalisch richtig oder falsch ist. Die wenigsten von uns können jedoch exakt begründen, warum ein Satz grammatikalisch falsch oder richtig ist. Wir nehmen auch hier nur das Ergebnis einer Regelanwendung wahr, können aber die Regel selbst nur bedingt verbalisieren.

Bei all den Funktionen, die durch die „Autonome Kognition" gesteuert werden, ist man sich in der Regel zwar bewusst, *dass* man etwas tut, selten jedoch, *wie* man etwas genau tut. Genau dieses *wie* ist Inhalt der „Autonomen Kognition". Viele Dinge, die durch die „Autonome Kognition" gesteuert werden, sind im Langzeitgedächtnis abgelegt.

Anatomisch ist für die „Autonome Kognition" hauptsächlich eine Gehirnstruktur wichtig, die Hippokampus heißt. Diese Struktur stellt das Tor zum Langzeitgedächtnis dar. Wenn diese Struktur (z. B. durch einen Schlaganfall) geschädigt ist, kann keine Information mehr in die „Autonome Kognition" aufgenommen werden. Was sich jedoch schon in der „Autonomen Kognition" befindet, ist weiterhin verfügbar. Welche Leistung die „Autonome Kognition" vollbringt, merkt man immer dann sehr gut, wenn man die entsprechenden Fähigkeiten neu lernen oder umlernen muss. Beispielsweise wird diese Leistung sichtbar, wenn man Kindern das Lesen oder Rechnen beibringt, wenn man eine neue Sportart erlernt, wenn man in einem Land mit Linksverkehr Urlaub macht, wenn man sich als Rechtshänder die Zähne mit der linken Hand putzt oder wenn man beim Autofahren von einem Schalt- auf ein Automatikgetriebe oder umgekehrt umsteigen muss. Alle Abläufe der „Autonomen Kognition" haben zunächst einmal Aufmerksamkeit und Bewusstsein erfordert, dies war jedoch mit zunehmender Übung immer weniger erforderlich, die Abläufe wurden immer weiter automatisiert.

Autonome Emotion

Ganz analog zur „Autonomen Kognition" gibt es auch eine „Autonome Emotion". Wir haben alle eine „automatische" Empfindung dafür, was gut für uns ist (z. B. Nahrung) und was nicht gut für uns ist (z. B. Schmerzen). Wir alle verfügen über ein basales Annäherungs- bzw. Vermeidungssystem, das uns sagt, was wir anstreben oder vermeiden sollen. Neben diesem angeborenen, basalen emotionalen System, das bei allen Menschen in ähnlicher Weise funktioniert, gibt es noch ein zweites emotionales Regulationssystem, das auf individuellen Lernerfahrungen beruht. Diese Lernerfahrungen dienen als gelerntes Koordinatensystem, das uns sagt, welche, insbesondere sozialen Situationen besser aufzusuchen und welche tunlichst zu vermeiden sind. Diese gelernten Regeln der Annäherung und der Vermeidung bestimmter sozialer Situationen werden vornehmlich in der Kindheit erworben. Die „Autonome (implizite) Emotion" garantiert das physische und psychische Überleben einer Person. Sie verfolgt dabei die Strategie, die aus der Kindheit übernommenen Überlebensstrategien anzuwenden und auf deren Hintergrund ein Bild der Wirklichkeit zu konstruieren. Unsere Wahrnehmung ist nicht das objektive Abbild der „Realität". Das zeigen schon die vielen Wahrnehmungstäuschungen. Die Wahrnehmung ist sehr selektiv, unwichtige Dinge werden weggefiltert, wichtige verstärkt. Die Wahrnehmung ist somit keine direkte Abbildung der Welt, sondern ein mehr oder weniger verzerrtes Abbild der Außenwelt, das stark von der Überlebenssituation der Person beeinflusst wird. Wie könnte ein Organismus auch überleben, wenn er sich nicht auf das Wesentliche in seiner Umwelt konzentriert? Oder anders formuliert: Ein Organismus kann gerade deshalb gut überleben, *weil* der Wahrnehmungs- und Erkenntnisapparat nur das für ihn Wesentliche erfasst. Worin dieses Wesentliche besteht, ist individuell verschieden und hängt mit dem zusammen, was man „Persönlichkeit" nennt. Unser Gedächtnis ist daher das wesentliche Wahrnehmungsinstrument bei der Beurteilung komple-

xer Sachverhalte. Es liefert uns (oft frühzeitig erlernte und verfestigte) Inter-
pretationshilfen, die uns sagen, was für unser Überleben wichtig ist. Wie
können wir dann mit verzerrten oder zumindest prinzipiell verzerrbaren Wahrnehmungen leben? Es kommt nicht so sehr auf die Qualität der Wahrnehmung,
sondern eher auf die Qualität der Handlung an, die aus der Wahrnehmung
erwächst. Nicht die Optimierung des Kosten-Nutzen-Verhältnisses ist das
wichtigste Kriterium menschlichen Handelns und Entscheidens, sondern die
Aufrechterhaltung eines möglichst stabilen und widerspruchsfreien Selbstbil-
des der handelnden Person. Man muss „mit den eigenen Entscheidungen leben
können", sie brauchen nicht unbedingt „objektiv" richtig zu sein.

In den ersten Lebensjahren geht es vor allem um das somatopsychische Überleben, die mittelfristige Strategie der „Autonomen Emotion" heißt: „Ich muss
irgendwie einigermaßen unbeschadet durch die Kindheit kommen". Dazu
werden teilweise auch Strategien entwickelt, die zu erheblichen Nachteilen im
Erwachsenenalter führen können.

Diese frühen Lernerfahrungen sind besonders intensiv, weil in den ersten
Lebensjahren eine besonders hohe Lernfähigkeit besteht, die Kritikfähigkeit
dagegen noch sehr gering ausgeprägt ist und der gedächtnismäßige Speicher
noch ziemlich leer ist. Bei der Verarbeitung der Außenereignisse stehen dem
Kind zudem die Regeln der Logik noch nicht zur Verfügung. Es dauert in der
Regel mindestens bis zum 12. Lebensjahr, bis ein Kind in der Lage ist, alle
formalen logischen Operationen zumindest prinzipiell beherrschen zu können.
Bis ein Kind die Sprache einigermaßen beherrscht, dauert es zwei bis drei
Jahre. In dieser Zeit finden jedoch natürlich auch emotionale Lernerfahrungen
statt. Diese Erfahrungen können jedoch nur schlecht oder gar nicht benannt
und eventuell entsprechend der Logik realitätsadäquat modifiziert werden. Das
Kind bildet sich daher vor dem Beherrschen der Sprache und der formalen
Logik seine eigene, individuelle Logik, mit deren Hilfe es sich die Vorgänge
in der Welt erklärt, seine „Autonome Emotion".

Es herrscht außerdem eine sogenannte „Infantile Amnesie". Der Gehirnteil
„Amygdala" ist für die Verarbeitung emotionaler Inhalte sehr bedeutsam. Die
Neuronen im oben beschriebenen Hippokampus entwickeln sich erst relativ
spät, später als die Neuronen der Amygdala. Daher finden zwar sehr früh emotionale Lernerfahrungen statt, diese können aber nur unzureichend benannt
und bewusst reflektiert werden, da bei ihrer Abspeicherung die Hippokampus-
neuronen und die Fähigkeit, Sachverhalte verbal zu benennen, noch nicht (voll)
funktionsfähig waren. Oftmals werden diese frühen emotionalen Lernerfahrungen dann automatisiert und ein Leben lang nicht mehr korrigiert, sondern

dienen als unhinterfragter Autopilot für große Teile des späteren Lebens. Die relevanten frühen emotionalen Lernerfahrungen sind zu einem großen Teil durch die primären Bezugspersonen, in der Regel werden dies die Eltern sein, vermittelt. Die „Autonome Emotion" ist daher die komprimierte Lebenserfahrung, primär aus der Kindheit, jedoch auch aus Erfahrungen gebildet, die wir unser ganzes Leben lang machen. Wie eindrücklich eine erwachsene primäre Bezugsperson für ein Kind sein muss, kann man sich verdeutlichen, wenn man alleine bedenkt, dass ein Erwachsener drei- bis fünfmal so groß ist wie ein Kind.

Die Inhalte der „Autonomen Emotion" sind normalerweise nicht unmittelbar unserem Bewusstsein zugänglich. Unsere verschiedenen Gedächtnissysteme sind jedoch in ihrer gegenseitigen Abgrenzung „nicht ganz dicht". In Zeiten, in denen wir optimale Bedingungen für den Gebrauch unseres Bewusstseins haben, können wir uns auf die Suche nach den Inhalten und Prozessen der ansonsten autonom ablaufenden Prozesse machen und eventuelle Fehlentwicklungen erkennen und verändern lernen. Ohne die Bewertung der „Autonomen Emotion" wären wir im täglichen Leben ziemlich aufgeschmissen, auch wenn die Bewertungen der „Autonomen Emotion" uns nur punktuell bewusst werden.

Bewusstsein

Nachdem die autonomen Anteile beschrieben wurden, soll nun die Funktionsweise des Bewusstseins näher betrachtet werden. Betrachtet man die Gesamtfunktionen, die im Lebensvollzug reguliert werden müssen, so stellt das Bewusstsein einen eher kleineren Teil der Regulationsmechanismen dar. Anatomisch ist das Bewusstsein in der Großhirnrinde lokalisiert. Diese macht nur rund ein Prozent der Gesamtzahl der Nervenzellen aus und spielt damit rein quantitativ betrachtet eine sehr geringe Rolle. Das Bewusstsein ist ein wesentliches Kriterium, das den Menschen von anderen Lebewesen unterscheidet und dem Menschen einen enormen evolutionären Vorteil verschafft hat. Das Bewusstsein ist zwar eher der Ausnahmezustand in der Gesamtregulation, es stellt jedoch auch das „besondere Werkzeug" dar. Mit Hilfe des Bewusstseins ist es möglich, sich vom Hier und Jetzt zu lösen und in die Zukunft zu planen. Es ermöglicht eine rationale Reflexion und ein logisches Durchdringen von Sachverhalten. Weiterhin macht es das Bewusstsein möglich, zumindest zeitlich begrenzt die Lust-Unlustimpulse zu unterdrücken und sie in den Dienst „höherer" Ziele zu stellen. So kann man sich z. B. einer Zahnbehandlung unterziehen, was ja nicht besonders viel Spaß macht, aber längerfristig zu einem besseren Gesundheitszustand verhilft. Oder man kann Hausaufgaben machen, anstatt zu spielen, obwohl dies momentan relativ unattraktiv sein kann. Mit Hilfe des Bewusstseins kann man der Diktatur der momentanen Handlungsimpulse entfliehen und zumindest zeitlich begrenzt übergeordnete Ziele zum Maßstab des Handelns machen. Es ermöglicht dadurch eine stärkere Aktion in Relation zur Reaktion. Das Bewusstsein kommt daher auch immer dann zum Einsatz, wenn es um längerfristige Planungen geht.

Den Vorteilen der Informationsverarbeitung mit Hilfe des Bewusstseins stehen jedoch auch einige Nachteile gegenüber. Das Bewusstsein arbeitet im Gegensatz zu den anderen Regulationsmechanismen eher langsam und braucht viel Energie. Daher ist es gut, dessen Einsatz tunlichst auf ein Minimum zu beschränken. Unser Gehirn ist zudem ein „teures" Organ, es verbraucht im Ruhezustand etwa zehnmal mehr Energie, als es ihm nach seinem Volumen zukäme, bei geistiger Aktivität steigt der Verbrauch noch mehr an. Der „teure" Prozess ist dabei nicht die elektrische Aktivität der Nervenzellen, sondern eher der Reorganisationsprozess danach. Bewusstsein braucht hohe Energiemengen, bei denen es darum geht, große und unterschiedliche Datenmengen miteinander zu verknüpfen. Dies „bezahlt" das Gehirn mit hohen Stoffwechselkosten, daher ist es verständlich, dass das Gehirn dazu neigt, Routinen auszubilden, auch wenn diese der Flexibilität eventuell abträglich sein sollten.

Merke:

Die bewusste Verarbeitung der Information kann nur seriell (also in einzelnen Schritten jeweils nacheinander) erfolgen, und es ist eher störanfällig. Besonders bei Stress ist daher auf die Funktion des Bewusstseins eher weniger Verlass. Immer dann, wenn es „eng wird", sind die Handlungen einer Person daher eher durch die emotionalen Lernerfahrungen gesteuert. Der freie Wille kommt eher in Situationen zum Zug, in denen man Zeit und Freiheit hat, zu reflektieren. Autonome Regulationen steuern dagegen das Verhalten in Routinesituationen oder in Notfallsituationen.

Abbildung 3 zeigt die anatomische Lage der beschriebenen Gehirnstrukturen. Die Rolle des Präfrontalkortex wird im Kapitel 5 näher beschrieben.

1.2 Zusammenspiel der Funktionssysteme

Wir haben also nicht *ein* Gedächtnis, sondern verschiedene Gedächtnissysteme. Im sogenannten „deklarativen" oder „expliziten" Gedächtnis können wir die Gedächtnisinhalte benennen, sie sind verbal zugänglich. Im sogenannten „impliziten Gedächtnis" sind die emotionalen Lernerfahrungen gespeichert, die

meist nicht exakt benannt werden können. Das implizite Gedächtnis arbeitet
weitgehend unbeeinflusst von Stress und sehr zuverlässig. Das explizite Gedächtnis dagegen wird vom Stressgeschehen stärker beeinflusst.

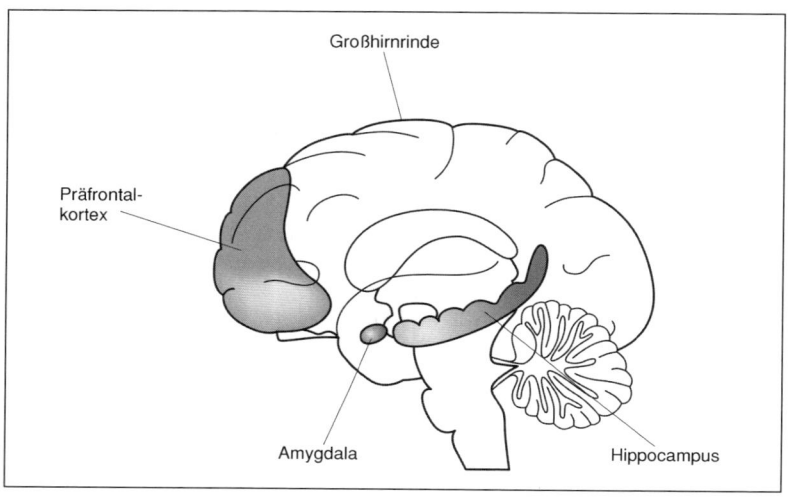

Abbildung 3: Aufbau des Gehirns

In den verschiedenen Funktionssystemen laufen verschiedene Arten von Lernen ab:

1. *Lernen im schulischen Sinne. Diese Art von Lernen hat mit Wissensvermitt-
   lung, Logik, Einsicht, Verständnis etc. zu tun.* Diese Form des Lernens
   findet hauptsächlich in der Großhirnrinde statt und ist bewusst. Sachliche
   Details und genaue Unterscheidungen spielen eine große Rolle.
2. *Lernen im Sinne von Assoziation und emotionalem Lernen („Gut oder
   schlecht für mich").* Diese Art von Lernen folgt dem Prinzip der sogenannten
   „Klassischen Konditionierung" und des „Primings" und findet schwerpunktmäßig in der Amygdala statt. Diese Form des Lernens ist eher autonom, und
   die sachlichen Einzelheiten des Geschehens werden nicht genau erfasst. Dadurch werden oftmals merkwürdige Vorlieben und Aversionen ausgebildet,
   die für einen Außenstehenden schwer erklärbar sind. Es kommt zu einer Art
   „unkontrollierter Mitkonditionierung" eigentlich irrelevanter Merkmale.

Das sogenannte „Klassische Konditionieren" und das „Priming" sollen aufgrund
ihrer hohen Bedeutung für die Entstehung der „Autonomen Emotion" nachfolgend etwas detaillierter erläutert werden.

Klassisches Konditionieren

Mit dem Begriff „Klassische Konditionierung" wird der Sachverhalt beschrieben, dass einem natürlichen, meist angeborenen, unbedingten Reflex durch Lernen ein bedingter (konditionierter) Reflex hinzugefügt werden kann. Am bekanntesten hierfür ist das Beispiel der Pawlow'schen Hunde. Iwan Pawlow hat den Prozess der klassischen Konditionierung als erster beschrieben.

Klassische Konditionierung:

Pawlow blies Hunden Fleischpulver (unkonditionierter Reiz) in das Maul. Darauf reagierten die Hunde mit Speichelfluss (unkonditionierte Reaktion), was nicht weiter verwunderlich ist. Kombiniert man nun mehrmals die Gabe von Fleischpulver z. B. mit dem Ertönen einer Glocke (unkonditionierter Reiz), so kann nach einiger Zeit schon das alleinige Ertönen der Glocke den Speichelfluss auch ohne Anwesenheit von Fleischpulver auslösen (konditionierter Reflex). Das Ertönen der Glocke, das für sich genommen natürlich keinen Speichelfluss auslöst, kann durch eine entsprechende Lernerfahrung durchaus zu einem Auslöser für Speichelfluss werden.

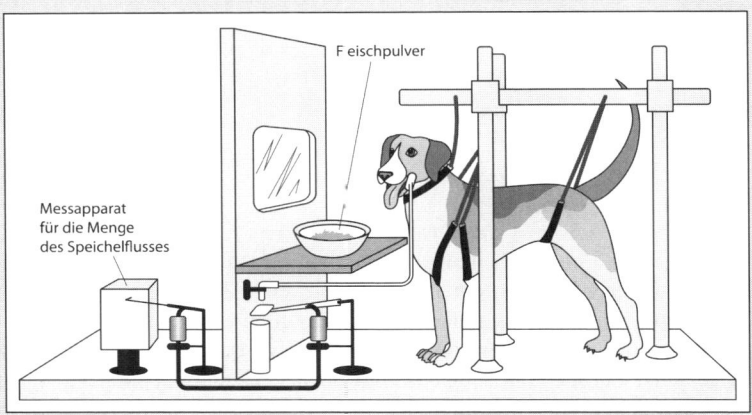

Abbildung 4: Versuchsaufbau von Experimenten der „Klassischen Konditionierung"

Ähnlich verhält es sich z. B. mit Menschen, die die Bombardierungen im Zweiten Weltkrieg erlebt haben. Vor den Angriffen heulten in aller Regel die Sirenen. Viele dieser Menschen reagierten auch Jahrzehnte später immer noch mit Panik, sobald sie eine Sirene hörten. Für viele Menschen ist beispielsweise auch der Geruch beim Zahnarzt ein Auslöser für unangenehme Empfindungen, obwohl dieser „eigentlich" ganz neutral ist. Wir haben jedoch gelernt, diesen Geruch als ein Signal für die insgesamt häufig eher unangenehme und oft schmerzbesetzte Situation beim Zahnarzt zu nehmen. Vor Jahren bin ich selbst mit dem Fahrrad an einer Autoschlange im Stau vorbeigefahren. Plötzlich öffnete ein Fahrer die Tür und ich krachte in seine Tür. Es dauerte daraufhin etwa zwei Jahre, bis ich wieder angstfrei an einer Reihe parkender Autos vorbeifahren konnte. Der Mechanismus ist immer der gleiche: Durch eine häufige raumzeitliche Kombination verbinden wir ehemals neutrale Signale mit einem für uns relevanten Signal. Nach entsprechend vielen oder entsprechend intensiven Durchgängen kann dann auch der ehemals neutrale Reiz die für uns bedeutsame Reaktion auslösen.

Bei Prozessen der klassischen Konditionierung kommt es praktisch immer auch zu Generalisierungen. Bei Hunden kann z. B. auch eine etwas anders tönende Glocke den konditionierten Speichelfluss auslösen. Eine Konditionierung erfolgt generell nicht nur auf den konditionierten Reiz, sondern auch auf die damit verbundenen Kontextbedingungen, also nicht nur der „eigentliche" bedingte Reflex wird aufgebaut, sondern es findet auch oft eine Konditionierung auf Randbedingungen statt, die „eigentlich" nicht zum Lernprozess gehören. Das „Klassische Konditionieren" ist der wohl besterforschte Prozess der Lernpsychologie. Ein weiterer wichtiger Prozess des autonomen Lernens ist das sogenannte „Priming".

Priming

Unter „Priming" (engl.: „Bahnung") versteht man den Effekt, dass bei wiederholter elektrischer Erregung einer Nervenbahn der Wirkungsgrad gleich starker Reize erhöht wird oder eine gleich starke Erregung einer Nervenbahn schon aufgrund einer schwächeren Reizung möglich ist. Bezogen auf Gedächtnisinhalte bedeutet dies, dass ein Gedächtnisinhalt schneller oder sogar ganz automatisiert abgerufen wird, wenn der Inhalt zuvor in irgendeiner Weise aktiviert wurde oder Inhalte aktiviert wurden, die mit diesem Inhalt assoziiert sind. So kann z. B. das Wort „Krankenschwester" die Reaktion auf das Wort „Arzt" deutlich beschleunigen.

In der Regel bilden sich emotionale Konditionierungen und Priming durch mehrmalige angenehme oder aversive Erfahrungen aus. Je stärker jedoch die emotionalen Begleitzustände oder die Konsequenzen sind, desto weniger Durchgänge, im Extremfall nur einer, sind notwendig, um eine stabile Konditionierung zu erzeugen. Da die Verhaltenssteuerung über emotionale Konditionierungen und Priming sehr gut funktioniert, bemerken wir diese Steuerung oft nicht einmal.

Gerät nun die Bewertung einer Situation auf der Grundlage der emotionalen Lernerfahrung in Konflikt mit der bewussten gedanklichen Bewertung, so wird in aller Regel die emotionale Lernerfahrung die daraus resultierende Handlung bestimmen.

Die neuroanatomische Basis für diese Dominanz des impliziten Gedächtnisses ist die Tatsache, dass wesentlich mehr neuronale Fasern von der Amygdala zur Großhirnrinde verlaufen als vom Kortex zur Amygdala. Die Amygdala stellt daher einen zentralen Trigger für die Funktionen des Kortex dar. Allerdings sind die Bahnen von der Großhirnrinde zur Amygdala umso stärker ausgeprägt, je höher das Lebewesen in der evolutionären Reihe steht. Die Evolution scheint sich in Richtung eines verstärkten Einflusses der Kognition auf die Emotion zu bewegen. Aus der Tatsache, dass es ein deklaratives und ein implizites Gedächtnis gibt, die beide relativ unabhängig voneinander arbeiten, folgen einige interessante Erklärungen für einige Phänomene des Alltags (vgl. Kasten).

Merke:

- Es kann zu machtvollen Lernprozessen kommen, die das Verhalten in vielen Situationen steuern, ohne dass das „deklarative Gedächtnis" (das Bewusstsein) davon etwas weiß.
- Menschen behaupten steif und fest und ohne sich und andere Personen absichtlich täuschen zu wollen, dass sie sich in einer gewissen Art und Weise verhalten (Selbstbild). Tatsächlich verhalten sie sich in vielen Situationen (aufgrund ihrer emotionalen Lernerfahrungen) völlig anders (Fremdbild). Eine Diskussion über diese Differenz ist dabei schwer möglich.
- Es entstehen „blinde Flecke" im Verhalten.
- Der Ratschlag „Sei doch nicht so ängstlich" an eine Person, die z.B. Flugangst hat, ist absolut wirkungslos, da dieser sich ausschließlich an das explizite Gedächtnis wendet und vollständig am impliziten Gedächtnis vorbeigeht.
- Allgemein gilt: Je mehr emotionale Komponenten eine Verhaltensänderung enthält, desto schwieriger wird diese auf dem Wege der Einsicht möglich sein.
- Die Starrheit der Notfallregel verhindert oft eine notwendige und für Außenstehende manchmal sehr einfach zu beschreibende Adaption an aktuelle Anforderungen.
- Menschen handeln oft entgegen ihren „eigentlichen" Wertvorstellungen, da diese Wertvorstellungen ausschließlich ein Produkt der bewussten Verarbeitung sind, das Verhalten jedoch oft von der autonomen Emotion gesteuert wird.

Manchmal kann es sogar von Vorteil sein, dass viele Handlungen automatisiert ablaufen, das Bewusstsein kann dabei geradezu störend wirken. Jeder Mensch bewegt z. B. die Arme ganz „automatisch" so, dass er den rechten Arm vornimmt, wenn er das linke Bein vornimmt, und den linken Arm, wenn er das rechte Bein vornimmt. Sobald man dieses aber bei Rekruten in der Armee thematisiert und diese versuchen, diese Bewegung „bewusst" nachzuvollziehen, haben sie oft große Schwierigkeiten damit. Auch bei Entspannungsverfahren kann man diesen Effekt beobachten. Man kommentiert bei manchen Entspannungsverfahren die Atmung etwa so: „Beim Einatmen hebt sich die Bauchdecke, beim Ausatmen senkt sie sich." Man kann gar nicht anders atmen! Die meisten Menschen nehmen solche Kommentare einfach hin und denken nicht weiter darüber nach. Ein kleiner Teil versucht dabei jedoch, diese Bewegung bewusst zu steuern und bekommt dann massive Probleme. Die Atmung, eine der natürlichsten Sachen der Welt, kann durch den Versuch der bewussten Kontrolle zum Problem werden.

Oft wird versucht, ungünstiges Verhalten in der Gegenwart mit bewussten Erinnerungen an die Kindheit in Verbindung zu bringen. Dies ist jedoch nur bedingt sinnvoll, da die Lernprozesse in einer Zeit entstanden sind, in der der bewusste Funktionsmodus des Gehirns überhaupt noch nicht funktionsfähig war. Die Suche nach solchen „Erklärungen" aus der Vergangenheit ist daher in der Regel zum Scheitern verurteilt. Sie dient mehr dem (legitimen) subjektiven Bedürfnis, sich Zusammenhänge zu erklären, als einer exakten Rekonstruktion der Lernprozesse.

> **Merke:**
>
> Eine umfassende Erklärung des Verhaltens ist nicht möglich und auch nicht hilfreich bzw. Veraussetzung für Veränderungen. Eine Veränderung der steuernden Komponenten des Verhaltens erfolgt nur durch die mehrmals absichtlich herbeigeführte Erfahrung, dass die gefürchteten Konsequenzen nicht (mehr) eintreten (vgl. Kapitel 5).

Trotzdem kann das Bewusstsein für eine Veränderung des Verhaltens und Erlebens hilfreich sein, nämlich indem es den Menschen dazu bringt, sich bewusst den zu verändernden Situationen auszusetzen. Man kann also auf direktem gedanklichen Wege wenig an seinem Verhalten ändern, kann aber bewusste Strategien entwickeln, um etwas zu verändern. Insofern ist das Bewusstsein ein zentrales Instrument zur Verhaltensänderung, jedoch nicht über einen direkten Weg. Wenn man einige Pfunde zu viel auf die Waage bringt, kann man mit dem Bewusstsein allein nichts direkt dagegen unternehmen, man kann das

Übergewicht nicht „wegdenken". Es ist jedoch mit Hilfe des Bewusstseins möglich, sich die Zusammenhänge zu verdeutlichen, sich zu überlegen, wie man etwas ändern könnte, und dieses Verhalten dann zu initiieren.

1.3 Verhaltenssteuerung unter Stress

In Situationen, in denen es „eng" wird, in schwierigen und stressigen Situationen übernimmt der „Autopilot", d. h. die „Autonome Emotion" die Steuerung des Verhaltens. In solchen Situationen bleibt dann keine Zeit und Kapazität mehr zur rationalen Analyse übrig. Das Verhalten wird in solchen schwierigen Situationen zunehmend an der sogenannten „Notfall- oder Zurechtkommregel" ausgerichtet.

Die Notfallregel ist das in Worte gefasste Steuerungsprinzip der „Autonomen Emotion". Durch die Ermittlung der in der Notfallregel enthaltenen Regulative kann jeder Mensch Aufschluss über seine Selbstregulation und sein Selbstmanagement in schwierigen Situationen erhalten. Das Auffinden dieser Regel ist Gegenstand des nächsten Kapitels.

Abbildung 5 zeigt den Zusammenhang zwischen dem Grad der Anspannung (Stress, Nervosität etc.) und der jeweiligen Verhaltenseffizienz. Dieser Zusammenhang hat die Form einer umgekehrten U-Funktion. Bei einem mittleren Anspannungsniveau ist die Effizienz unseres Verhaltens sehr hoch, wir können

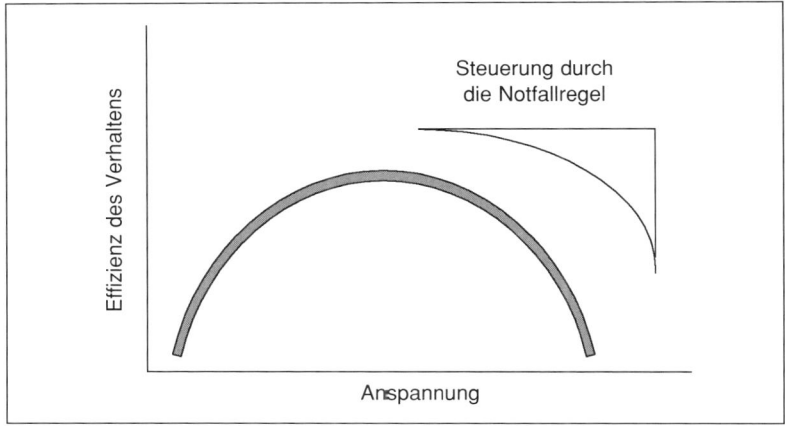

Abbildung 5: Anspannung und Handlungseffizienz

dann flexibel agieren und haben Zugriff auf all unser Wissen und unsere Fähigkeiten, die wir auch flexibel einsetzen können. Ist die Anspannung zu gering,
verringert sich auch die Effizienz. Wesentlich häufiger kommt es jedoch vor,
dass das Anspannungsniveau über das optimale Niveau hinaus steigt und somit
ebenfalls die Handlungseffizienz geringer wird. In diesem Falle wird unser
Verhalten unflexibler.

Jenseits der optimalen Anspannung und damit der kontrollierten Verhaltenssteuerung wird nicht einfach planlos oder zufällig gehandelt, auch das Handeln
jenseits des optimalen Anspannungsniveaus folgt genauen Regeln. Diese Regeln entstammen jedoch dem impliziten Gedächtnis. In unserem impliziten
Gedächtnis sind unsere relevanten Erinnerungen (vornehmlich diejenigen, die
sich auf die Regulation der Interaktionen mit anderen Menschen beziehen) wie
die Bücher einer Bibliothek gespeichert, zu der auch ein Bibliothekar gehört,
der zu allem, was passiert, ständig passende Bücher oder Buchpassagen zitiert.
Je mehr man sich nun vom optimalen Anspannungsniveau entfernt, desto lauter und eindringlicher zitiert der Bibliothekar aus den entsprechenden Passa-
gen.

2 Erfassung der individuellen Notfallregel und Erstellung der Optimierungsregel

Dieses Kapitel befasst sich mit der Struktur der Notfallregel, die umso mehr unser Verhalten steuert, je schwieriger und stressiger eine Situation für uns ist. Wie in Kapitel 1.3 bereits dargestellt, ist die Notfallregel die verbale Beschreibung der Steuerung durch die „Autonome Emotion" (vgl. auch Abbildung 5). Zur Erfassung dieser Regel werden in diesem Kapitel zunächst die einzelnen Elemente beschrieben und anschließend zur Notfallregel verdichtet. Aus dieser Notfallregel wird dann die Optimierungsregel abgeleitet, die die Richtung der Persönlichkeitsentwicklung angibt.

Es kann durchaus sein, dass man in zentralen Lebensbereichen, z. B. im Beruf und im Privatleben, einer anderen Notfallregel folgt. Probieren Sie daher aus, ob sich bei der Erfassung der Notfallregel in den verschiedenen Bereichen andere Prioritäten ergeben.

2.1 Erfassung der Notfallregel

Die Notfallregel besteht aus drei Teilen, der zentralen Angst, dem zentralen Bedürfnis und dem bevorzugten Verhaltensstil (vgl. Abbildung 6). Sofern man diese drei Elemente kennt, kann man die eigene Notfallregel verbal formulieren, die ja normalerweise eher „unbewusst" (im Sinne von nicht unmittelbar benennbar) ist. Grundlegend für die Notfallregel sind dabei die zentrale Angst und das zentrale Bedürfnis. Der bevorzugte Verhaltensstil ist der Versuch, diesen beiden Elementen gerecht zu werden. Ihren Ursprung haben die zentrale Angst und das zentrale Bedürfnis in der Biografie einer Person. Besonders prägend dabei ist natürlich das Verhalten der primären Bezugspersonen, in der Regel werden dies die Eltern sein. Die zentrale Angst und das zentrale Bedürfnis sind in einer Zeit entstanden, in der das Kind noch nicht über eine ausgeprägte Sprache, geschweige denn über die formale Logik verfügte. Daher ist die Regel nicht unmittelbar verbal zu formulieren, man muss sie erst indirekt erschießen. Dieses Erschließen erfolgt in mehreren Schritten. Es werden zunächst die wahrscheinlichsten Elemente identifiziert und diese dann zu einer vorläufigen Notfallregel zusammengefasst. Diese erste Form der Formulierung muss jedoch in späteren Schritten validiert und eventuell modifiziert werden.

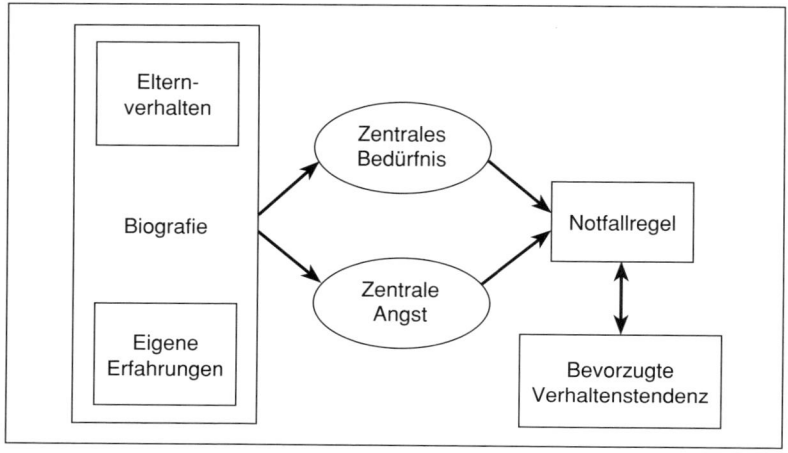

Abbildung 6: Die Elemente der Notfallregel

2.1.1 Erfassung des zentralen Bedürfnisses in Beziehungen

Das erste Element der Notfallregel stellt das „Zentrale Bedürfnis" dar. In schwierigen sozialen Situationen verfolgen wir „automatisch" genau dieses zentrale Bedürfnis. So wie beispielsweise die Generation der Großeltern nach dem Krieg stets aufgepasst hat, dass genügend Essen im Haus ist und dass man ein Dach über dem Kopf hat, so trachten Kinder stets nach der Befriedigung derjenigen zentralen Bedürfnisse der Kindheit, die mit zu wenig oder mit zu viel Anstrengung befriedigt wurden. Für jeden Menschen können wir ein Profil seiner zentralen Bedürfnisse erstellen, das zeigt, welches Bedürfnis sein individueller oberster Sollwert ist, den er nicht aus den Augen lassen darf.

Ohne es zu merken, halten wir diesen Sollwert ständig ein und treffen Entscheidungen so, dass sie diesem Bedürfnis entsprechen. Das heißt, wir sind nicht immer frei in unseren Entscheidungen, obwohl wir in der Regel davon ausgehen. Wir denken ja, dass wir Kraft unserer Vernunft möglichst gute Entscheidungen treffen. Diese Entscheidungen werden jedoch häufig nicht in dem Teil unseres Gehirns getroffen, der die bewussten vernünftigen Sachverhalte abwägt, also der Großhirnrinde, sondern in entwicklungsgeschichtlich älteren Gehirnstrukturen.

Um das zentrale Bedürfnis zu erfassen, sollten Sie sich zunächst eine schwierige Situation im Umgang mit einem anderen Menschen vorstellen (vgl. Übung im Kasten).

Übung: Eine schwierige Situation mit einem anderen Menschen – Teil 1

Sie sollten sich diese (am besten real erlebte) Situation möglichst plastisch vergegenwärtigen. Dazu ist es hilfreich, die Aufmerksamkeit zuerst etwas nach innen zu lenken. Sie können dabei alle Ihnen geläufigen Entspannungsmethoden verwenden. Beschreibungen für solche Entspannungsverfahren finden sich u. a. bei Hofmann (2001). Gehen Sie bei der Vorstellung am besten nach folgenden Fragen vor:
– Wer ist der andere Mensch?
– Wo fand diese Situation statt?
– Wann fand sie statt?
– Was genau ist passiert?
– Was ist unmittelbar vorher passiert?
– Was ist nachher passiert?
– Wer war sonst noch anwesend?

Nachdem Sie die Aufmerksamkeit nach innen gerichtet haben und sich die schwierige Situation mit der jeweiligen Person möglichst anschaulich vorgestellt haben, sollten Sie jemanden bitten, Ihnen die folgenden Sätze jeweils zweimal hintereinander langsam vorzulesen. Entscheiden Sie dabei spontan, aus dem Bauch heraus, also ohne sich allzu sehr damit zu befassen, welcher der Sätze für Sie persönlich am besten zu der vorgestellten Situation passt. Lassen Sie die Sätze einfach auf sich wirken und entscheiden Sie dann, welcher Satz für Sie persönlich am meisten Sinn macht. Dabei gibt es sicher Sätze, die Ihnen spontan eher sinnvoll erscheinen, und solche, die Sie nur schwer nachvollziehen können.

Sätze zum zentralen *Zugehörigkeitsbedürfnis:*
– Ich brauche Wertschätzung, Lob, Bewunderung.
– Ich brauche Beachtung, Aufmerksamkeit, Nähe.
– Ich brauche Kontrolle, Struktur, Klarheit, Vorhersehbarkeit.
– Ich brauche Distanz und Selbstkontrolle.
– Ich brauche Selbstbestimmung, Autonomie.
– Ich brauche Akzeptiertwerden, Angenommensein.
– Ich brauche Schutz, Zuverlässigkeit, ein Vorbild.

Notieren Sie dann den Satz, der Sie am meisten anspricht, und den Satz, der Sie am zweitmeisten anspricht.

Satz, der mich am meisten anspricht: _____

_____

Satz, der mich am zweitmeisten anspricht: _____

_____

Nun folgt die zweite Gruppe von Sätzen. Sätze zum zentralen *Autonomiebedürfnis:*
– Ich will selbst machen können.
– Ich will Selbstbestimmung.
– Ich will Grenzen gesetzt bekommen.
– Ich will ein Vorbild haben.
– Ich will gefördert und gefordert werden.
– Ich will ein Gegenüber zur Auseinandersetzung haben.

Notieren Sie auch hier wieder den Satz, der Sie am meisten anspricht, und den Satz, der Sie am zweitmeisten anspricht.

Satz, der mich am meisten anspricht: _____

_____

Satz, der mich am zweitmeisten anspricht: _____

_____

2.1.2 Erfassung der zentralen Angst in Beziehungen

Neben der Befriedigung zentraler Bedürfnisse stellt die Minimierung von Gefahr und von Bedrohung einen weiteren Sollwert dar. Das Signal für diesen Sollwert ist die „Zentrale Angst". Die zentrale Angst sagt uns, was wir in schwierigen zwischenmenschlichen Situationen tunlichst unterlassen sollten.

Genauso wie bei der Imaginationsübung zum zentralen Bedürfnis gehen wir auch bei der Vorstellungsübung zur zentralen Angst vor.

**Übung: Eine schwierige Situation mit einem anderen Menschen –
Teil 2**

Lenken Sie wiederum zunächst die Aufmerksamkeit nach innen und stellen
Sie sich eine Situation mit einem für Sie schwierigen Menschen vor. Vergegenwärtigen Sie sich auch diese Situation wieder möglichst plastisch und
stellen Sie sich dann noch zusätzlich vor, dass diese schwierige zwischenmenschliche Situation noch einen Schritt weiter eskalieren würde. Lassen
Sie sich dabei wieder die nachfolgenden Sätze vorlesen und entscheiden
Sie dann wieder spontan, welcher Satz am besten passt.

Sätze zur *zentralen Angst*:
– Ich fürchte, zweitrangig zu sein, die Anerkennung zu verlieren.
– Ich fürchte, nicht beachtet zu werden, ausgeschlossen zu sein.
– Ich fürchte, die Kontrolle zu verlieren.
– Ich fürchte, in eine Beziehung so weit hineingezogen zu werden, dass
  ich dabei die Kontrolle verlieren könnte.
– Ich fürchte (Gegen-)Aggression, die die Regeln des Miteinanders ver-
  letzen würde.
– Ich fürchte, abgelehnt, nicht mehr gemocht zu werden.
– Ich fürchte, allein gelassen zu werden, die Bezugsperson zu verlieren.

Notieren Sie auch hier wieder den Satz, der Sie am meisten anspricht, und
den Satz, der Sie am zweitmeisten anspricht.

Satz, der mich am meisten anspricht: _____

_____

Satz, der mich am zweitmeisten anspricht: _____

_____

2.1.3 Erfassung des bevorzugten Verhaltensstils

Das dritte Element der Notfallregel ist die bevorzugte Verhaltenstendenz bzw.
der bevorzugte Verhaltensstil. Sie finden nachfolgend Sätze, die in sieben
Abschnitte gruppiert sind. Gehen Sie die Sätze nach folgender Anleitung
durch:

Übung: Verhaltensstil

- Lesen Sie jeden einzelnen Satz und entscheiden Sie, ob Sie ihm eher zustimmen oder eher nicht.
- Kreuzen Sie den Satz an, wenn Sie ihm eher zustimmen.
- Zählen Sie die Zahl der Zustimmungen je Skala zusammen.
- Seien Sie „mutig" in den Zustimmungen, d. h., wenn Sie sich unschlüssig sind, stimmen Sie eher zu.

Skala 1:

❑ Ich fürchte, etwas zu tun, wofür ich kritisiert oder abgelehnt werde
❑ Ich weiß im Gespräch mit unvertrauten Menschen oft nicht, was ich sagen soll
❑ Ich traue mich selten, anderen zu sagen, was ich will
❑ Ich befürchte, vor anderen in Verlegenheit zu geraten (Erröten, Unsicherheit, …)
❑ Forderungen anderer kann ich schlecht ablehnen. Ich sage oft „ja", obwohl ich lieber „nein" sagen würde
❑ Wenn mich etwas ärgert, behalte ich es meist für mich, um Streit zu vermeiden
❑ Ich gehe auf andere Menschen nur zu, wenn ich sicher bin, dass sie mich akzeptieren

Zahl der Zustimmungen: _____

Skala 2:

❑ Die wichtigsten Entscheidungen trifft fast immer meine Bezugsperson (Partner, Freunde, Eltern)
❑ Es macht mir einfach keinen Spaß, alleine ohne eine Bezugsperson etwas zu unternehmen
❑ Wenn ich mir dadurch die Zuneigung meiner Bezugsperson erringe oder bewahre, übernehme ich dafür auch unangenehme Tätigkeiten
❑ Ich übernehme meist die Interessen, Vorlieben und Meinungen von anderen
❑ Ich habe in Beziehungen Angst, verlassen zu werden
❑ Ich fühle mich allein unwohl und vermeide das Alleinsein
❑ Die Initiative übernimmt meist meine Bezugsperson

Zahl der Zustimmungen: _____

Skala 3:

- ❏ Ich werde oft nicht fertig, weil ich es perfekt machen will
- ❏ Ich gebe meist nicht nach
- ❏ Meine Pläne/Vorhaben sind mir meist wichtiger als meine Vergnügungen und Geselligkeit
- ❏ Ich kann mich lange nicht entscheiden, weil ich das Für und Wider zu ausgiebig abwäge
- ❏ Ich bin sehr gewissenhaft, gesetzestreu, moralisch
- ❏ Mit Zeit, Geld und Geschenken bin ich sparsam
- ❏ Gefühle drücke ich nur wenig aus

Zahl der Zustimmungen: _____

Skala 4:

- ❏ Unangenehme Arbeiten verrichte ich langsam oder mürrisch oder als „Dienst nach Vorschrift"
- ❏ Lästige Pflichten „vergesse" ich einfach
- ❏ Ich ärgere mich, wenn andere mir sagen, wie ich meine Arbeit besser machen könnte
- ❏ Wenn mich stört, was mein Gegenüber will, so gehe ich eher in passive Verweigerung als in aktiven Protest
- ❏ Bei Autoritätspersonen fällt mir sofort ein, was es an denen zu kritisieren gibt, und ich achte sie nicht sonderlich
- ❏ Wie und wann ich meine Arbeit mache, entscheide ich selbst
- ❏ Verlangt man etwas von mir, was ich nicht will, werde ich mürrisch, gereizt oder es kommt zum Streit

Zahl der Zustimmungen: _____

Skala 5:

- ❏ Ich verschaffe mir Bestätigung und Beifall
- ❏ Attraktives Auftreten ist mir wichtig
- ❏ Ich drücke meine Gefühle sehr stark aus
- ❏ Ich fühle mich wohler, wenn ich im Mittelpunkt stehe
- ❏ Meine Gefühle können sehr schnell wechseln, mal froh, dann wieder ganz traurig
- ❏ Ich reagiere so stark mit Gefühlen, dass sie mich in schwierigen Situationen eher kopflos machen
- ❏ Wenn der andere die Initiative ergreift, wird es mir schnell zu nah und ich ergreife die Flucht

Zahl der Zustimmungen: _____

Skala 6:

❑ Auf Kritik reagiere ich oft mit Wut oder Demütigung
❑ Wenn ich mal Probleme habe, dann ganz besondere
❑ Sehr oft bewegen mich Fantasien großen Erfolges
❑ Ich bin eine außergewöhnliche Persönlichkeit und will nicht wie eine unter vielen behandelt werden
❑ Wenn ich es einmal nicht geschafft habe, erstklassig zu sein, so fühle ich mich als der ganz große Versager
❑ Wenn andere besser sind, kann ich es kaum aushalten
❑ Ich suche Aufmerksamkeit und Bewunderung

Zahl der Zustimmungen: _____

Skala 7:

❑ Ich suche mir oft Unternehmungen aus, die ich alleine machen kann
❑ Lob oder Kritik anderer Menschen lösen bei mir kaum Gefühle aus
❑ Abgesehen von Eltern und Geschwistern habe ich höchstens eine wichtige Bezugsperson
❑ Ich weiß von mir, dass ich wenig Wärme ausstrahle, eher distanziert wirke
❑ Ich weiß von mir, dass ich selten durch meinen Gesichtsausdruck oder Gesten zeige, was in mir vorgeht
❑ Ich lasse nur sehr wenige Gefühle aus mir heraus
❑ Starke Gefühle wie Freude oder Wut habe ich selten

Zahl der Zustimmungen: _____

Übertragen Sie nun die Anzahl der Zustimmungen auf den einzelnen Skalen auf die nachfolgende Matrix.

Skala 1	0 … 1 … 2 … 3 … 4 … 5 … 6 … 7
Skala 2	0 … 1 … 2 … 3 … 4 … 5 … 6 … 7
Skala 3	0 … 1 … 2 … 3 … 4 … 5 … 6 … 7
Skala 4	0 … 1 … 2 … 3 … 4 … 5 … 6 … 7
Skala 5	0 … 1 … 2 … 3 … 4 … 5 … 6 … 7
Skala 6	0 … 1 … 2 … 3 … 4 … 5 … 6 … 7
Skala 7	0 … 1 … 2 … 3 … 4 … 5 … 6 … 7

Nehmen Sie nun die Skala mit der höchsten beziehungsweise der zweit-höchsten Zahl an Zustimmungen und notieren Sie für diese Skalen unten die Begriffe aus folgender Auflistung:

Skala 1: im Zweifelsfalle eher zu zurückhaltend, selbstkritisch, sensibel

Skala 2: im Zweifelsfalle eher zu anhänglich, kooperativ, nachgiebig

Skala 3: im Zweifelsfalle eher zu gewissenhaft, genau, kontrollierend

Skala 4: im Zweifelsfalle eher zu kritisch, mürrisch, verweigernd

Skala 5: im Zweifelsfalle eher zu dramatisierend, mitteilungsfreudig, expressiv

Skala 6: im Zweifelsfalle eher zu selbstbezogen, sich selbst beweisend, ehrgeizig

Skala 7: im Zweifelsfalle eher zu rational-distanziert, eigenbrötlerisch, emotionsfrei

Sollten Sie auf zwei oder drei der Skalen gleich viele Nennungen haben, notieren sie alle diese Skalen:

Begriffe der Skala mit den meisten Zustimmungen: _____

_____

Begriffe der Skala mit den zweitmeisten Zustimmungen: _____

_____

2.1.4 Erste Formulierung der Notfallregel

Nun sind in einer ersten Näherung alle Elemente der individuellen Notfallregel definiert und Sie können daran gehen, die vorläufige Notfallregel verbal zu formulieren. Notieren Sie dazu im nächsten Kasten die beiden Bedürfnisse, die beiden Ängste und die beiden Verhaltensstile, die am meisten bzw. am zweitmeisten auf Sie zutreffen. Bilden Sie dann daraus einen Satz, der die folgende Struktur hat:

Übung: Erste Formulierung der Notfallregel

„Nur wenn ich in wichtigen Beziehungen eher zu _____ (bevorzugter Verhaltensstil) bin, bewahre ich mir _____ (zentrales Bedürfnis) und verhindere _____ (zentrale Angst)."

Für den Platzhalter der Bedürfnisse gibt es nun vier mögliche inhaltliche Ausgestaltungen (zwei Zugehörigkeitsbedürfnisse und zwei Autonomiebedürfnisse), für den Platzhalter der zentralen Angst gibt es zwei inhaltliche Ausgestaltungen. Kombinieren Sie die verschiedenen möglichen Sätze zu einem Satz, der aus den Elementen besteht, die für Sie persönlich am meisten Sinn machen und die die Steuerung Ihres Verhaltens in schwierigen Situationen am besten beschreiben.

Übung: Formulierung der vorläufigen Notfallregel

Stellen Sie nun Ihre vorläufigen Daten zusammen.

Zentrales   1 _____
Bedürfnis: 2 _____

Zentrale   1 _____
Angst: 2 _____

Bevorzugte   1 _____
Verhaltenstendenz: 2 _____

Notfallregel

Nur wenn ich in wichtigen Beziehungen eher

_____

(bevorzugte Verhaltenstendenz) bin, bewahre ich mir

_____

(zentrales Bedürfnis) und verhindere

_____ (zentrale Angst).

Beispiel: „Nur wenn ich mich immer zurückhalte und niemals offen meinen Ärger zeige, bewahre ich mir Zuneigung und Sympathie und verhindere Unmut, Ärger und Ablehnung meines Gegenübers."

Stellen Sie sich insgesamt zwei Regeln zusammen, die erste Regel ist die Hauptregel. Formulieren Sie dann noch eine zweite Regel, die vielleicht nicht ganz so passend ist wie die erste, aber dennoch für Sie zutrifft. Die meisten Menschen haben in ihrer autonomen Emotion eine bis maximal zwei Notfallregeln für schwierige Situationen. Diese reichen völlig aus, um das Verhalten in schwierigen Situationen zu steuern.

2.1.5 Überprüfung der Notfallregel

Um Ihnen die Entscheidung zu erleichtern, welche der jeweiligen Elemente Sie zum Bau des Satzes wählen sollten, können Sie versuchen, Ge- und Verbote zum menschlichen Miteinander zu formulieren. Formulieren Sie diese Ge- und Verbote am besten sehr plakativ und drastisch. Geben Sie für jedes Gebot und für jedes Verbot noch zusätzlich an, wie verbindlich dieses sein sollte (100 % wäre z. B. universell gültig). Beispielsweise könnte ein Gebot folgendermaßen lauten: „Man soll sich immer an die Konventionen halten." Ein Verbot könnte z. B. so formuliert werden: „Man soll dem Vorgesetzten nicht widersprechen."

Übung: Ge- und Verbote

Erstellen Sie bitte eine Liste mit den *für Sie* wichtigen Ge- und Verboten im Umgang/Kontakt/Zusammenleben mit anderen Menschen und geben Sie den Grad der Verbindlichkeit an:

1. Gebote: Verbindlichkeit
                                                  (0 bis 100 %)

Man soll _____ _____

Man soll _____ _____

Man soll _____ _____

Man soll _____ _____

Man soll _____ _____

2. Verbote: Verbindlichkeit
                                                                   (0 bis 100 %)

Man soll nicht _____ _____

Man soll nicht _____ _____

Man soll nicht _____ _____

Man soll nicht _____ _____

Man soll nicht _____ _____

Prüfen Sie dann, für welches zentrale Bedürfnis die jeweiligen Gebote und für welche zentrale Angst die jeweiligen Verbote besser passen, und formulieren Sie anschließend den Satz der Notfallregel so, dass er diese jeweils am besten passenden Teile enthält.

Um eine weitere Entscheidungshilfe dafür zu bekommen, welcher der Verhaltensstile am ehesten der Notfallregel entspricht, führen Sie bitte folgende Übung durch:

Übung: Eigenschaften

Als ich ein Kind war, hatte ich folgende vier Haupteigenschaften:

1. _____

2. _____

3. _____

4. _____

Heute habe ich folgende vier Haupteigenschaften:

1. _____

2. _____

3. _____

4. _____

Als ich ein Kind war, hatte mein Vater folgende vier Haupteigenschaften:

1. _____

2. _____

3. _____

4. _____

Als ich ein Kind war, hatte meine Mutter folgende vier Haupteigenschaften:

1. _____

2. _____

3. _____

4. _____

Mein Partner/meine Partnerin hat folgende vier Haupteigenschaften:

1. _____

2. _____

3. _____

4. _____

Die jeweiligen Selbstbeschreibungen und die Beschreibungen der für Sie wichtigen Menschen werden sehr wahrscheinlich nicht zufällig verteilt sein, sondern einem gewissen Muster folgen. Der eigene Verhaltensstil wird entweder dem der relevanten Bezugspersonen sehr ähnlich sein, oder er wird dem Verhaltensstil der Bezugspersonen eher unähnlich sein. Ähnlich wie bei zwei Magneten, bei denen sich die gleichnamigen Pole abstoßen und die entgegengesetzten Pole anziehen, kommt es auch bei sehr ähnlichen oder sehr unähnlichen Verhaltensstilen zu Kräften (vgl. Abbildung 7). Die anderen denkbaren Verhaltensstile sind dagegen eher irrelevant, genauso wie ein Magnet ein Stück Holz oder ein Stück Plastik weder anzieht noch abstößt.

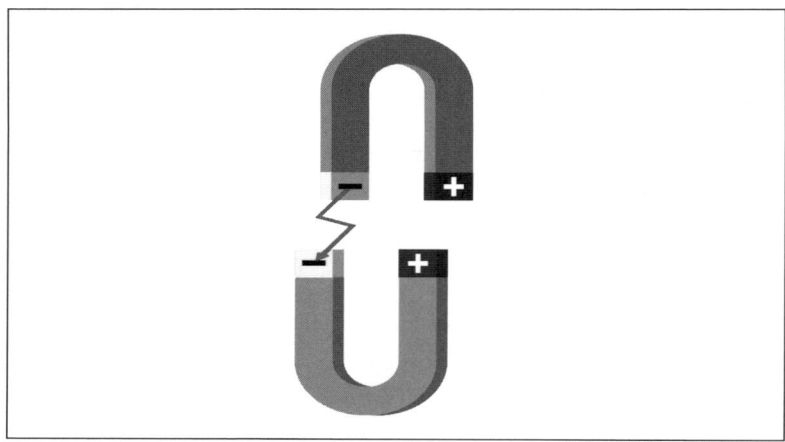

Abbildung 7: Anziehung und Abstoßung

Warum ist das so? Durch das Umfeld, in dem wir aufwachsen, wird festgelegt, welches die relevanten Themen im Umgang mit anderen Menschen sind. Wir erleben in den ersten Lebensjahren nur einen Teil der prinzipiell möglichen menschlichen Verhaltensweisen, nämlich den, der dem Verhaltensstil unserer primären Bezugspersonen (in der Regel unserer Eltern) entspricht. Nun kann man dieses Verhalten entweder übernehmen oder man findet dieses Verhalten eher ungut und definiert sich durch eine Ablehnung dieses Verhaltens und entwickelt selbst ein Verhalten, das im Kontrast dazu steht.

Erhalten wir z. B. sehr viel Aufmerksamkeit durch unsere primären Bezugspersonen, so gewöhnen wir uns an dieses Maß der uns entgegengebrachten Aufmerksamkeit und empfinden dieses (objektiv eher überzogene) Maß als „normal". Treffen wir dann auf andere Menschen, die uns ein für sie „normales" Maß an Aufmerksamkeit entgegenbringen (das für uns ein eher geringes Maß darstellt), so empfinden wir das als eine Enttäuschung, eine Art Strafe. Daher werden wir unser Verhalten danach ausrichten, das uns nach unseren subjektiven Erfahrungen zustehende Maß an Aufmerksamkeit zu erhalten, und „Aufmerksamkeit" wird ein Thema in unserem Verhalten. Erhalten wir von unseren Bezugspersonen dagegen eher zu wenig Aufmerksamkeit, so ist unser Verhalten von vornherein auf das Erlangen von Aufmerksamkeit ausgerichtet. In beiden Fällen entsteht eine gewisse Fixierung und Fokussierung auf eben dieses Thema „Aufmerksamkeit". Befand sich dagegen die uns entgegengebrachte Aufmerksamkeit in einem für uns als neutral empfundenen

Bereich, so wird das Thema „Aufmerksamkeit" zu einem Nicht-Thema, zu einem Thema, das in unserem Leben keine große Bedeutung erlangt (vgl. Abbildung 8).

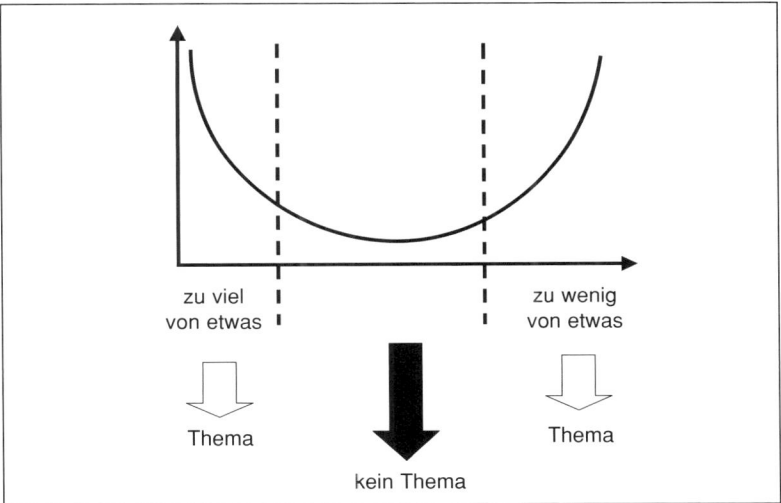

Abbildung 8: Entstehung der Verhaltensstile

Es hat nun jedoch keinen großen Sinn, sich über die individuellen Entstehungs- bedingungen des Verhaltens- und Kommunikationsstils Gedanken zu machen. Einerseits wäre eine solche Nachforschung sehr spekulativ, weil wir dabei Zeiträume betrachten müssten, die sehr lange zurückliegen und für die wir nur eine sehr ungenaue Erinnerung haben. Andererseits brächte selbst eine genaue Kenntnis der Entstehungsbedingungen des Verhaltens- und Kommunikations- stils wenig Vorteile. Eine solche Analyse wäre eher von akademischem Inter- esse. Interessanter und praktisch viel wertvoller ist dagegen die Frage, was dieser Stil im jetzigen Leben bedeutet und in welchen Bereichen wir eventuell Optimierungen erreichen könnten.

2.1.6 Eventuelle Umformulierung der Notfallregel

Wählen Sie daher bei der weiteren Formulierung der Notfallregel denjenigen Verhaltensstil aus, der eher gleich- oder gegensinnig dem Verhaltensstil ist, den die für Sie wichtigen Menschen haben. Sie können nun die bisher wahrschein-

liche Notfallregel aus Kapitel 2.1.4 nochmals in revidierter Form formulieren,
so dass sie optimal zu den Ge- und Verboten und zu den Eigenschaften (gleich
oder genau konträr) Ihrer relevanten Bezugspersonen passt.

Übung: Eventuelle Umformulierung der Notfallregel

„Nur wenn ich in wichtigen Beziehungen eher zu ___ (bevorzugter Verhaltensstil) bin, bewahre ich mir ___ (zentrales Bedürfnis) und verhindere
___ (zentrale Angst)."

Wie entstand die Notfallregel?

Neben dem angeborenen Temperament bestimmen vor allem die Lernerfahrungen der Vorschulzeit, also der ersten fünf Lebensjahre, die spätere Persönlichkeit und somit auch die Notfallregel eines Menschen. Kinder verfügen über
eine enorme Lernfähigkeit und Lernbereitschaft: Kindern fällt es z. B. leicht,
eine fremde Sprache zu erlernen, Erwachsene müssen sich dagegen sehr bemühen, um Fortschritte zu erzielen. Auch im sportlichen Bereich können in
den Kinder- und Jugendjahren Leistungen aufgebaut werden, die man im be-
ginnenden Erwachsenalter niemals mehr erreichen kann.

Unser Gehirn ist bei der Geburt noch nicht fertig entwickelt, die ersten Lernerfahrungen haben daher einen sehr starken Einfluss auf die weitere Entwicklung. Diese Möglichkeit, das „fertige Produkt" in Wechselwirkung mit der
Umwelt zur Vollendung zu bringen, in der es sich später bewähren muss, macht
die fantastische Anpassungsfähigkeit des Menschen aus, in der er den Tieren
so sehr überlegen ist.

Im Vorschulalter erfolgt schwerpunktmäßig emotionales, motorisches und
sprachliches Lernen. *Ab dem Schulalter* steht das intellektuelle bzw. kognitive
Lernen im Vordergrund. Für das emotionale Lernen, das immer auch ein Be-
ziehungslernen ist, sind die Erfahrungen mit den eigenen Eltern grundlegend.
Dazu kommen die Erfahrungen mit Geschwistern, Gleichaltrigen, Großeltern
und anderen Erziehungspersonen. Ein Kind kann sich entsprechend seiner ge-
netischen Ausstattung optimal entwickeln, wenn die familiäre Umwelt die Entwicklung der angeborenen Fähigkeiten fördert. Diese Förderung gelingt dabei
den Eltern natürlich nie umfassend. Sie schaffen es nur bei einem Teil der Be-
gabungen, dass ihr Kind diese als sicher vorhandene Fähigkeit in sein späteres
Leben als Erwachsener mitnehmen kann. Wir können von den Eigenschaften
der Eltern ausgehen und erschließen, inwiefern diese eine Förderung ihres Kin-

des ermöglichen oder erschweren. Wenn ein Vater z. B. unternehmungslustig und freiheitsliebend ist, beinhaltet dies sowohl eine entwicklungsfördernde als auch eine hemmende Eigenschaft. Er unternimmt zwar viel, ist darin ein gutes Vorbild für sein Kind, aber es ist ihm lästig, durch die Kinder angebunden zu sein und unternimmt lieber mit seinen Freunden etwas als mit seinen Kindern. Bringt der Vater jedoch seine Unternehmungslust in die Familie ein und ist hier Initiator für spannende gemeinsame Abenteuer und Projekte, so ist er doppelt entwicklungsfördernd – als Vorbild *und* als Projektpartner, z. B. beim Bau eines Baumhauses oder eines Iglus oder eines Floßes. Jede Elterneigenschaft wirkt sich auf das Kind aus. Wir können sogar so weit gehen, Eigenschaften des Kindes auf Eigenschaften der Eltern zurückzuführen. So rührt z. B. die ängstliche Unsicherheit eines Kindes oft von einer zu großen Strenge des Vaters her.

2.1.7 Prototypische Notfallregeln

Im Folgenden werden sehr plakativ sieben prototypische Notfallregeln skizziert. Die komplette Struktur der jeweiligen Notfallregeln wird im Kapitel 4 beschrieben.

Da ist zunächst der *zurückhaltende Mensch*. Er braucht Harmonie, Gemochtwerden und hat Angst vor Verlust der Liebe und Zuneigung. Der *zu kooperative Mensch* richtet sich ganz nach den Wünschen seiner Bezugspersonen, ist ganz mit dem Vorgehen des anderen einverstanden. Er kann sich aufgrund dieser Dienstleistung geborgen in der Beziehung fühlen und braucht keine Angst haben, verlassen zu werden. Der *zu pflichtgetreue Mensch* macht seine Arbeit genau, perfekt, ist gradlinig, dabei aber eher unflexibel und vernachlässigt Beziehungen zugunsten von Projekten. Er hat Angst vor Kontrollverlust. Der *kritische Mensch* will sich zwar rebellisch wehren, traut sich aber nicht in die offene Auseinandersetzung und opponiert heimlich, durch Dienst nach Vorschrift, durch Schimpfen und Abwerten in Abwesenheit des anderen. Er will den völligen Bruch der Beziehung nicht riskieren. Lieber eine schlechte Beziehung als keine Beziehung, lieber wenig Sympathie als keine Sympathie. Der *kontakt- und ausdrucksfreudige Mensch* begibt sich in den Mittelpunkt der Aufmerksamkeit und hält durch ausdrucksintensives Verhalten die Aufmerksamkeit des anderen aufrecht. So bleibt er in der momentanen Führung, und der andere muss reagieren auf das, was ihm angeboten wird. Der *rational-distanzierte Mensch* hat sich weitgehend frei gemacht von emotionalen Abhängigkeiten von anderen Menschen. In seiner „splendid isolation" kann er unverbindliche freundliche Kontakte haben, ohne aber eine tiefe Beziehung eingehen zu müssen. So bleibt seine Angst vor Nähe sehr gering. Der *selbst-*

bezogene Mensch nimmt sich als eine Person war, die besser und wichtiger ist als andere, mit mehr Fähigkeiten ausgestattet. Er erwartet entsprechende Wertschätzung in hohem Maß und ist schnell gekränkt, wenn er übersehen oder nicht geachtet wird. Da er so viel mit dem Ausbau des eigenen Wertes beschäftigt ist, nimmt er eher wenig Rücksicht auf die Bedürfnisse anderer Personen.

2.2 Von der Notfallregel zur Optimierungsregel

Die Notfallregel hatte in der individuellen Vergangenheit die Funktion, unser emotionales Überleben in Beziehungen mit verschiedenen relevanten Bezugspersonen, die wir vorgefunden haben, sicherzustellen. Insofern war sie funktional. Wenn eine Regel funktioniert (insbesondere dann, wenn sie das physische und auch das psychische Überleben sichert), ist es sinnvoll, sie auch auf viele andere Situationen zu übertragen und nicht allzu oft von der Regel abzuweichen. Es ist daher rational, präventiv anzunehmen, die Regel würde in vielen sozialen Situationen gelten. Dadurch kommt es zu einer Art „Generalisierung" dieser Regel (vgl. Abbildung 9). Da uns die Notfallregel auch sagt, vor welchen Situationen wir im Zweifelsfalle Angst haben sollten, entwickeln wir ein Vermeidungsverhalten vor Situationen, die diese Angst auslösen könnten. Das Vermeidungsverhalten ist grundsätzlich sehr hilfreich, da es uns davor

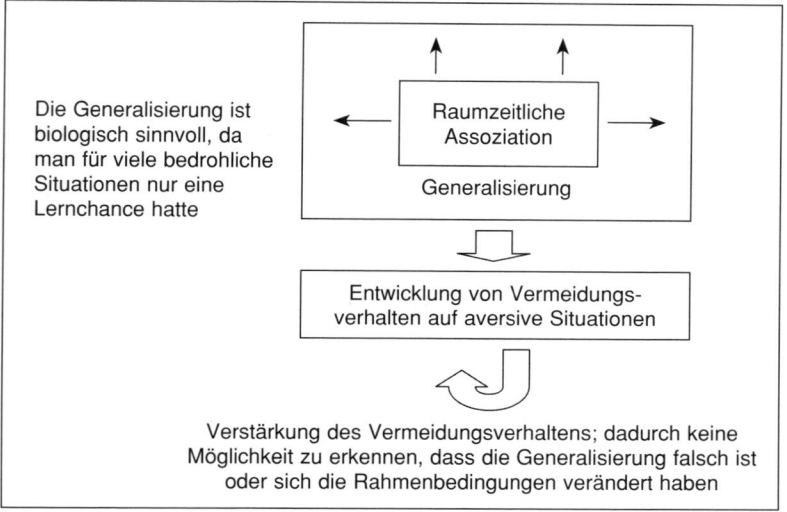

Abbildung 9: Generalisierungsprozess

bewahrt, uns unnötigen Gefahren auszusetzen. Durch die Entwicklung dieses Vermeidungsverhaltens haben wir jedoch auch nie die Chance, die Richtigkeit der entsprechenden Befürchtungen infrage zu stellen und sie zu überprüfen.

Die autonome Psyche ist, wie oben dargestellt, die Summe der Lebenserfahrungen. Sie stellt die notwendigen „Faustregeln" (Heuristiken) im Umgang mit anderen Menschen dar. Dabei ist der Prozess der Generalisierung sehr wichtig. Wir speichern nicht nur die jeweilige Erfahrung selbst ab, sondern auch das Umfeld der jeweiligen Erfahrung, also Elemente, die nicht direkt mit der jeweiligen Erfahrung zu tun haben, aber (vielleicht auch nur rein zufällig) gemeinsam mit dieser Erfahrung auftraten. Diesen Prozess nennt man Generalisierung. Er hat sich vermutlich deshalb entwickelt, weil es insbesondere bei aversiven Erfahrungen wichtig ist, auch schon bei kleinen Anzeichen einer bedrohlichen Situation vorsichtig zu sein. Diejenigen, die diesen Prozess verinnerlicht hatten, hatten in einer weitgehend feindlichen Umgebung, wie sie in der Menschheitsgeschichte dominierte, einen deutlichen Überlebensvorteil. Deshalb haben auch wir alle diesen Mechanismus automatisiert. Dieser im Prinzip sehr positive Mechanismus kann uns jedoch dann einen Streich spielen, wenn eine emotionale Reaktion auch auf die generalisierten Merkmale einer Situation erfolgt und uns dadurch blockieren kann. Es gibt zwei Wege der Verarbeitung von Informationen, die die Angstreaktion auslösen können. Der erste Weg ist der schnelle Weg, dabei gelangt die Information in die Amygdala und löst die Angstreaktion aus. Dieser Weg ist „schneller, als man denken kann". Parallel dazu wird der langsame Weg begangen, die jeweilige Information wird auch in den Präfrontalkortex geleitet, wo sie bewusst verarbeitet und detailliert nach den Regeln der Logik analysiert wird (vgl. Abbildung 3 in Kapitel 1). Bewusste Analyse braucht Zeit und kann potenziell tödlich sein, daher läuft zuerst die schnelle Reaktion ab. Ein Verhaltensstil kann in diesem Sinne als (nicht immer zwingend der rationalen Logik folgender) Versuch verstanden werden, mit den primären Bezugspersonen zurechtzukommen. Die Ergebnisse dieses Versuches werden dann unhinterfragt auf andere Situationen übertragen.

Die autonome Psyche begeht bei ihrer Arbeit eine Reihe von „Denkfehlern". Diese „Denkfehler" würden bei einer bewussten Verarbeitung in der Regel nicht in diesem Ausmaß auftreten. Diese Denkfehler bestehen hauptsächlich aus
- Schwarz-weiß-Denken (Freund – Feind, gut – schlecht),
- unzulässigen Verallgemeinerungen,
- der Unterschätzung der eigenen Handlungsmöglichkeiten und der Überschätzung der Möglichkeiten anderer,
- dem Aufbau falscher Kausalketten.

Diese Denkfehler werden nachvollziehbar, wenn man sich die lebensfeindliche Umwelt vor Zehntausenden von Jahren vorstellt, in der unsere Vorfahren gelebt haben und für die die Funktion unseres Nervensystems letztendlich geschaffen wurde. In dieser Umwelt war es überlebenswichtig, Bedrohungen schnell zu erkennen und lieber zehnmal zu oft zu reagieren als einmal zu wenig. Daher ist die autonome Psyche auf die Produktion von Alpha-Fehlern (man nimmt eher Fehlalarme in Kauf) und die Vermeidung von Beta-Fehlern (man vermeidet Fehlalarme) programmiert. Dass sich unsere Lebensumwelt in den letzten Jahrhunderten stark verändert hat und diese Funktion heute nur noch bedingt Sinn hat, spiegelt sich in der Funktionsweise unseres Gehirns noch nicht wider. Der Zeitraum, um Veränderungen in der Funktionsweise des Gehirns zu erzeugen, ist im Vergleich zum Zeitraum der Evolution des Gehirns viel zu gering. Die früh erlernten Regeln, die insbesondere im Umgang mit anderen Menschen gelten, haben wir dann auch auf andere soziale Situationen übertragen, in denen jedoch unser eigenes Lebens- bzw. Überlebensthema eigentlich gar keine Rolle mehr spielen dürfte. Die Fixierung auf dieses für uns relevante Thema kann unter unseren derzeitigen Lebensumständen und in unseren heutigen sozialen Kontexten zu einer eigenständigen Stressquelle werden und Verhaltensmöglichkeiten blockieren. In der Regel bleibt die ursprüngliche Notfallregel unverändert, auch wenn sich unser intellektueller Entwicklungsstand und unsere Umwelt schon verändert haben, da die Notfallregel ja autonom-emotional gesteuert ist und weniger dem Bewusstsein entspringt. Wir schleppen daher oftmals eine Altlast mit uns herum, die uns das Leben unter den aktuellen Umständen eher schwerer als leichter macht.

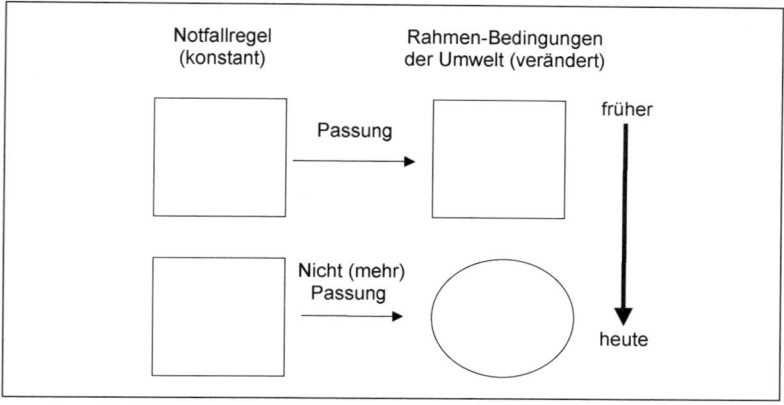

Abbildung 10: Die Brauchbarkeit der Notfallregel kann sich im Laufe der Zeit verändern

Der Mechanismus der Steuerung durch die autonome Psyche ist in der überwiegenden Mehrzahl der Situationen ein sinnvoller und effizienter Prozess, sonst hätte er sich ja auch nicht im Laufe der Evolution entwickelt. In manchen Situationen kann es jedoch vorkommen, dass die Notfallregel nicht mehr zu hundert Prozent zu einer sich verändernden Umgebung passt (vgl. Abbildung 10).

Bei der Erstellung der Optimierungsregel geht es zunächst darum, die Brauchbarkeit der bisherigen Notfallregel zu überprüfen und dann die Optimierungsregel formal aus der Notfallregel abzuleiten.

Der größte Teil unseres Verhaltens ist sehr funktional. Ein kleiner Teil kann und sollte optimiert werden. Ein noch kleinerer Teil unseres Verhaltens ist eher ungünstig für uns, kann aber nicht optimiert werden. Mit diesen „Schwächen" oder „Macken" müssen wir leben (vgl. Abbildung 11).

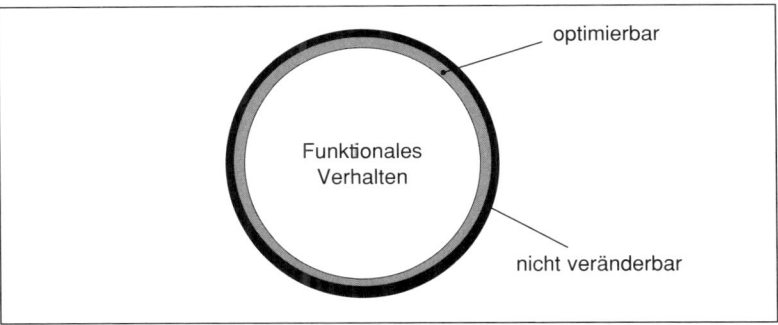

Abbildung 11: Der größte Teil unseres Verhaltens ist funktional, ein kleiner Teil kann optimiert werden

Auf diesen optimierbaren Teil unseres Verhaltens beziehen sich die nächsten Fragen im Kasten.

Übung: Kosten der Notfallregel

Finden Sie zu den folgenden Fragen möglichst viele und möglichst konkrete Beispiele und Situationen:

1. In welchen zwischenmenschlichen Situationen kann die Notfallregel Stress erzeugen?

2. In welchen beruflichen oder privaten Situationen ist die Notfallregel eher hinderlich/eher einschränkend?

3. In welchen beruflichen oder privaten Situationen würden Sie anders handeln, wenn Sie nicht von der Richtigkeit der Notfallregel überzeugt wären?

4. Welchem Ziel im Umgang mit anderen Menschen steht die Notfallregel entgegen?

5. In welchen Situationen würden Sie gerne anders, als es die Notfallregel vorgibt, handeln?

6. In welchen Situationen kann die Notfallregel zu Schwierigkeiten/Konflikten/Missverständnissen mit anderen Personen führen?

_____

_____

_____

Formulierung der Entwicklungs- oder auch Optimierungsregel

Mit der nächsten Übung kann nun die Entwicklungs- bzw. Optimierungsregel formuliert werden. Gehen Sie dabei folgendermaßen vor: Setzen Sie in die jeweiligen Platzhalter den im obigen Abschnitt ermittelten bevorzugten Verhaltensstil ein, den zu diesem Stil gegenteiligen Verhaltens- und Kommunikationsstil, das zentrale Bedürfnis und die zentrale Angst sowie derzeit aktuelle Verhaltensziele.

Übung: Formulierung der Optimierungsregel

Indem ich nicht mehr _____

(bisheriger Verhaltensstil) zeige und stattdessen _____

_____ (Gegenteil des bisher bevorzugten Verhaltensstils)

einübe, werde ich frei von der falschen Hoffnung auf _____

_____ (bisheriges zentrales Bedürfnis) und frei von der

falschen Furcht vor _____ (bisherige

zentrale Angst) und frei von den „Kosten" der derzeitigen Notfallregel bzw. frei zur Realisierung von Zielen, an denen mich die Notfallregel hindert.

Beispiel für eine Optimierungsregel (vgl. Notfallregel in Kapitel 2.1.4 auf S. 38): „Indem ich in sozialen Situationen nicht mehr so sehr zurückhaltendes Verhalten zeige und stattdessen eher selbstsicheres Verhalten einübe, werde ich frei von der falschen Hoffnung auf Zuneigung und Sympathie und frei von der falschen Angst vor Unmut, Ärger und Ablehnung durch mein Gegenüber und frei zur Realisierung meines derzeitigen Zieles, meine Interessen besser durchzusetzen."

Bei jeder Optimierungsregel geht es darum, von einem „Entweder-oder" zu einem „Sowohl-als-auch" zu kommen. Worin dieser Optimierungsschritt jeweils besteht, wird im Kapitel 5 detailliert erläutert.

3 Verhaltens- und Kommunikationsstile

Im diesem Kapitel wird erläutert, was man unter Verhaltens- und Kommunikationsstilen versteht, welche sieben Stile man unterscheiden kann und wie diese mit der Kommunikation zusammenhängen. Eine detaillierte Beschreibung der verschiedenen Verhaltens- und Kommunikationsstile erfolgt dann im Kapitel 4.

3.1 Was ist ein Verhaltens- und Kommunikationsstil?

Wir alle verfügen grundsätzlich über eine ganze Bandbreite an Verhaltensweisen, die wir in verschiedenen Situationen möglichst angemessen einsetzen können. In aller Regel wählen wir unser Verhalten in bestimmten Situationen jedoch nicht völlig flexibel aus, sondern wir haben spezielle Verhaltensgewohnheiten, die uns in vielen Situationen die Entscheidung abnehmen, wie wir reagieren sollen. Es wäre fatal, wenn wir in jeder Situation ständig neu überlegen müssten, wie wir handeln sollen, deshalb ist es aus rein ökonomischen Überlegungen heraus sehr effizient, über Handlungsroutinen zu verfügen, die in verschiedenen Situationen „automatisch" eingesetzt werden können. Wenn solche Verhaltensgewohnheiten über eine große Menge an Situationen ablaufen, kann man von einem Verhaltensstil sprechen. Es handelt sich also um situationsübergreifende Verhaltensweisen, die man, sofern man die Person und die Situation kennt, relativ gut vorhersagen kann. Sofern diese Verhaltensweisen sehr inflexibel sind und auch oft in Situationen produziert werden, in denen sie eigentlich eher unangebracht sind, kann man sie als einen Persönlichkeitsstil bezeichnen (vgl. Abbildung 12). Wenn die Verhaltens- und Kommunikationsstile sehr inflexibel und generalisiert sind, können sie auch so starr werden, dass

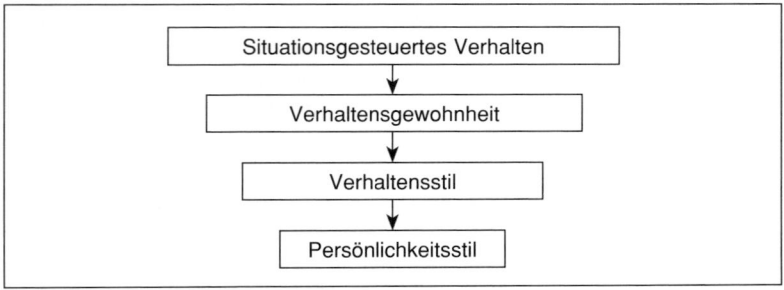

Abbildung 12: Abnehmende Flexibilität des Verhaltens

sie im Leben hinderlich sein können. Nachfolgend wird es vor allem um Verhaltens- und Kommunikationsstile gehen, die „typisch" für eine Person sind, also von der Person in vielen Situationen eingesetzt werden, insbesondere in Situationen, in denen es für die Person kritisch wird.

Im folgenden Kasten werden sieben relevante Verhaltens- und Kommunikationsstile kurz dargestellt. Ausführliche Erläuterungen zu den Stilen finden sich im Kapitel 4:

Sieben relevante Verhaltens- und Kommunikationsstile:

- *Selbstbezogener Stil:* Diese Menschen stehen gerne im Mittelpunkt der öffentlichen und privaten Welt. Sie glauben intensiv an sich und ihre Fähigkeiten, sie wissen genau, was sie wollen. Sie verkaufen sich und ihre Ideen energisch und effizient. Sie erwarten, dass sie von anderen Menschen immer besonders gut behandelt werden. Sie sind geschickt im Umgang mit anderen Menschen und beweisen dabei taktisches Gespür. Sie sind empfänglich für Lob und Bewunderung. Bei Kritik fühlen sie sich tief getroffen und reagieren dabei oft aggressiv. Selbstbezogene Menschen haben im Extremfall ein grandioses Gefühl von der Bedeutung der eigenen Person.
- *Dramatisierender Stil:* Dramatisierende Menschen sind Gefühlsmenschen und leben in einer Welt voller Farben und Intensität. Sie sind empfindungsorientiert und zeigen ihre Gefühle offen, wechseln schnell von Stimmung zu Stimmung, neigen zu spontanem und impulsivem Verhalten und nutzen den Augenblick. Für Menschen mit diesem Stil ist das Leben nie langweilig, sie füllen ihre Welt mit Aufregung und Fantasie. Sie betrachten die ganze Welt als ihre Bühne, sie möchten gesehen werden und brauchen Aufmerksamkeit. Im Extremfall fühlt sich die Person in Situationen unwohl, in denen sie nicht im Mittelpunkt steht.
- *Gewissenhafter Stil:* Menschen mit einem gewissenhaften Stil haben starke Überzeugungen und Prinzipien. Sie zeigen ein hartes Arbeitsverhalten und den Willen, das Richtige zu tun. Alles muss richtig gemacht werden, wie dies geschieht, weiß ein gewissenhafter Mensch sehr genau. Gewissenhafte Menschen lieben Ordnung, Sauberkeit, Listen, Pläne und gehen ohne viel Diskussion an die Arbeit. Sie sind in allen Lebensbereichen eher behutsam und vorsichtig. Oftmals sammeln und verwahren sie alles Mögliche. Im Extremfall behindert der Perfektionismus jedoch die Aufgabenerfüllung.
- *Kritischer Stil:* Personen mit einem kritischen Stil verhalten sich in der Kommunikation ähnlich wie Personen mit einem kooperativen Stil. Auf diese kooperativen Worte folgen jedoch keine Taten. Auf der Ebene der Handlungen widersprechen sie manchmal geradezu dem, was sie sagen. Kritik an anderen Personen äußern sie selten offen, sondern bringen diese eher passiv in ihren Handlungen zum Ausdruck. Daher sind diese Personen für ihre Umwelt schlecht einschätzbar. Oftmals lässt auch die Umwelt keine

direkte und offene Äußerung von Kritik zu. Im Extremfall stößt man bei Personen mit einem kritischen Stil generell auf (wenn auch verdeckte) Opposition.

- *Rational-distanzierter Stil:* Menschen mit einem rational-distanzierten Stil wollen den Mitmenschen nicht zu nahe kommen. Die Grenzen des eigenen Hoheitsgebietes sind eher nach vorne verlegt, eine unsichtbare Wand sorgt dafür, dass der gebührende Abstand gewahrt bleibt. In der Kommunikation wird Distanz geschaffen, was oft von anderen Menschen als Arroganz missverstanden wird. Im Extremfall wünscht sich die Person nur wenige enge Beziehungen.
- *Kooperativer Stil:* Kooperative Menschen haben sich ganz den Beziehungen zu für sie relevanten Menschen verschrieben, und ihr Leben wird dadurch lebenswert, dass sie sich um andere kümmern. Sie legen höchsten Wert auf dauerhafte Beziehungen, bemühen sich, die Beziehungen aufrechtzuerhalten, und sind dabei loyal, hilfsbereit und fürsorglich. Da sie um Harmonie bemüht sind, neigen sie zu höflichem und taktvollem Verhalten, widersprechen wenig und fallen durch besondere Rücksichtnahme auf. Sie ziehen die Gesellschaft anderer Menschen dem Alleinsein vor. Sie möchten eher folgen als führen, sind kooperativ und bemühen sich, ihr Verhalten zu ändern, wenn sie kritisiert werden. Im Extremfall haben Personen mit einem kooperativen Stil Schwierigkeiten damit, eigene Wünsche wahrzunehmen und zu formulieren.
- *Sensibel-vermeidender Stil:* Menschen mit einem sensibel-vermeidenden Stil ziehen das Bekannte dem Unbekannten vor und können ihre Fähigkeiten dann entfalten, wenn ihnen die relevanten Menschen dabei vertraut sind. Sensibel-vermeidende Menschen lieben Gewohnheiten und Wiederholungen. Sie sind ihren engen Freunden tief verbunden. Im sozialen Umfeld achten Sie darauf, was andere Personen von ihnen denken, sind umsichtig und taktvoll. Sie verhalten sich liebenswürdig und beherrscht mit taktvoller Zurückhaltung. Situationen, die enge Kontakte, Zurückweisung, Kritik, Nichtzustimmung beinhalten können, werden dagegen oft eher vermieden.

Es gibt keinen „richtigen" und keinen „falschen" Verhaltens- und Kommunikationsstil. Alle haben in verschiedenen Situationen ihre Berechtigung. Es ist wichtig, über verschiedene Verhaltensweisen zu verfügen, um in einer konkreten Situation die passende Verhaltensweise auszuwählen. So ist es z. B. gut, sehr genau zu sein, wenn man seine Steuererklärung macht. In einer Partnerschaft wirkt es sich positiv aus, wenn man anhänglich ist. In einem Vorstellungsgespräch wird es zielführender sein, wenn man selbstbewusst auftritt. Bei einer größeren Kaufentscheidung sollte man sehr kritisch sein. Auf einer Party ist es gut, kontaktfreudig zu sein, und bei der Berufswahl sollte man besser sehr selbstkritisch sein (vgl. Abbildung 13).

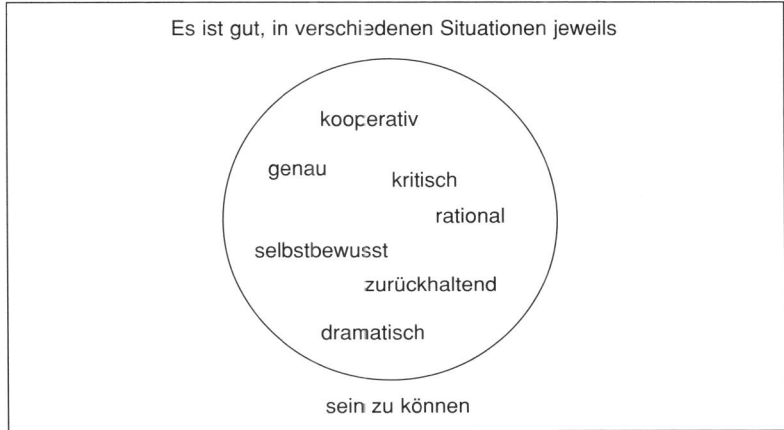

Abbildung 13: Flexibilität von Verhalten

Wenn wir unter normaler Anspannung stehen, verfügen wir in der Regel über alle sieben genannten Verhaltensstile. Sobald der Stress zunimmt bzw. unsere Anspannung sehr hoch ist, wir uns also auf der in Abbildung 14 dargestellten Anspannungsachse nach rechts bewegen, wird unser Verhalten unflexibler. Wir haben dann nur noch Zugriff auf einen, maximal zwei Verhaltensstile, eben die Stile, die unserer Notfallregel entsprechen.

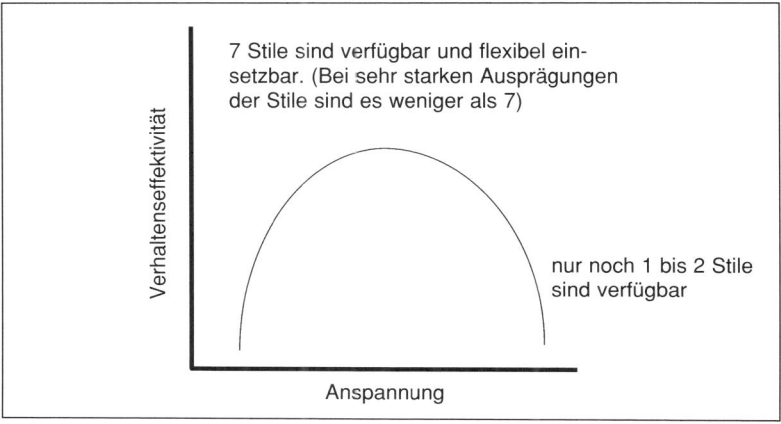

Abbildung 14: Einengung der Stile bei Stress

Falls ein Verhaltens- und Kommunikationsstil sehr stark und sehr starr ausgeprägt ist, könnte man sogar von einer Persönlichkeitsstörung sprechen.
Dieser Extremfall kommt im täglichen Leben jedoch nur sehr selten vor.
Abbildung 15 beinhaltet innerhalb des Kreise Verhaltensbeschreibungen, die
absolut funktional sind. Die Begriffe außerhalb des Kreises bezeichnen dagegen Verhaltensweisen, die sehr stark überzogen und daher problematisch
sind.

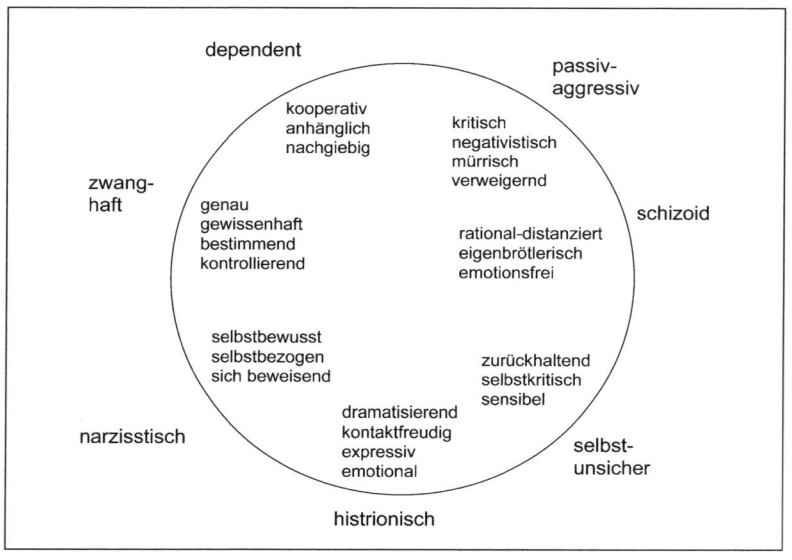

Abbildung 15: Die Verhaltens- und Kommunikationsstile in „normaler" und
in extremer Ausprägung

Zu Fehlanpassungen kann es aus verschiedenen Gründen kommen. Für alle
von uns gilt, dass wir in unseren Verhaltensweisen umso inflexibler werden,
je mehr wir „im Stress" sind. In diesem Falle wird also die Verhaltensflexi-
bilität stark eingeschränkt. Der emotionale „Autopilot" (vgl. Kapitel 2)
schreibt zunehmend das Verhalten vor. Es gibt auch Menschen, die „von
Natur aus" auf eine oder zwei Verhaltensweisen „festgenagelt" sind, also
manche Verhaltensweisen „standardmäßig" einsetzen und andere mehr oder
weniger systematisch vernachlässigen (vgl. Abbildung 16). Dies führt dann
dazu, dass die Person bestimmte Verhaltensweisen sehr gut ausführen kann

(Verhaltensexzess) und in anderen Bereichen Verhaltensdefizite aufweist, also bestimmte Verhaltensweisen nur sehr schwer oder gar nicht abrufen kann.

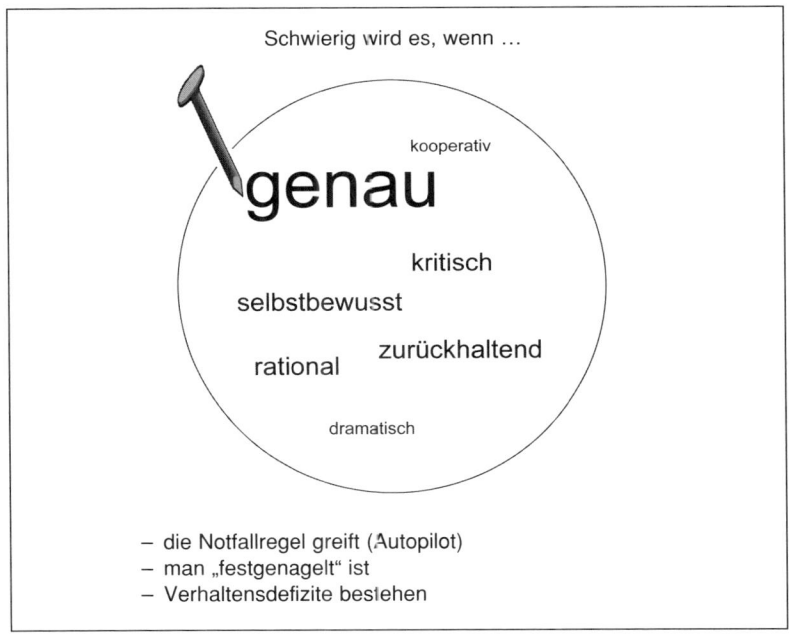

Abbildung 16: Festgenageltsein auf einen Stil

3.2 Die Bedeutung der Kommunikation

Bevor im Kapitel 4 die relevanten Verhaltens- und Kommunikationsstile detailliert vorgestellt werden, ist es hilfreich, sich vorab mit einem Modell der Kommunikation etwas näher zu beschäftigen. Hierzu soll insbesondere auf das Kommunikationsmodell von Schulz von Thun (1981) eingegangen werden, in dem er die Sprachtheorie von Karl Bühler aus den 1930er Jahren und die Überlegungen von Paul Watzlawick zum sogenannten Kommunikationsquadrat zusammenfasst.

Die Grundaussage des Modells ist sehr einfach: Jede kommunikative Äußerung enthält prinzipiell immer vier Botschaften. Diese einzelnen Aspekte, nicht die

jeweilige Äußerung, werden von uns auf dem Hintergrund unserer jeweiligen
Persönlichkeit entweder sehr selektiv aufgesogen wie ein Schwamm oder eher
ignoriert (vgl. Abbildung 17). Schulz von Thun hat in seinem allgemeinen
Kommunikationsmodell betont, dass bei der Kommunikation keineswegs lediglich Sachinformationen übermittelt werden, wie dies oft angenommen wird.
Vielmehr werden bei grundsätzlich jeder Art der Kommunikation über die
Informationen zu der Sache, über die man (manchmal nur vordergründig)
spricht, hinaus noch zusätzlich (implizite) Aussagen darüber gemacht, wie man
sich die Beziehung der Gesprächspartner und deren Stellung zueinander vorstellt. Man offenbart auch immer etwas von sich selber, und man appelliert
auch immer an den Gesprächspartner. Wie stark die jeweiligen Komponenten
der Kommunikation dabei gewichtet sind, ist von Situation zu Situation sehr
unterschiedlich.

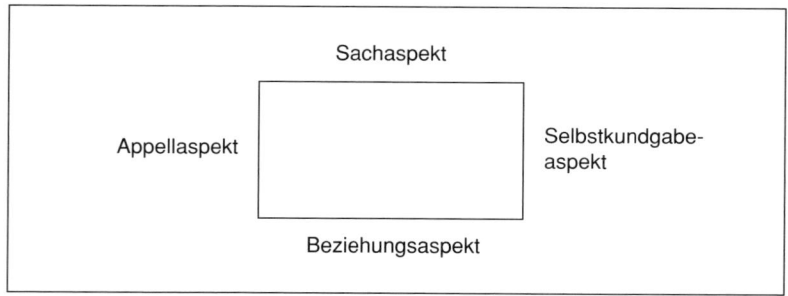

Abbildung 17: Die vier Seiten einer Nachricht nach Schulz von Thun

Bei einem Streitgespräch wird wahrscheinlich eher der Beziehungsaspekt im
Vordergrund stehen, bei einem Verkaufsgespräch eher der Appellaspekt, bei
einem Vortrag eher der Sachaspekt, bei einer Wahlveranstaltung eher der
Selbstdarstellungsaspekt. Grundsätzlich gilt jedoch, dass bei jeder Kommunikation alle vier Aspekte einer Nachricht zumindest implizit enthalten sind.
Wenn z. B. der Vortragende während einer Besprechung die Besprechungsteil-
nehmer fragt: „Konnten Sie meinen Ausführungen bis hierher folgen?", so ist
dies auf der Sachebene zunächst als eine neutrale Frage zu verstehen, auf der
Beziehungsebene kann diese Aussage dagegen bedeuten: „Ich bin den Zuhö-
rern sowieso überlegen" oder „Ihr seid in der Rolle der Unwissenden, die man
belehren muss". Auf der Appellebene kann die Aussage bedeuten: „Stellt bloß
keine dummen Zwischenfragen, Ihr outet euch damit sonst nur als unwissend!"
oder: „Jetzt zeigt mir mal, ob Ihr mir fachlich Paroli bieten könnt!". Auf der
Selbstkundgabeebene kann dies z. B. bedeuten: „Ich bin Experte auf diesem

Gebiet" oder „Ich will lästige Frager zum Schweigen bringen". Die Bedeutung einer Aussage auf der Beziehungs-, Appell- und Selbstkundgabeseite ist dabei in aller Regel nicht eindeutig, meist sind mehrere Interpretationen möglich.

Alle vier Botschaften „schwingen" in einer Äußerung mit. Ähnlich wie bei einem Saiteninstrument werden gleichzeitig vier Saiten angeregt. Auf der Sachseite teilt man dem Partner mit, wie man den Stand der Fakten sieht, man sagt ihm, wie sich „die Dinge" verhalten. Auf der Appellseite vermittelt man dem Partner, was man von ihm möchte, welche Wünsche man an ihn hat. Auf der Selbstkundgabeseite sagt man dem Partner, wie man sich selbst fühlt, wie einem ums Herz ist. Der kommunikative Scheinwerfer ist dabei auf einen selbst gerichtet. Auf der Selbstkundgabeseite werden drei Kategorien unterschieden: Die erste ist die *Selbstenthüllung*. Diese gewinnt an Bedeutung, wenn man etwas von sich preisgibt. Die zweite Kategorie ist die *Selbstverhüllung*, mit welcher man dem Kommunikationspartner zu verstehen gibt, dass man über ein gewisses Thema nichts sagen möchte. Die dritte Kategorie ist die *Selbstdarstellung*. Die drei Kategorien der Selbstkundgabeseite sind bei verschiedenen Verhaltens- und Kommunikationsstilen unterschiedlich stark ausgeprägt. Beim dramatisierenden Stil wird eher die Selbstenthüllung dominant sein, beim rational-distanzierten Stil eher die Selbstverhüllung und beim sich selbst beweisenden Stil eher die Selbstdarstellung. Es gilt also zu beachten, dass auf der Seite der Selbstkundgabe nicht alle Botschaften kongruente Aussagen der Person über das, was in ihr gerade vorgeht, sind.

Auf der Beziehungsseite ist dagegen der Scheinwerfer primär auf beide Kommunikationspartner gerichtet. Man bringt dabei zum Ausdruck, wie man das Verhältnis der beiden Partner zueinander sieht (z. B. gleichberechtigt oder asymmetrisch). Eine zentrale Frage dabei ist, wer wem was zu sagen hat. Ein Aspekt der Beziehungsbotschaft kann auch darin bestehen, dass man die andere Person in Form von „Du-Aussagen" beschreibt.

Ein Beispiel zur Verdeutlichung:

Sagt z. B. der Mann zu seiner Frau: „Karin, das Bier ist alle!", so kann diese Äußerung mehrere Botschaften beinhalten:

Sache:	Das Bier ist alle
Selbstkundgabe:	Ich habe Durst
Appell:	Hol mir ein Bier aus dem Keller
Beziehung:	Du hast dich um mein Wohl zu kümmern

Je nachdem, was der Gesprächspartner aus der Äußerung heraushört, wird er jedoch völlig unterschiedlich reagieren. Hört er eher die Sachbotschaft, so kann die Antwort z. B. lauten: „Das habe ich auch schon bemerkt". Hört er eher auf die Selbstkundgabebotschaft, so kann die Reaktion sein: „Dann iss nicht so viel salziges Zeug". Hört er eher die Appellbotschaft, so kann die Reaktion sein: „Hol das Bier doch selber". Wenn er dagegen eher auf die Beziehungsbotschaft reagiert, kann eine mögliche Reaktion sein: „Ich bin doch nicht dein Knecht".

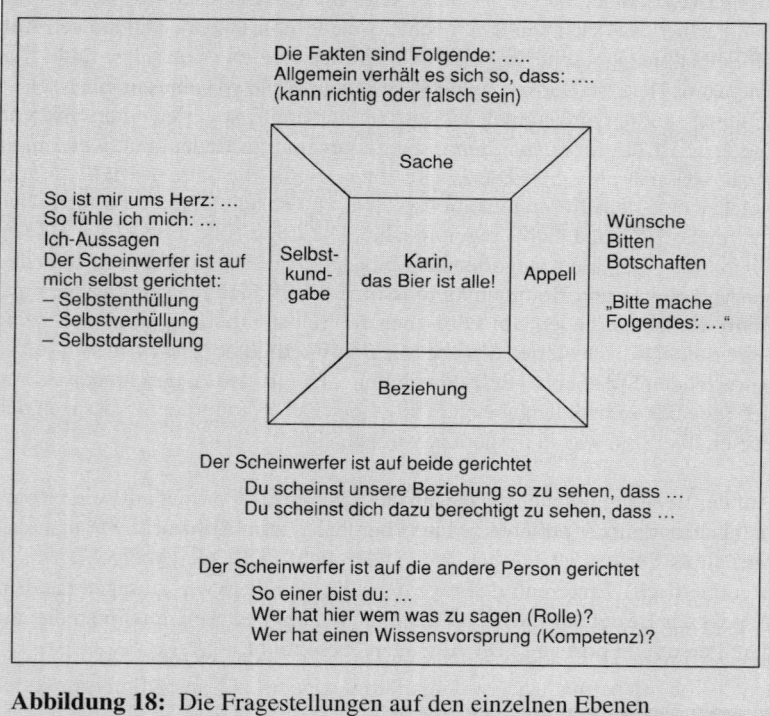

Abbildung 18: Die Fragestellungen auf den einzelnen Ebenen

Welches ist nun die „tatsächliche" Botschaft? Man kann es nie wissen. Erschwert wird die ganze Situation noch dadurch, dass selbst dann, wenn man den relevanten *Aspekt* der vier möglichen Botschaften genau identifizieren könnte, der *Inhalt* der Botschaft immer noch uneindeutig ist. So kann im obigen Beispiel der mögliche Appell lauten: „Hol mir mal ein Bier aus dem Keller" oder „Kauf nächstes Mal mehr Bier ein" oder „Schenke mir ersatzweise einen Wein ein".

Die vier Seiten einer jeden Aussage sollen noch anhand von zwei weiteren Beispielen verdeutlicht werden.

Beispiel:

Die Aussage: „Wie lange machen Sie den Job schon?" kann auf der Seite des Sachaspektes die neutrale Frage danach beinhalten, wie lange der Befragte den Job schon macht. Die anderen Aspekte der Kommunikation können z. B. lauten:

Beziehung: „Ich kenne mich besser aus als Sie."

Appell: „Finden Sie endlich eine vernünftige Lösung!"

Selbstkundgabe: „Ich habe kein Vertrauen zu Ihnen."

Die genaue Aussage auf diesen Aspekten könnte jedoch auch eine ganz andere sein. Es ist die Aufgabe des Hörers, sich zu diesen Bedeutungen Annahmen zu bilden.

Beispiel:

Die Aussage: „Sie kamen heute erst um 9.00 Uhr" kann z. B. zusätzlich zum Sachaspekt folgende Aspekte enthalten:

Beziehung: „Ich darf Ihnen Anweisungen erteilen, die Sie befolgen müssen."

Appell: „Bitte seien Sie morgen pünktlicher."

Selbstkundgabe: „Ich ärgere mich über Ihre Unpünktlichkeit."

Auch bei dieser Aussage ergeben sich der Beziehungs-, der Appell- und der Selbstkundgabeaspekt wiederum nicht zwingend notwendig aus dem Gesagten. Sie müssen vielmehr wieder vom Hörer „erraten" werden. Dieses „Erraten" erfolgt dabei natürlich nicht zufällig, sondern auf dem Hintergrund des jeweiligen Verhaltens- und Kommunikationsstils der Person, die den Aspekt erraten muss.

Welche Konsequenzen lassen sich aus diesem Modell ableiten?

Die wahrscheinlich wichtigste Implikation besteht aus der Erkenntnis, dass letztendlich der Hörer einer Äußerung bestimmt, welcher Botschaft er am meisten Gewicht beimisst, nicht der Sender. Dieser kann zwar versuchen, die von ihm beabsichtigte Botschaft möglichst eindeutig zu formulieren, jedoch hat er nicht wirklich im Griff, was der Hörer „heraushört". Dieses Heraushören hat etwas mit dem Verhaltens- und Kommunikationsstil zu tun, der sich auf seine Notfallregel gründet, und erfolgt nicht zufällig. Der Hörer wählt sich gezielt diejenige Botschaft aus, die seiner Notfallregel entspricht, die Notfallregel steuert also die Auswahl.

Das Modell gibt *keine* Vorgaben, wie man sich wann verhalten soll. Ziel ist lediglich eine größtmögliche Flexibilität. Ideal ist es, seine eigene dominante Botschaftsart zu kennen und in Konfliktsituationen die Fähigkeit zu haben, gezielt andere Botschaften zu formulieren und andere Botschaften wahrzunehmen, als man dies spontan täte.

Missverständnisse

Das Modell von Schulz von Thun wurde häufig falsch verstanden. Daher sollen an dieser Stelle ein paar der Missverständnisse ausgeräumt werden. Oft wird gelehrt, dass man in Konflikten verstärkt Ich-Aussagen formulieren sollte bzw. dass Du-Aussagen eher schlecht seien. Ebenso häufig hört man, die Beziehungsbotschaft sei wichtiger als die Sachbotschaft. Solche Ableitungen sind aus dem Modell jedoch nicht möglich. Es gibt keine normative Ebene, es geht eher darum, flexibel auf allen Ebenen formulieren zu können und insbesondere in Stresssituationen die normalerweise bevorzugte Ebene gezielt zu meiden. Auch das Kriterium der Authentizität wurde häufig falsch interpretiert. Manche Kommunikationstrainer scheinen davon auszugehen, dass es ein kommunikatives Ideal darstelle, ständig authentisch, das heißt in Einklang mit dem eigenen inneren Empfinden zu kommunizieren. Dies führt jedoch eher zu einer relativ plumpen Selbstentblößung. Stattdessen betont Schulz von Thun das Kriterium der Stimmigkeit und dieses in einer zweifachen Weise: Kommunikation ist demnach angemessen, wenn man in Übereinstimmung mit sich selbst *und* der Charakteristik der jeweiligen Situation kommuniziert.

Übungen

Im Folgenden werden einige Übungen dargestellt, die dabei helfen sollen, die unterschiedlichen Aspekte der Kommunikation zu verdeutlichen. Die erste Übung dient der Identifizierung von Sach- und Personenaussagen. In der zweiten Übung werden zusätzlich zu der Aussage über die Person noch die vermutete Aussage über den Sender selbst sowie der vermutete Appell formuliert. Gegenstand der dritten Übung ist die Formulierung von Aussagen auf allen vier Ebenen. In der vierten Übung geht es um die Vermengung der verschiedenen Aspekte und um deren Rolle bei der Entstehung von Missverständnissen.

Häufig gibt man vor, über eine Sache zu sprechen, meint aber in Wirklichkeit die Person, zu der man etwas sagt. Diese mehr oder weniger versteckte Aussage über die Person ist allerdings nicht augenfällig, sondern kann vom Hörer nur vermutet oder erraten werden. In Übung 1 sind einige Aussagen aufgelistet, die vordergründig eine Sachaussage enthalten.

Übung 1:

Beispiele:

„Halten Sie Ihren Beitrag wirklich für konstruktiv?"
Mögliche Aussage zur Person: Ihr Beitrag war unangemessen!

„Geht Ihr Vortrag noch lange?"
Mögliche Aussage zur Person: Sie langweilen mich!

„Ich werde mir Zeit nehmen, Ihnen das noch einmal zu erklären"
Mögliche Aussage zur Person: _____

„Haben Sie das ernst gemeint?"
Mögliche Aussage zur Person: _____

„Das haben Sie wieder einmal gut hingekriegt"
Mögliche Aussage zur Person: _____

„Ich habe Sie vorher auch nicht unterbrochen"
Mögliche Aussage zur Person: _____

„Das haben Sie geschickt eingefädelt"
Mögliche Aussage zur Person: _____

„Was gibt es dort zu sehen?"
Mögliche Aussage zur Person: _____

„Meinen Sie das wirklich ernst?"

Mögliche Aussage zur Person: _____

„Wie lange beschäftigen Sie sich schon mit diesem Thema?"

Mögliche Aussage zur Person: _____

„Ich kann Ihr Verhalten nicht verstehen"

Mögliche Aussage zur Person: _____

Suchen Sie zu jeder der folgenden Aussagen die Aussage über die Person, die Sie für die wahrscheinlichste halten.

Übung 2:

Formulieren Sie zu den Aussagen aus der ersten Übung auch noch die vermuteten Aussagen über den Sender selbst und die vermuteten Appelle an den Hörer.

„Halten Sie Ihren Beitrag wirklich für konstruktiv?"

Mögliche Aussage des Senders über sich: _____

Möglicher Appell an den Hörer: _____

„Geht Ihr Vortrag noch lange?"

Mögliche Aussage des Senders über sich: _____

Möglicher Appell an den Hörer: _____

„Ich werde mir Zeit nehmen, Ihnen das noch einmal zu erklären"

Mögliche Aussage des Senders über sich: _____

Möglicher Appell an den Hörer: _____

„Das haben Sie wieder einmal gut hingekriegt"

Mögliche Aussage des Senders über sich: _____

Möglicher Appell an den Hörer: _____

„Ich habe Sie vorher auch nicht unterbrochen"

Mögliche Aussage des Senders über sich: _____

Möglicher Appell an den Hörer: _____

„Das haben Sie geschickt eingefädelt"

Mögliche Aussage des Senders über sich: _____

Möglicher Appell an den Hörer: _____

„Was gibt es dort zu sehen?"

Mögliche Aussage des Senders über sich: _____

Möglicher Appell an den Hörer: _____

„Meinen Sie das wirklich ernst?"

Mögliche Aussage des Senders über sich: _____

Möglicher Appell an den Hörer: _____

„Wie lange beschäftigen Sie sich schon mit diesem Thema?"

Mögliche Aussage des Senders über sich: _____

Möglicher Appell an den Hörer: _____

„Ich kann Ihr Verhalten nicht verstehen"

Mögliche Aussage des Senders über sich: _____

Möglicher Appell an den Hörer: _____

In Übung 3 geht es um die Unterscheidung von verschiedenen Kommunikationsebenen.

Übung 3:

Formulieren Sie zu folgenden Äußerungen Antworten. Benutzen Sie dazu jeweils die Beziehungsebene (B), die Selbstkundgabeebene (O), die Appellebene (A) und die Sachebene (S):

Äußerung   **Antwort:**

Wills du etwa wirklich   B: _____
die 20 Seiten im Buch   O: _____
lernen?   A: _____
          S: _____

Wieso kommst du   B: _____
eigentlich immer   O: _____
zu spät?   A: _____
                          S: _____

Du als fortschrittlich   B: _____
denkender Mensch   O: _____
solltest das nicht   A: _____
machen.   S: _____

Sie sind immer   B: _____
so auffallend   O: _____
freundlich.   A: _____
                          S: _____

Willst du etwa   B: _____
ohne Schirm   O: _____
wegfahren?   A: _____
                          S: _____

Vergiss aber nicht,   B: _____
bei Herrn Kuhl   O: _____
anzurufen.   A: _____
                          S: _____

Drücken Sie sich   B: _____
doch bitte allgemein-   O: _____
verständlich aus.   A: _____
                          S: _____

Ihre Mitarbeit   B: _____
ist einzigartig.   O: _____
                          A: _____
                          S: _____

Übung 4:

Missverständnisse entstehen oft dadurch, dass der Sender einen ganz anderen Aspekt seiner Botschaft betonen möchte, als dies der Hörer heraushört. Suchen Sie Beispiele, wie der Sender und der Hörer ein und dieselbe Aussage dadurch anders verstehen, indem sie jeweils entweder einen anderen Aspekt heraushören oder beim jeweiligen Aspekt inhaltlich ganz andere Dinge vermuten.

Beispiel:

Aussage:	„Der Tag war anstrengend."
Sender will (vielleicht) sagen:	„Ich freue mich auf den Abend mit dir."
Hörer hört (vielleicht):	„Lass mich heute Abend in Ruhe."

Aussage: _____

Sender will (vielleicht) sagen: _____

Hörer hört (vielleicht): _____

Aussage: _____

Sender will (vielleicht) sagen: _____

Hörer hört (vielleicht): _____

Aussage: _____

Sender will (vielleicht) sagen: _____

Hörer hört (vielleicht): _____

Aussage: _____

Sender will (vielleicht) sagen: _____

Hörer hört (vielleicht): _____

4 Die sieben relevanten Verhaltens- und Kommunikationsstile

In diesem Kapitel werden die sieben im Kapitel 3 bereits kurz dargestellten Verhaltens- und Kommunikationsstile ausführlich beschrieben. Diese Verhaltens- und Kommunikationsstile, die auf der jeweiligen Notfallregel beruhen, sind im Alltag sehr wichtig und treten häufig auf. Es handelt sich dabei um den selbstbezogenen, gewissenhaften, sensiblen, dramatisierenden, kooperativen, rational-distanzierten und kritischen Verhaltens- und Kommunikationsstil. Im folgenden Kasten sind für die jeweiligen Stile noch eine Reihe anderer Beschreibungen aufgeführt, die synonym verwendet werden können.

Synonyme Begriffe:

- *Selbstbezogen:* selbstbewusst, sich beweisend, ehrgeizig.
- *Gewissenhaft:* genau, bestimmend, kontrollierend.
- *Dramatisierend:* mitteilungsfreudig, kontaktfreudig, expressiv.
- *Kritisch:* mürrisch, negativistisch, verweigernd.
- *Rational-distanziert:* eigenbrötlerisch, emotionsfrei.
- *Kooperativ:* nachgiebig, anhänglich, bedürftig.
- *Sensibel-vermeidend:* zurückhaltend, selbstkritisch.

Die nachfolgenden Beschreibungen haben zwei Ziele: Zum einen sollen sie es ermöglichen, andere Menschen besser zu verstehen, zum anderen bilden sie die Grundlage für die gezielte Selbstoptimierung (vgl. Kapitel 5). Darüber hinaus sollten Sie am Ende dieses Kapitels noch einmal überprüfen, ob Sie aufgrund dieser Beschreibungen Ihre Notfallregel noch einmal revidieren sollten.

Für jeden der Stile gibt es Verhaltensweisen, die *in der Regel* eher positiv, und solche, die *in der Regel* eher negativ bewertet werden. Die Abgrenzung zwischen positiv und negativ bewerteten Verhaltensweisen kann nicht exakt trennscharf sein, da sie immer Werturteile enthält, die nicht zwingend in dieser Weise bewertet sein müssen. Unter Anspannung ist es eher wahrscheinlich, dass die jeweils negativen Aspekte des Verhaltens- und Kommunikationsstils in den Vordergrund treten, die positiven Aspekte des jeweiligen Verhaltens- und Kommunikationsstils dagegen werden bei Anspannung eher in den Hintergrund treten (vgl. Abbildung 19).

Die folgende Darstellung der verschiedenen Verhaltens- und Kommunikationsstile enthält zudem Hinweise auf Selbstaussagen, Appelle und Beziehungsvorschläge, die in den Aussagen der Personen gemäß dem Modell von Schulz

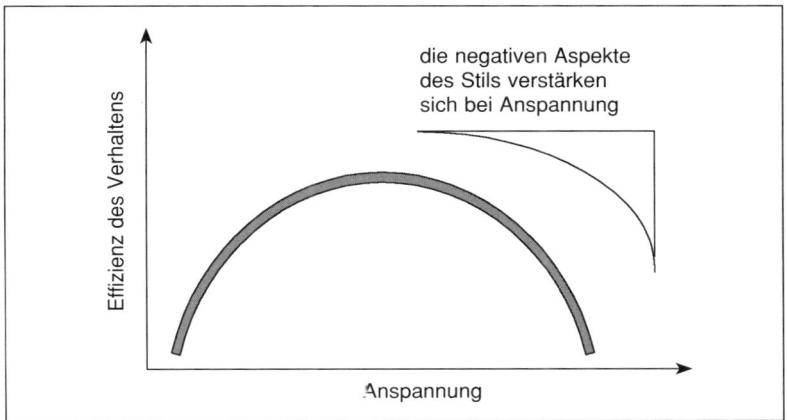

Abbildung 19: Anspannung und negative Aspekte des Verhaltensstils

von Thun (vgl. Kapitel 3) hauptsächlich „mitschwingen". Sofern es eine Analogie für den entsprechenden Stil gibt, wird diese ebenfalls erläutert. Anschließend wird das „psychologische Kalkül" erläutert, das dem jeweiligen Stil zugrunde liegt.

Was versteht man unter dem „psychologischen Kalkül"?

Um das psychologische Kalkül verstehen zu können, das hinter einem entsprechenden Stil steckt, muss man drei Dinge berücksichtigen: Erstens geht es um die Frage des Selbstwertes einer Person, zweitens um das zentrale Bedürfnis, mit dessen Hilfe der Selbstwert optimiert werden soll, und drittens um die zentrale Angst, die vorgibt, welche Situationen und welches Verhalten anderer Menschen den Selbstwert bedrohen und von daher strikt zu vermeiden sind.

Zunächst ist es für eine Person bezeichnend, von welcher zentralen Angst sie gesteuert wird, also was sie unbedingt zu vermeiden versucht. Zusätzlich ist es wichtig zu wissen, welches Bedürfnis für die Person mit dem jeweiligen Verhaltens- und Kommunikationsstil zentral ist, da dies die grundlegenden Komponenten der Notfallregel sind. Die Strategie, die danach ausgerichtet ist, das zentrale Bedürfnis zu verfolgen und die zentrale Angst zu vermeiden, hat in aller Regel einen sehr gut funktionierenden kurzfristigen Erfolg, aber langfristig eher kontraproduktive Effekte, die einem dauerhaften Erfolg des

Kalküls entgegenstehen können. Diese auf längere Sicht gesehene Untaug-
lichkeit der angewandten Strategie zum Erreichen des zentralen Bedürfnisses
und zur Vermeidung der zentralen Angst ist vergleichbar mit dem Versuch,
Meerwasser gegen den Durst zu trinken. Dieser untaugliche Lösungsversuch
würde nur dazu führen, den Durst zu verschlimmern, statt ihn zu reduzieren.
Genauso verhält es sich mit den Verhaltens- und Kommunikationsstilen. Die
Grundstruktur ist immer gleich: Die kurzfristig erfolgreichen Lösungsversu-
che erzeugen längerfristig eine Situation, in der die zentrale Angst nicht reduziert, sondern aktiviert wird und in der das zentrale Bedürfnis längerfristig
nicht befriedigt werden kann. Der jeweilige Verhaltensstil stellt also eine
langfristig ungünstige Strategie im Umgang mit dem zentralen Bedürfnis und
der zentralen Angst dar. Das Verständnis dieses Prozesses ist wichtig, um die
Aufrechterhaltung des jeweiligen Stils zu verstehen. Niemand zeigt einen
entsprechenden Verhaltens- und Kommunikationsstil, der ihm längerfristig
Nachteile bringt, aus Dummheit oder aufgrund masochistischer Tendenzen,
sondern nur deshalb, weil er eine eher ungünstige Strategie anwendet, um
sein zentrales Bedürfnis zu befriedigen bzw. um seine zentrale Angst zu
vermeiden. Die jeweilige Strategie war zu dem Zeitpunkt ihres Entstehens
sicherlich erfolgreich und wurde daher auch beibehalten. Im Laufe der Zeit
können sich jedoch die Rahmenbedingungen des Handelns ändern, und die
Strategie verliert ihre Funktion, wird aber dennoch beibehalten. Häufig führt
gerade der Versuch, das zentrale Bedürfnis mit einer ungünstigen Strategie
zu realisieren, zu dessen Frustration. Ebenso kann eine ungeeignete Strategie,
die zentrale Angst zu vermeiden, dazu führen, dass diese permanent aktiviert
wird.

Dieser Mechanismus wird in der folgenden Darstellung der verschiedenen
Verhaltens- und Kommunikationsstile jeweils mit Hilfe des in Abbildung 20
dargestellten Schemas erläutert.

Aus dem Gefangensein in diesem ungünstigen Kalkül resultiert eine „Sisyphusarbeit", die die jeweilige Person verrichten muss und die sie daran hindert, ihre Kraft für sinnvollere Ziele einzusetzen. Ähnlich der Sagengestalt
des Sisyphus in der griechischen Mythologie, der sein Leben damit ver-
brachte, einen schweren Stein einen Berg hinaufzurollen, der kurz vor dem
Gipfel wieder hinunterrollte, gehört zu jedem Stil eine „Lebensaufgabe".
Diese Sisyphusarbeit wird im Folgenden ebenfalls dargestellt und ebenso das
Dilemma, in dem sich die Person durch das Gefangensein in ihrem langfristig
ungünstigen Kalkül befindet. Die notwendigen Veränderungsziele und Verän-
derungsrichtungen, um sich aus dem Dilemma zu befreien, werden aufgezeigt.
Dabei geht es nicht darum, den Stein effizienter zu rollen, sondern darum, ihn

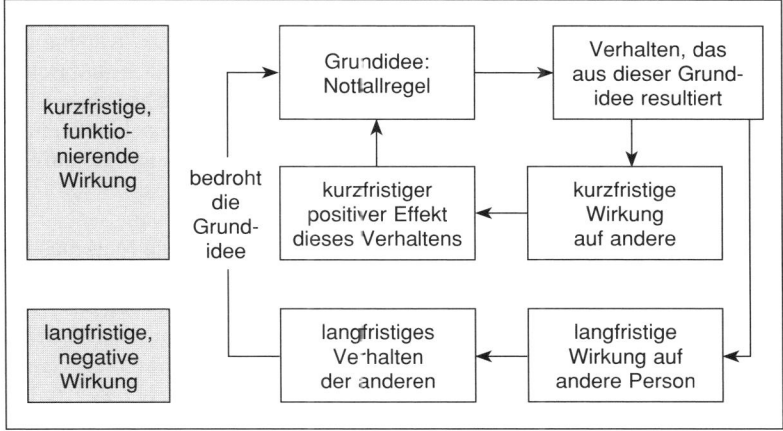

Abbildung 20: Schema des psychologischen Kalküls

wegzuwerfen und sich lohnenderen Zielen zuzuwenden. Schließlich werden Handlungsempfehlungen zum Umgang mit Personen, bei denen der jeweilige Stil stark ausgeprägt ist, gegeben. Diese Handlungsempfehlungen orientieren sich daran, alles zu vermeiden, was die zentrale Angst dieser Personen aktiviert, und möglichst alles zu tun, was dem zentralen Bedürfnis dieser Personen entgegenkommt.

Die folgenden Beschreibungen der Verhaltens- und Kommunikationsstile sind bewusst sehr plakativ formuliert und eher schwarz-weiß gehalten, um sie klarer gegeneinander abzugrenzen. Stoßen Sie sich daher bitte nicht an einzelnen Formulierungen, sondern konzentrieren Sie sich auf den Grundtenor dieses Stils. Beachten Sie dabei auch weiterhin, dass der jeweilige Stil nicht permanent gezeigt wird, sondern immer gemäß der Notfallregel als „im Zweifelsfalle eher zu …" zu verstehen ist.

4.1 Der selbstbezogene Stil

Allgemeine Beschreibung des Stils

Menschen mit einem selbstbezogenen Verhaltens- und Kommunikationsstil stehen gerne im Mittelpunkt der öffentlichen und privaten Welt. Sie glauben intensiv an sich und ihre Fähigkeiten, sie wissen genau, was sie wollen. Sie verkaufen sich und ihre Ideen energisch und effizient. Sie erwarten, dass sie von anderen Menschen immer besonders gut behandelt werden. Sie sind geschickt im Umgang mit anderen Menschen und beweisen dabei taktisches Gespür. Sie sind empfänglich für Lob und Bewunderung, sind sich ihrer Stärken bewusst. Bei Kritik (auch konstruktiver Kritik) fühlen sie sich tief getroffen und reagieren dabei oft aggressiv. Kritik ist für Menschen mit diesem Stil ein enormer Stressfaktor.

Die permanente Bewertung der eigenen Person ist das zentrale Merkmal des selbstbezogenen Stils. Dieser Stil definiert sich geradezu über die Ich-Bezogenheit. Er ist gekennzeichnet durch Eigenliebe, Eigenleistung, Selbstbestimmung, Selbstvertrauen, Selbstbehauptung und Selbstwertgefühl, alles Begriffe, die immer wieder auf das „Selbst" verweisen. Im Extremfall ist dieser Stil mit den Begriffen Selbstsucht, Selbstverherrlichung, Selbstüberschätzung zu beschreiben. In Beziehungen denken diese Menschen oft, dass andere Menschen genauso denken und fühlen wie sie selbst und dass das, was für sie selbst Glück bedeutet, auch für andere Menschen positiv sein muss.

Das Motto dieses Stils könnte man bezeichnen als: „Seine Majestät: Ich selbst". Menschen mit diesem bevorzugten Verhaltens- und Kommunikationsstil lassen sich schlagwortartig beschreiben durch:
- ein Größengefühl in Bezug auf die eigene Bedeutung,
- die Beschäftigung mit Fantasien von Erfolg, Macht, Scharfsinn etc.,
- die Überzeugung, etwas Besonderes, Einmaliges zu sein,
- ein starkes Bedürfnis nach Bewunderung,
- eine hohe Anspruchshaltung und die unbegründete Erwartung, besonders behandelt zu werden,
- die Ausnutzung zwischenmenschlicher Beziehungen, um die eigenen Ziele zu erreichen,
- ein Desinteresse gegenüber „durchschnittlichen" Menschen,
- ein starkes Bedürfnis, sich von anderen Menschen abzuheben (Aussehen, Leistung, Status, Statussymbole, etc.),
- das Lebensgefühl des „Einzelkämpfers",
- ein starkes Ärgergefühl, wenn andere Menschen eigene Fehler entdecken und sich darüber lustig machen,
- eine Angst vor Situationen, in denen sie sich hilflos und ohnmächtig fühlen könnten,
- ein starkes Bedürfnis nach Lob und Anerkennung durch für sie relevante andere Personen, z. B. Vorgesetzte,
- den Ärger über die Mittelmäßigkeit anderer Menschen,
- eine hohe Erwartung an sich selbst,

- die Schwierigkeit, Kritik anderer Menschen nachvollziehen zu können,
- das Gefühl, bei Misserfolgen als absoluter Versager ohne Existenzberechtigung zu sein,
- das Denken, im Falle eines Erfolges alles erreichen zu können,
- das Gefühl, niemandem trauen zu können,
- das starke Bedürfnis, sich von anderen Menschen abzuheben,
- das Ignorieren von Regeln und Vorschriften, die für andere Menschen gelten,
- das Bedürfnis, die Regeln zu definieren, die für andere gelten,
- die Idee, Anerkennung und Angenommensein würden durch hohe Leistungsbereitschaft und berufliche Erfolge „erkämpft".

Eher als positiv bewertete Verhaltensweisen: Menschen mit einem selbstbezogenen, mit einem sich selbst beweisenden Verhaltens- und Kommunikationsstil zeigen folgende Verhaltensweisen, die von anderen Menschen in der Regel als eher positiv bewertet werden, sie:
- glauben an ihre Fähigkeiten,
- wissen genau, was sie wollen,
- verkaufen sich und ihre Ideen gut,
- können andere für ihre Ziele begeistern,
- haben oft ein gutes taktisches Gespür,
- sind im Umgang mit anderen eher geschickt,
- sind siegesgewiss,
- sind auf Konkurrenz eingestellt,
- nehmen Lob und Bewunderung gelassen entgegen,
- stehen gerne im Mittelpunkt,
- sind oft in Führungsfunktionen,
- können schnell Informationen verarbeiten,
- treffen Entscheidungen schnell.

Eher als negativ bewertete Verhaltensweisen: Menschen mit einem selbstbezogenen, mit einem sich selbst beweisenden Verhaltens- und Kommunikationsstil zeigen folgende Verhaltensweisen, die von anderen Menschen in der Regel als eher negativ bewertet werden, sie:
- fühlen sich von Kritik leicht und übermäßig getroffen,
- haben ein starkes Bedürfnis nach Bewunderung,
- haben oft wenig (echtes) Einfühlungsvermögen, das gezeigte Einfühlungsvermögen ist häufig nur Mittel zum Zweck,
- überbetonen und überbewerten die eigenen Leistungen und Fähigkeiten,
- haben oft und gerne Kontakt mit Menschen, die aus ihrer Sicht etwas Besonderes sind oder eine hohe Position haben,

- beachten Menschen, die aus ihrer Sicht einen geringen sozialen Status haben, eher weniger,
- suchen ständig nach Bestätigung und Bewunderung,
- sind eher unsensibel gegenüber den Bedürfnissen und Wünschen anderer Menschen, außer diese können taktisch genutzt werden,
- haben Schwierigkeiten, sich in Gefühle anderer Menschen hineinzuversetzen,
- halten es oft für unnötig, sich mit den Angelegenheiten anderer Menschen auseinanderzusetzen,
- können es schwer ertragen, wenn andere Menschen erfolgreicher sind als sie selbst,
- haben oft den Eindruck, dass andere Menschen neidisch sind,
- haben ein hohes Anspruchsdenken,
- reagieren oft feindselig,
- legen viel Wert auf Statussymbole.

Menschen mit einem sich selbst beweisenden Verhaltens- und Kommunikationsstil kennen hauptsächlich vier Gruppen von Mitmenschen, die sich mit der in Abbildung 21 dargestellten Grafik veranschaulichen lassen (die selbstbezogene Person selbst steht in der Abbildung auf dem linken Gipfel). Die Plus- und Minuszeichen stellen dabei die Bewertung der jeweiligen Personengruppe durch eher selbstbezogene Menschen dar:

1. Menschen, die einen hohen Status haben, aber nicht den eigenen Bereich tangieren, in dem sich selbstbezogene Menschen beweisen müssen (sonst wären sie ja ernst zu nehmende Konkurrenten). Im Bild ist das der akzeptierte Andere auf dem rechten Berg. Solche Menschen können ja durchaus für den eigenen Selbstwert nützlich sein, wenn man durch sie z. B. demonstrieren kann, dass man wichtige Menschen kennt. Diese Menschen werden dann regelrecht hofiert.
2. Menschen, die zum Fußvolk gehören, das irrelevant ist, das sie aber akzeptieren können. Diese Leute werden toleriert.
3. Menschen, die zum Fußvolk gehören, aber aus irgendwelchen Gründen nicht akzeptiert werden können (z. B. weil sie der Person mit dem selbstbezogenen Stil aus deren Sicht nicht würdig sind). Diese Leute müssen bekämpft werden und sind dauernder Aggression ausgesetzt.
4. Leute, die zum Fußvolk gehören und den Berg, auf dem die Person mit dem sich beweisenden Stil sitzt, hinaufklettern oder den Berg unterminieren wollen. Diese Leute sind aus Sicht einer Person mit einem selbstbezogenen Stil die gefährlichste Gruppe von Menschen und müssen unter allen Umständen bekämpft werden.

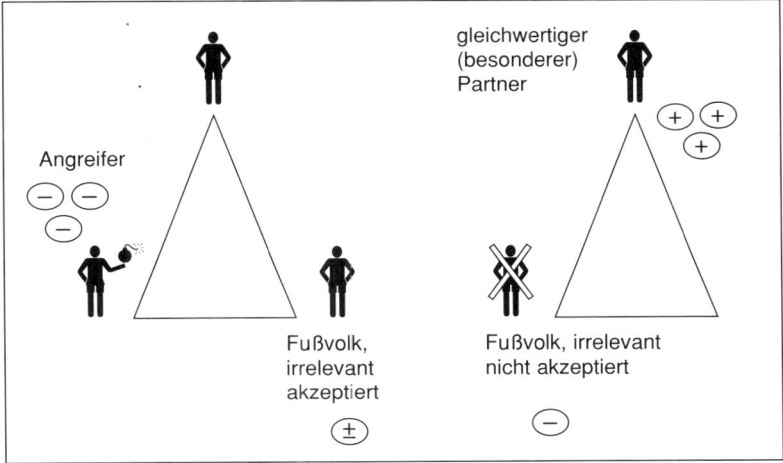

Abbildung 21: Die Menschengruppen, die die selbstbezogene Person kennt

Selbstaussagen, Appelle und Beziehungsvorschläge

Menschen mit einem selbstbezogenen Verhaltens- und Kommunikationsstil senden häufig neben der Sachbotschaft auf den anderen Kommunikationsebenen folgende Botschaften:

Selbstaussagen:
- Ich bin toll.
- Ich bin großartig.
- Ich habe keine Probleme.
- Ich habe alles im Griff.
- Ich blicke durch.
- Ich bin souverän.

Appelle:
- Bewundere mich.
- Bestätige mich.
- Stell keine Fragen.
- Respektiere mich.
- Akzeptiere mich.

- Folge meinen Regeln.
- Kritisiere mich nicht.
- Respektiere mein Territorium.

Beziehungsvorschläge:
- Ich bin oben, du bist unten.
- Ich definiere die Regeln, du hast sie zu befolgen.

Die Wahrnehmung von Beziehungen ist sehr stark ausgeprägt, ebenso wie das aktive Formulieren von Appellen. Die Wahrnehmung der Appelle anderer Personen ist dagegen eher gering ausgeprägt.

Das psychologische Kalkül dieses Stils

Die zentrale Angst von Personen mit diesem Stil besteht darin, nichtig und bedeutungslos zu sein sowie nicht wertgeschätzt zu werden. Um dieser Angst zu begegnen, tun sie daher bevorzugt Dinge, von denen sie glauben, dass sie ihnen die Anerkennung durch andere Personen sichern, denn darin besteht das zentrale Bedürfnis der selbstbezogenen Personen.

Der Teufelskreis dieser Strategie: Ein selbstbezogener Verhaltensstil führt dazu, dass man sich ständig in Konkurrenz zu anderen Personen begibt, um diesen zu demonstrieren, dass man ihnen überlegen ist („Schaut her, ich bin besser als ihr"). Diese Strategie ist bei einer kurzzeitigen Betrachtung durchaus oft erfolgreich, da ein solcher Verhaltensstil andere Personen beeindrucken kann, insbesondere dann, wenn der Stil auch noch mit nachweisbaren „objektiven" Leistungen gekoppelt ist. Dies ist häufiger der Fall, da sich Personen mit einem sich selbst beweisenden Stil durch die Verfolgung ihres zentralen Bedürfnisses und die Vermeidung ihrer zentralen Angst leichter als andere Personen zu „Leistungen" jeglicher Art motivieren können. Andere Personen sind dann häufig im ersten Moment beeindruckt, bewundern die sich selbst beweisende Person und reagieren auf die vorgeschlagene Beziehungsdefinition („Du bist unten, ich bin oben"). Damit ist das Ziel der sich selbst beweisenden Person erreicht: Sie hat die Aufmerksamkeit und die Bewunderung der anderen Personen (zentrales Bedürfnis) erlangt und hat dadurch den realen Gegenbeweis dazu geschaffen, dass sie bedeutungslos sein könnte (zentrale Angst). Dieses Kalkül funktioniert jedoch nur bei einer kurzzeitigen Betrachtung. Läuft dieses Spiel nämlich mehrmals ab (und je ausgeprägter der Stil ist, desto öfter wird dies der Fall sein), werden die Mitmenschen keine Lust mehr haben, sich in diese ihnen zugedachte ungünstige Rolle drängen zu lassen. Sie werden sich schnell ausgenutzt, überfahren, benutzt fühlen und irgendwann beginnen, sich zu wehren, indem sie die Leistung der selbstbezogenen Person kritisieren, ihre Leistungen relativieren oder mit der sich selbst beweisenden Person konkurrieren. Sobald die Mitmenschen sich so verhalten, aktivieren sie die zentrale Angst der selbstbezogenen Person. Dieser Angst versucht sie natürlich wieder mit dem entsprechenden Verhaltensstil zu begegnen, was dazu führt, dass sich die ganze Situation weiter aufschaukelt. Der Lösungsversuch, mit dem die zentrale Angst im Zaum gehalten werden soll, ist also eher ungünstig und bewirkt genau das Gegenteil dessen, was er eigentlich erreichen sollte (vgl. Abbildung 22).

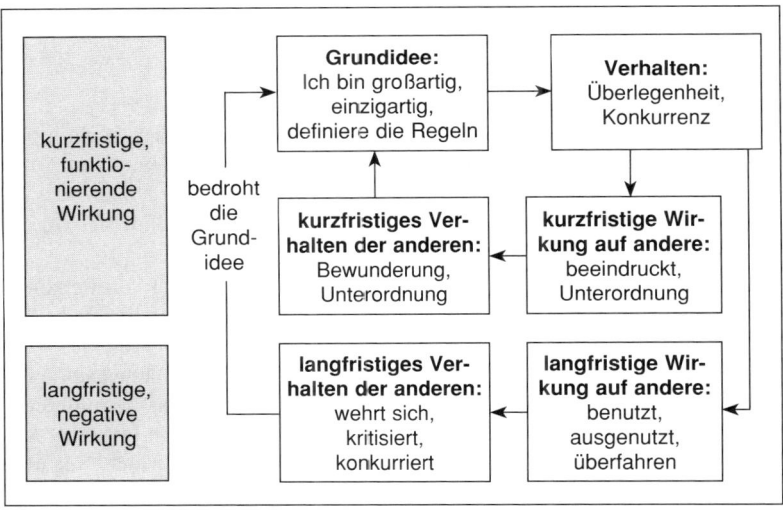

Abbidlung 22: Das selbstbezogene Kalkül

Die Sisyphusarbeit der Personen mit einem selbstbezogenen Stil besteht darin: „Nur wenn ich großartig bin und es schaffe, dass die Welt dies bestätigt und mich bewundert, und wenn ich niemals zweitrangig oder gar durchschnittlich bin, bewahre ich mir die Aufmerksamkeit und Wertschätzung und verhindere, dass ich zu einem Nichts verkümmere und ignoriert werde."

Das Dilemma besteht in der Überzeugung: „*Entweder* ich bin großartig und schaffe es, dass die Welt dies wahrnimmt und bestätigt und ich bin niemals zweitrangig oder gar durchschnittlich *oder* ich verliere Aufmerksamkeit und Wertschätzung und riskiere, dass ich ignoriert werde".

Um diesem Dilemma zu entkommen, muss der Integrationsschritt für Personen mit diesem Verhaltens- und Kommunikationsstil lauten: „Ich kann ohne große Präsenz einfach nur ich selbst sein *und* erhalte *als ganz normaler Mensch* Aufmerksamkeit, Anerkennung und Wertschätzung".

Dabei geht es darum, sich unabhängiger von Leistung und Erfolg zu machen und andere Menschen ernster zu nehmen, also:
- ernsthaftes Interesse für andere Menschen aufbauen,
- nicht immer der Beste sein müssen,
- Meinungen anderer Personen anhören lernen und diese nicht grundsätzlich ablehnen,
- akzeptieren, dass andere Menschen ein Anrecht auf ihre eigenen Bedürfnisse haben,
- akzeptieren, dass kein Mensch in allem perfekt sein kann,
- sich nicht als Nabel der Welt betrachten,
- Kritik von anderen nicht generell ablehnen.

Analogie zur Erklärung

Man kann sich den Mechanismus der Selbstwertberechnung von Personen mit einem selbstbezogenen Verhaltens- und Kommunikationsstil wie in Abbildung 23 dargestellt vorstellen. Jeder Mensch hat ein Rechenschema, nach dem er seinen Selbstwert kalkuliert. Menschen mit einem stark ausgeprägten sich beweisenden Verhaltens- und Kommunikationsstil haben in ihrem Berechnungsschema jedoch Besonderheiten. Die Aktivposten haben nur eine sehr geringe Halbwertszeit. Erfolge werden sehr schnell „wirkungslos". Negative Ereignisse werden dagegen sehr stark und zeitlich sehr konstant in die Berechnung einbezogen, sie „wiegen schwerer". Es scheint dabei zwei Bereiche des Selbstwertes zu geben, einen „inneren, verdeckten", in dem hauptsächlich die negativen Ereignisse wahrgenommen und „archiviert" werden. Dieser Bereich ist sehr stabil und weitgehend geschützt gegenüber dem Eindringen positiver Wahrnehmungen. In der Selbstwertkalkulation stellt dieser Bereich einen zeitlich sehr stabilen Malus dar, eine Hypothek, die nur sehr schwer abgetragen werden kann. Der andere Bereich ist der „öffentliche" bzw. der „öffentlich zur Schau gestellte" Bereich, in dem sich die positiven Wahrnehmungen bezüglich des Selbstwertes der Person befinden. Im Gegensatz zu den negativen Wahrnehmungen bezüglich des Selbstwertes besitzen die positiven Wahrnehmungen jedoch nur eine geringe „Halbwertszeit", sie sind zeitlich eher instabil, ähnlich wie flüchtige Gewinne in einer Bilanz und müssen daher ständig aufgefüllt werden, damit die Gesamtbilanz im Gleichgewicht bleibt. Die Trennung zwischen diesen beiden Bereichen ist semipermeabel, die negativen Aspekte können ständig mit den positiven Aspekten verrechnet werden und diese neutralisieren. Umgekehrt funktioniert es jedoch nicht. Auch durch noch so viele positive Wahrnehmungen können die negativen nicht dauerhaft relativiert werden. Der Weg zu einer Aufrechnung in dieser Richtung scheint weitgehend blockiert zu sein.

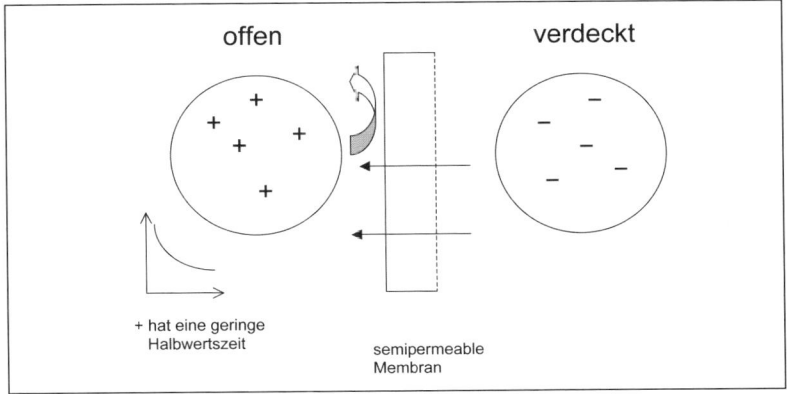

Abbildung 23: Mechanismus der Selbstwertberechung für den selbstbezogenen Stil

Um ein Gleichgewicht zwischen positiven und negativen Ideen über die eigene Person aufrechtzuerhalten, ist es daher notwendig, ständig neue positive Erlebnisse hinzuzufügen. Die negativen Ideen zu der eigenen Person sind quasi feste Stoffe, die unbeweglich auf der Waagschale des Selbstwertes liegen, die positiven Ideen zur eigenen Person sind dagegen eher ein leicht bewegliches Schüttgut, das schnell wieder von der Waagschale rutscht und daher ständig nachgefüllt werden muss, wenn die negativen Ideen nicht das Übergewicht erhalten sollen (vgl. Abbildung 24).

Die Teilung der Selbstwertberechnung ist zentral für diesen Verhaltens- und Kommunikationsstil. Sehr deutlich wird diese Zweiteilung im Umgang mit verschiedenen Gruppen von Menschen. Im (formellen oder informellen) Umgang mit hierarchisch höhergestellten Menschen überwiegen die negativen Aspekte der Selbstwertschätzung, es kommt zu Gehorsamkeit, Unterwürfigkeit bis hin zur Schleimerei. Im Umgang mit hierarchisch eher als niedriger eingestuften Personen kommt es dann zu Machtausübung, Tyrannei, Gängelung etc.

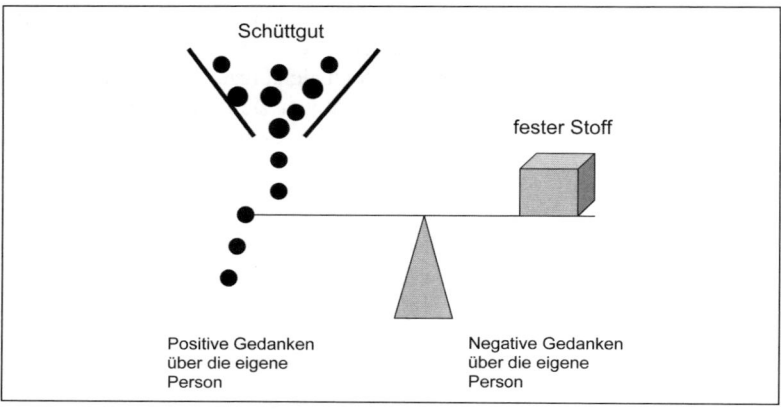

Abbildung 24: Analogie für den selbstbezogenen Stil

Abgrenzung zu anderen Stilen

Der selbstbezogene Stil muss insbesondere gegenüber dem gewissenhaften und dem dramatisierenden Stil abgegrenzt werden, da diese Stile einige Gemeinsamkeiten haben und daher leicht verwechselt werden können.

Die Rolle der Regeln beim selbstbezogenen und beim gewissenhaften Stil: Sowohl beim selbstbezogenen als auch beim gewissenhaften Stil spielen Regeln eine große Rolle, haben jedoch unterschiedliche Funktionen: Die Regeln beim selbstbezogenen Stil sind auf die eigene Person bezogen, beim gewissenhaften Stil dagegen sind sie universell. Der Selbstbezogene ist eher der „Regelsetzer", der Gewissenhafte eher der „Erste Regelbefolger". Der Selbstbezogene leitet die Regeln eher aus seinen eigenen Bedürfnissen ab, der Gewissenhafte eher aus allgemeinen Normen. Der Selbstbezogene kann seine Regeln nur schwer allgemein begründen, der Gewissenhafte dagegen schon. Der Selbstbezogene hat eher die Rolle Gottes (der die Regeln macht), der Gewissenhafte eher die Rolle des Moses (der die gegebenen Regeln verkündet und exekutiert).

Die Rolle der Aufmerksamkeit beim selbstbezogenen und beim dramatisierenden Stil: Beim selbstbezogenen Stil spielt genauso wie beim dramatisierenden Stil die Aufmerksamkeit eine zentrale Rolle, hat jedoch jeweils eine andere Funktion. Beim dramatisierenden Stil ist die Aufmerksamkeit anderer Menschen das Endziel. Um dieses zu erreichen, ist es nicht unbedingt notwendig, dass diese Aufmerksamkeit auch mit einer positiven Bewertung gekoppelt ist. Es gilt die

Maxime: „Hauptsache wahrgenommen, wenn auch zur Not negativ." Beim selbstbezogenen Stil dagegen ist die Aufmerksamkeit nur ein Mittel zum Zweck, sie ist eine notwendige, aber noch keine hinreichende Bedingung. Zu der erhaltenen Aufmerksamkeit muss zwingend noch eine positive Bewertung dazu kommen.

Umgang mit Menschen mit einem selbstbezogenen Stil

Aus den oben dargestellten Sachverhalten lassen sich Handlungsempfehlungen im Umgang mit Personen ableiten, die einen selbstbezogenen Verhaltens- und Kommunikationsstil besitzen. Was sollte man im Umgang mit solchen Personen tun und was eher lassen, wenn man mit ihnen gut auskommen will?

Folgende Punkte sollten im Umgang mit selbstbezogenen Menschen unbedingt beachtet werden:
• besondere Leistungen und Anstrengungen loben,
• Anerkennung geben,
• Bestätigung vermitteln,
• Respekt vermitteln,
• Probleme relativieren,
• Angenommensein zeigen,
• Die Reaktionen anderer Menschen erklären,
• Schweigen über eigene Privilegien und Erfolge.
• Das Prinzip heißt: „füttern, füttern, füttern"!

Dagegen sollte man im Umgang mit selbstbezogenen Menschen unbedingt folgende Punkte unterlassen:
• Abwertung,
• Kritik,
• Infragestellen,
• Mogelpackungen entlarven,
• Machtkämpfe,
• Begriffe wie: „problematisch", „mangelhaft", „defizitär", „unzureichend" etc.

Diese Empfehlungen gelten umso mehr, je ausgeprägter der Stil ist.

Erfolgreiche und erfolglose selbstbezogene Menschen

Eine Person mit einem sich selbst beweisenden bzw. mit einem selbstbezogenen Verhaltens- und Kommunikationsstil kann erfolgreich sein, indem sie über viele nach außen hin sichtbare Statussymbole verfügt. Schwerer identifizierbar sind Formen des selbstbezogenen Stils, bei denen nach außen hin sichtbare Statussymbole fehlen.

Prinzipiell gibt es drei Arten von Statussymbolen:

1. *Die Position in einer Hierarchie:* Die Symbole sind dabei sehr gut sichtbar, z. B. in Form der Bürogröße, der Visitenkarte, der Sekretärin oder des Dienstwagens. In einer Hierarchie kann es jedoch auch dazu kommen, dass sich Personen andern (zumindest temporär) unterwerfen. Man spricht dann von taktischer Unterwerfung. Diese Unterwerfung hat strategische Gründe und ist nur von begrenzter Dauer. In Hierarchien ist eine solche Toleranz gegenüber temporärer Selbstverleugnung häufig zwingend notwendig, da man ansonsten nicht innerhalb der Hierarchie bestehen kann. Am deutlichsten war dies in der Vergangenheit in Krankenhäusern zu beobachten: Assistenzärzte ertrugen die Zeit im Krankenhaus und ordneten sich in der Hierarchie des Krankenhauses unter, um sich später selbstständig machen zu können.

2. *Die Ausübung von Macht:* Ein anderes Statussymbol kann die Ausübung von Macht sein. Macht zeigt sich insbesondere dann, wenn man anderen Menschen Anweisungen erteilen kann oder indem man bei anderen Menschen Unterwürfigkeit erzeugen kann. Diese Art des Statussymbols tritt häufig auf, wenn der selbstbezogene Stil mit dem genauen/gewissenhaften Verhaltens- und Kommunikationsstil gekoppelt ist. Das Thema „Kontrolle über andere Menschen" gewinnt dann stark an Bedeutung. Bei dieser Form des Statussymbols handelt es sich um ein nicht materielles Symbol, das sich eher im Verhalten anderer Menschen widerspiegelt und schwerer zu erkennen ist als die erstgenannte Form von Statussymbolen.

3. *Individualismus:* Bei dieser Art des Statussymbols handelt es sich ebenfalls um eine nicht materielle Form und zudem um das Gegenteil der zweiten Art von Statussymbolen. Es geht nicht um die *Ausübung* von Macht, sondern um die *Abwesenheit* von Macht, um die Immunität gegenüber Machtausübung durch andere Personen. Es geht also nicht darum, *andere* zu kontrollieren, sondern darum, *selbst nicht* durch andere kontrolliert zu werden. Ziel ist es, sehr unabhängig zu sein. Das Statussymbol ist die *Abwesenheit* von Fremdkontrolle. Für eine Person, die das Statussymbol des Individualismus bevorzugt, wäre es völlig undenkbar, sich auch nur temporär in einer Hierarchie zu unterwerfen.

Die bisher beschriebenen Formen setzen einen gewissen Erfolg im Streben um Anerkennung voraus. Es gibt jedoch auch den selbstbezogenen Verhaltens- und Kommunikationsstil ohne Statussymbole, also eine aus Sicht der sich selbst beweisenden Person eher erfolglose Variante des Stils. Auch hier können wieder drei Formen unterschieden werden. Allen drei Formen ist gemeinsam, dass gedankliche Konstruktionen aufgebaut werden, um dem eigenen, selbstbezogenen Selbstbild gerecht zu werden.

1. *Träumer:* Bei dieser Form denkt sich die Person die im realen Leben fehlenden Erfolge einfach herbei. Die Realität wird durch die Fantasie ersetzt. Dies hat den Vorteil, dass sich die Person nicht anstrengen muss. Andere Personen können jedoch diese rein subjektiven Statussymbole nicht erkennen, die Vorstellung des eigenen Erfolges bleibt sehr privat, was sicher ein Nachteil ist, jedoch auch den Vorteil bietet, nicht an der Realität erhärtet werden zu müssen.

2. *Benachteiligter:* Bei dieser Form des Umgangs mit Erfolglosigkeit geht es schwerpunktmäßig darum, das Ausbleiben des Erfolges zu erklären und zu demonstrieren, dass man für dieses Ausbleiben nicht persönlich verantwortlich ist, die Energie wird weniger in die *Erfolgserreichung* gesteckt als in die *Erklärung* der eigenen Erfolglosigkeit. Andere Personen können ruhig das Fehlen des Erfolges und die Nichtexistenz von Statussymbolen erkennen. Der Benachteiligte ist quasi eine „umgekehrte Mogelpackung", eigentlich ist mehr drin, als draufsteht. Das eigene Licht wird unter den Scheffel gestellt. In die Erklärung dieser Differenz wird viel Energie gesteckt.

3. *Ungeduldiger:* Bei dieser Form geht es der Person darum, nicht den langen Weg der Anstrengung auf sich nehmen zu müssen, etwas „von der Pike auf" zu lernen, da dies viel zu langsam geht. Da jeder Erfolg jedoch eben diesen Weg voraussetzt, stellt sich der Erfolg nie ein. Man stellt daher einfach die Sinnhaftigkeit des Weges zum Erfolg in Frage.

Der selbstbezogene Verhaltens- und Kommunikationsstil in der Berufswelt

Wenn man sich den selbstbezogenen Stil genauer ansieht, kann man leicht erkennen, dass dieser Stil eine zentrale Triebfeder dazu werden kann, eine Führungsposition anzustreben. Eine gewisse Tendenz zu diesem Stil ist sicherlich auch notwendig, um gegen andere Konkurrenten bestehen zu können (Führungsmotivation). Zudem gehörten wie oben beschrieben ein gewisses Maß an Leidensfähigkeit und temporärer Unterwerfungswille dazu, um z. B. in der Hierarchie nach oben zu gelangen. Um erfolgreich zu sein, ist neben Führungsmotivation zusätzlich auch noch die Führungskompetenz notwendig.

Welche Gefahren können entstehen, wenn eine selbstbezogene Person in einer Führungsfunktion ist?

1. Bei der Bewerberselektion kann zu sehr die Führungsmotivation im Vordergrund stehen und zu wenig die Führungskompetenz.

2. Wenn der Stil zu stark ausgeprägt ist, kann er zu Problemen führen, da in diesem Fall die negativen Aspekte des Stils stärker hervortreten.

3. Die Befriedigung des zentralen Bedürfnisses, insbesondere des Machtbedürfnisses, kann zum Selbstzweck werden, das relativ losgelöst von den Notwendigkeiten der jeweiligen Organisation verfolgt wird.

4. Mitarbeiter können zu „Objekten" werden, die aus der Sicht des Vorgesetzten hauptsächlich dazu da sind, das zentrale Bedürfnis des Vorgesetzten zu unterstützen und ihn vor seiner zentralen Angst zu bewahren. Dies kann dazu führen, dass Tätigkeiten in der Organisation nur noch unzureichend und ineffizient ausgeführt werden.

Eine gute Führungskraft versteht es, sich des selbst beweisenden Stils temporär und situativ zu bedienen. Sie instrumentalisiert dieses Verhalten jedoch nur und wird nicht in ihrem Innersten von diesem Verhalten getrieben.

4.2 Der dramatisierende Stil

Allgemeine Beschreibung des Stils

Dramatisierende Menschen sind Gefühlsmenschen und leben in einer Welt voller Farben und Intensität. Sie sind empfindungsorientiert und zeigen ihre Gefühle offen, wechseln schnell von Stimmung zu Stimmung, neigen zu spontanem und impulsivem Verhalten und nutzen den Augenblick. Für Menschen mit diesem Stil ist das Leben nie langweilig, sie füllen ihre Welt mit Aufregung und Fantasie. Sie betrachten die ganze Welt als ihre Bühne. Sie möchten gesehen werden und brauchen Aufmerksamkeit.

Die Gefühlsqualität ist bei Schilderungen wichtiger als der Inhalt. Sie verwandeln auch die trockensten Seiten des Daseins in ein bühnenreifes Theater. Sie sind in ihrem Element, wenn sie von anderen Menschen umgeben sind und im Mittelpunkt stehen, wenn alle Augen auf sie gerichtet sind. Sie betrachten sich selbst quasi von außen. Sie sind insgesamt sehr abhängig vom Applaus anderer Personen. Die Fähigkeit, Bedürfnisse aufzuschieben, ist eher gering ausgeprägt.

Menschen mit einem dramatisierenden Verhaltens- und Kommunikationsstil lassen sich schlagwortartig folgendermaßen beschreiben, durch
• die ständige Suche nach Erlebnissen und intensiven Gefühlen,
• das Erleben einer „inneren Leere" beim „Nichtstun",

- die geringe Fähigkeit, bei der Wunscherfüllung Aufschub zu ertragen,
- die Tendenz, Entscheidungen aus dem Bauch heraus zu treffen, ohne die Konsequenzen genau zu bedenken,
- Schwierigkeiten, sich in Gesprächen auf das Wesentliche zu beschränken,
- die Tendenz, über Gesprächspartner „hinweg zu reden",
- die leichte Beeinflussbarkeit durch andere Personen,
- einen schnellen Meinungswechsel,
- ein starkes Bedürfnis nach Aufmerksamkeit und Zuwendung, aber eine geringe Bereitschaft, dies anderen zu geben,
- die Vermeidung der Übernahme von Verantwortung für die eigenen Entscheidungen,
- schnelle Stimmungsschwankungen, abhängig von äußeren Umständen,
- Schwarz-Weiß-Denken,
- den für Außenstehende übertrieben starken Ausdruck von Gefühlen,
- die leichte Beeinflussbarkeit durch äußere Umstände.

Menschen mit einem eher dramatisierenden Stil zeigen folgende Verhaltensweisen, die von anderen Menschen in der Regel als eher positiv bewertet werden, sie:
- leben in einer Welt voll Farbe und Intensität,
- sind empfindungsorientiert,
- zeigen ihre Gefühle offen,
- wechseln schnell von Stimmung zu Stimmung,
- nutzen den Augenblick,
- neigen zu spontanem, impulsivem Verhalten,
- erfahren das Leben intensiv und überschwänglich,
- möchten gesehen werden und brauchen Aufmerksamkeit,
- haben viele Bekannte,
- sind extrovertiert,
- sind wenig gehemmt,
- können gut werben, verkaufen, beeinflussen, motivieren,
- sind gut in frühen Phasen von Beziehungen, da sie dem anderen das Gefühl geben, der Mittelpunkt der Welt zu sein.

Menschen mit einem eher dramatisierenden Stil zeigen folgende Verhaltensweisen, die von anderen Menschen in der Regel als eher negativ bewertet werden, sie:
- sind in den Augen anderer Personen oft überemotional,
- streben ständig danach, im Mittelpunkt zu stehen,
- richten ihr Verhalten danach, Aufmerksamkeit auf sich zu lenken,

- verhalten sich in den Augen anderer oft unangemessen,
- haben in den Augen anderer Menschen oberflächliche und schnell wechselnde Gefühle,
- benutzen einen impressionistischen Sprachstil,
- wirken oft theatralisch,
- reagieren für andere oft unangemessen auf äußere Anlässe,
- behandeln flüchtige Bekannte wie gute Freunde,
- übernehmen schnell die Meinung anderer Menschen,
- nehmen Beziehungen enger wahr als andere Personen dies tun,
- haben Probleme bei der Durchführung von Details,
- halten Pläne schlecht ein,
- mögen keine Detailplanung, Routine und Organisation.

Eine Person mit einem eher dramatisierenden Verhaltens- und Kommunikationsstil würde ein für andere Menschen eher belangloses Ereignis vielleicht wie folgt schildern: „Als ich gestern heimkam, herrschte das blanke Chaos. Der Briefkasten quoll mit teilweise ungeheuer wichtigen und teilweise auch völlig unwichtigen Briefen über. Zu allem Überfluss miaute auch noch die Katze ganz fürchterlich, weil ihr Fressnapf gähnend leer war. Der Schrecken nahm weiter seinen Lauf, als ich dann auch noch die Milch verschüttete."

Ein Modell

Jeder Mensch verfügt über viele verschiedene Verhaltensweisen oder auch Rollen, die er einsetzen kann. Welche Verhaltensweisen nun aktuell zum Einsatz kommen, kann von zwei Instanzen gesteuert werden. Die erste Instanz stellen Informationen aus der Umwelt dar. Dabei fragt man sich: „Welches Verhalten ist momentan opportun?" Das Verhalten wird dabei stark von außen gesteuert und sehr flexibel auf die Situation abgestimmt. Der zur Dramatisierung neigende Mensch reagiert dabei besonders gut auf die Signale aus der jeweiligen Situation, die ihm die Frage beantworten: „Was muss ich in der momentanen Situation gerade tun, um wahrgenommen zu werden?" Das Verhalten könnte im Prinzip auch durch eine zweite Instanz gesteuert werden, durch eine Art „Schaltzentrale", die den Einsatz der jeweiligen Verhaltensweisen aufgrund „innerer" Signale steuert. Bei Menschen mit einem dramatisierenden Verhaltens- und Kommunikationsstil ist die Wahrnehmung für externe Signale sehr stark ausgeprägt, diejenige für interne jedoch eher gering. Zudem werden von den externen Signalen der jeweiligen Situation sehr selektiv diejenigen herausgegriffen, die sich auf das Wahrgenommenwerden beziehen, und andere dagegen eher ignoriert, z. B. Signale, die sich auf Wertschätzung beziehen. Das führt dazu, dass sich ein solcher Mensch gerne „zum Affen" macht und sich andere Personen (am meisten natürlich Personen mit einem selbstbezogenen Verhaltensstil) die Frage stellen: „Warum tut er oder sie sich das an?" Die Antwort darauf ist: Weil er oder sie sich sehr selektiv darauf konzentriert, was im Moment gerade getan werden muss, um (positiv oder negativ) wahrgenommen zu werden. Andere Aspekte der Situation, z. B. die Frage, ob das Verhalten von anderen Personen eher als positiv oder eher als negativ wahrgenommen wird, spielen dabei eine sehr untergeordnete Rolle. Die Komplexität einer Situation wird einfach reduziert (vgl. Abbildung 25).

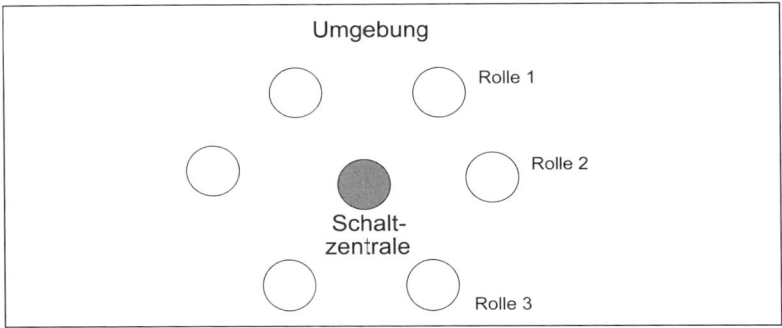

Abbildung 25: Verhaltenssteuerung durch Rollen oder durch eine zentrale Instanz

Selbstaussagen, Appelle und Beziehungsvorschläge

Menschen mit einem dramatisierenden Verhaltens- und Kommunikationsstil senden häufig neben der Sachbotschaft auf den anderen Kommunikationsebenen folgende Botschaften:

Selbstaussagen:
• Ich bin unterhaltsam.
• Ich kann gut Smalltalk machen.
• Ich bin attraktiv.
• Ich gehe auf deine Bedürfnisse ein.

oder
• Ich bin arm dran.
• Ich bin hilfsbedürftig.
• Ich kann mir nicht alleine helfen.

Appelle:
*   Nimm mich wahr.
*   Gib mir Aufmerksamkeit.
*   Begehre mich.
*   Sei für mich da.
*   Kümmere dich um mich.

Beziehungsvorschläge:
*   Beziehungen sind nicht belastbar.
*   Beziehungen können schnell gekündigt werden.

Die Fähigkeit zur Selbstkundgabe ist eher stark ausgeprägt, die Fähigkeit zur sachlichen Formulierung dagegen eher schwach.

Das psychologische Kalkül dieses Stils

Die zentrale Angst von Personen mit einem eher dramatisierenden Stil besteht darin, im sozialen Kontext nicht wahrgenommen, übersehen zu werden. Dieser Angst begegnen sie, indem sie ständig Dinge tun, die ihnen die Aufmerksamkeit der Mitmenschen sichern.

Der Teufelskreis dieser Strategie: Das zentrale Bedürfnis besteht darin, Aufmerksamkeit anderer Menschen zu erhalten. Dies wird realisiert durch ein Verhalten, das sehr theatralisch ist. Dies kann mit positiv bewerteten Verhaltensweisen, z. B. charmant sein, oder auch mit eher negativ bewertetem Verhalten, beispielsweise einem Wutausbruch, geschehen. Die Hauptsache ist dabei, dass dieses Verhalten Aufmerksamkeit erregt. Das Verhalten muss dabei jedoch nicht zwangsweise Zuspruch ernten. Absolute Priorität hat die Aufmerksamkeit, und Aufmerksamkeit erregt man am besten, indem man etwas Dramatisches zu berichten hat. Diese Strategie ist bei kurzfristiger Betrachtung auch erfolgreich, die Personen im Umfeld richten ihre Aufmerksamkeit auf die Person mit dem dramatisierenden Stil, sie reagieren mit Interesse oder gar Bewunderung. Je häufiger jedoch dieses Spiel abläuft, desto weniger funktioniert es. Die anderen Personen gehen irgendwann davon aus, dass das, was die eher dramatisierende Person zu berichten hat, „in Wirklichkeit" gar nicht so interessant und eher übertrieben ist. Sie wenden sich ab und nehmen das Gesagte nur noch mit einem halben Ohr wahr. Dies aktiviert jedoch bei der dramatisierenden Person die zentrale Angst, nämlich nicht wahrgenommen zu werden, und sie wird ihr dramatisierendes Verhalten verstärken, der Teufelskreis ist aktiviert (vgl. Abbildung 26).

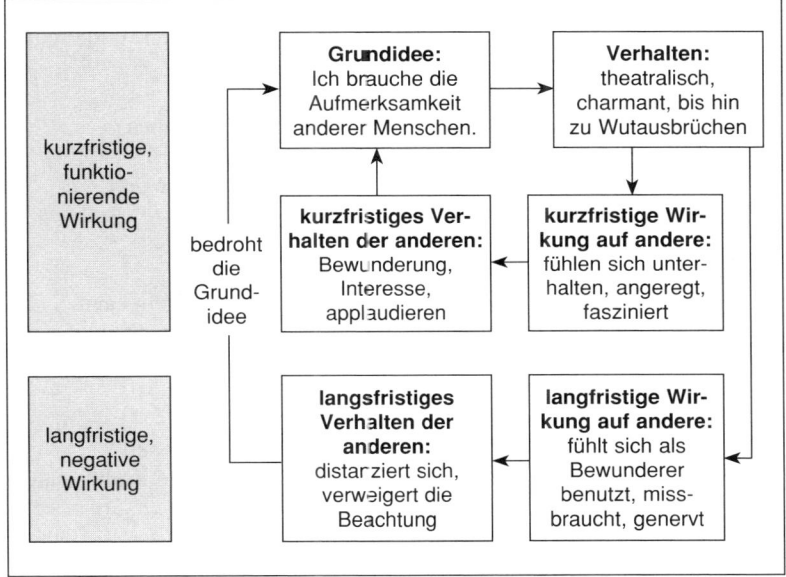

Abbildung 26: Das dramatisierende Kalkül

Die Sisyphusarbeit von Menschen mit einem dramatisierenden Verhaltens- und Kommunikationsstil lautet deshalb: „Nur wenn ich meine Gefühle und Ausdrucksweisen übersteigere und niemals den anderen Leuten das Aktionsfeld überlasse, bewahre ich mir genügend große Aufmerksamkeit, Attraktion und Steuerung der anderen Personen und verhindere, übersehen zu werden, Enttäuschung und Ausgeliefertsein."

Das Dilemma besteht in der Überzeugung: „*Entweder* ich übersteigere immer meine Gefühle und Ausdrucksweisen, überlasse niemals dem anderen das Aktionsfeld und die Initiative *oder* ich verliere die Aufmerksamkeit und die Steuerung der anderen Personen und gerate in deren Ausgeliefertsein."

Um diesem Dilemma zu entkommen, muss der notwendige Integrationsschritt für Personen mit einem eher dramatisierenden Verhaltens- und Kommunikationsstil lauten: „Ich kann meine wahren, wenig spektakulären Gefühle und mein verletzliches Selbst zeigen *und* ich werde dadurch nicht zwingend enttäuscht oder ignoriert."

Es geht dabei darum, Folgendes zu üben:
- unangenehme Gefühle wie Ärger, Langeweile, Frustration, Widerwillen etc. aushalten,
- sich Ziele setzen und diese nicht zu schnell aufgeben,
- akzeptieren, dass andere Menschen andere Bedürfnisse haben,
- sich nicht als den Nabel der Welt betrachten,
- bereit zu Kompromissen sein, da es selten ideale Lösungen gibt,
- Herunterspielen von Dingen, die einen selbst betreffen.

Lernziele im Rahmen einer Selbstoptimierung sind:
- Es gibt einen „inneren Dirigenten", der das Verhalten steuern kann.
- Es gibt in jeder Situation verschiedene situative Aspekte (nicht nur den des Wahrgenommenwerdens) und auch verschiedene Anteile der Person (z. B. respektiert zu werden).
- Wahrnehmung dieser Anteile.
- Aufbau eines „Dirigenten", der den Einsatz der Anteile steuert.
- Verringerte Steuerung durch die situativen Hinweisreize, insbesondere diejenigen, die sich auf Aufmerksamkeit beziehen.
- Betrachtung der Situation aus einer Metaperspektive heraus.

Umgang mit Menschen mit einem dramatisierenden Stil

Aus den oben genannten Sachverhalten lassen sich Handlungsempfehlungen im Umgang mit Personen ableiten, die einen dramatisierenden Verhaltens- und Kommunikationsstil besitzen. Was soll man im Umgang mit diesen Personen eher tun und eher lassen, wenn man gut mit ihnen auskommen möchte?

Man sollte im Umgang mit dramatisierenden Menschen unbedingt folgende Punkte beachten:
- besondere Aufmerksamkeit schenken,
- aufmerksam zuhören,
- deutlich machen, dass man sich für die jeweiligen Inhalte interessiert,
- viel verbalisieren,
- Zuwendung durch Mimik und Gestik zeigen,
- Bemühen zeigen, das Geschilderte nachzuvollziehen,
- vertiefende Fragen stellen,
- das Gesagte konkretisieren,
- Besonderes anerkennen,
- Komplimente machen,

- von Zeit zu Zeit Raum für „Auftritte" geben,
- Interesse bekunden, wenn sich die Person „normal" verhält.

Folgende Punkte sollte man im Umgang mit selbstbezogenen Menschen unbedingt unterlassen:
- ignorieren,
- relativieren,
- Inhalte bagatellisieren,
- auf „Einwickelungsstrategien" reagieren.

Abgrenzung zu anderen Stilen

Es gibt eine Reihe von Unterschieden, aber auch Gemeinsamkeiten mit dem selbstbezogenen Stil, die in Tabelle 1 dargestellt sind.

Tabelle 1: Unterschiede zum selbstbezogenen Stil

Dramatisierender Stil	Selbstbezogener Stil
– Möchte wahrgenommen werden	– Möchte wertgeschätzt werden
– Möchte gesehen werden	– Möchte gut sein
– Möchte es jedem recht machen	– Ist eher rücksichtslos
– Gesellig	– Einzelgänger
– Ist ungern alleine	– Ist gerne alleine
– Ist eher vertrauensselig	– Ist eher misstrauisch
– Eher suggestibel	– Eher stur
– Fähnchen im Wind	– Verfolgt seine Ziele

Gemeinsamkeiten mit dem selbstbezogenen Stil: Beiden Stilen gemeinsam ist, dass die Personen eher egozentrisch und leicht kränkbar sind. Beide haben Angst vor Kritik und sind abhängig von anderen Menschen, sie haben viele „Freunde", aber wenig echte Freunde.

Die Rolle der Aufmerksamkeit: Beim selbstbezogenen Stil spielt genauso wie beim dramatisierenden Stil die Aufmerksamkeit, die die Person erhält, eine zentrale Rolle, hat jedoch jeweils eine andere Funktion. Beim dramatisierenden Stil ist die Aufmerksamkeit anderer Menschen das Endziel, um dieses zu erreichen ist es nicht unbedingt notwendig, dass diese Aufmerksamkeit auch mit einer positiven Bewertung gekoppelt ist. Es gilt die Maxime: „Hauptsache wahrgenommen, wenn auch zur Not negativ." Beim selbstbezogenen Stil dagegen ist die Aufmerksamkeit nur ein Mittel zum Zweck, sie ist eine notwendige, aber noch keine hinreichende Bedingung. Zu der erhaltenen Aufmerksamkeit muss zwingend noch eine positive Bewertung dazu kommen.

4.3 Der gewissenhafte Stil

Allgemeine Beschreibung des Stils

Menschen mit einem gewissenhaften Stil haben starke Überzeugungen und Prinzipien. Sie zeigen ein hartes Arbeitsverhalten und den Willen, das Richtige zu tun. Alles muss richtig gemacht werden, wie dies geschieht, weiß ein gewissenhafter Mensch sehr genau. Gewissenhafte Menschen lieben Ordnung, Sauberkeit, Listen, Pläne und gehen ohne viel Diskussion an die Arbeit. Sie sind in allen Lebensbereichen eher behutsam und vorsichtig. Oftmals sammeln und verwahren sie alles Mögliche.

Menschen mit diesem bevorzugten Stil lassen sich wie folgt beschreiben, durch
- eine ständige Beschäftigung mit Details, Listen, Plänen, Ordnungen,
- Perfektionismus, der die Fertigstellung von Aufgaben behindert,
- hohe Gewissenhaftigkeit,
- die Sichtweise, die Arbeit sei der Schlüsselbereich des Daseins,
- Kompetenz, gute Organisation, Perfektion im Detail, Loyalität,
- den Sinn für das Detail, eher nicht für das große Ganze,
- den Willen zur Anstrengung,
- das Anstreben von Karrieren aufgrund harter Arbeit,
- das Respektieren von Autoritäten,
- starke Leistungsbezogenheit unter Vernachlässigung von Vergnügen und zwischenmenschlichen Beziehungen,
- das Bestehen darauf, dass andere sich exakt den eigenen Gewohnheiten unterordnen,
- die Abneigung, andere etwas machen zu lassen,
- die Bereitschaft, viel Zeit für harte Arbeit zu investieren,
- übermäßige Vorsicht,
- starke Zweifel,
- die häufige Position des „zweiten Mannes hinter den Kulissen",
- Probleme beim Setzen von Prioritäten,
- die Tendenz, dass das Einhalten von Regeln und formalen Kriterien schnell zum Selbstzweck werden kann,
- die Schwierigkeit, zu entspannen, zu genießen und Spaß zu haben,
- ein oft ungesundes Verhältnis zwischen An- und Entspannung,

- häufige Ratschläge an andere Personen,
- eine starke Kopfsteuerung,
- eher geringe Handlungsimpulse durch Gefühle, Launen, Bedürfnisse, Begierden,
- die eher geringe Fähigkeit, auf Intuition, Inspiration und Gefühle zu reagieren,
- die intensive Vorbereitung auch banaler Entscheidungen,
- die Unterordnung persönlicher Bedürfnisse unter die Aufgabe,
- die Orientierung an absoluten Wahrheiten, an richtig oder falsch,
- eine starke Sach- und ein geringe Beziehungsorientierung.

Eher als positiv bewertete Verhaltensweisen: Menschen mit einem sehr gewissenhaften Verhaltens- und Kommunikationsstil zeigen folgende Verhaltensweisen, die in der Regel von anderen Menschen eher als positiv bewertet werden. Sie
- haben eine präzise Sprache,
- bevorzugen Listen und Pläne,
- haben starke moralische Prinzipien,
- haben absolute Überzeugungen,
- sind das Rückgrat der Industrienationen,
- haben einen starken Willen, die richtigen Dinge zu tun,
- lieben Ordnung und Sauberkeit,
- sind hingebungsvoll in ihrer Arbeit,
- arbeiten mit der richtigen Methode, perfekt bis in das Detail.

Eher als negativ bewertete Verhaltensweisen: Menschen mit einem gewissenhaften Verhaltens- und Kommunikationsstil zeigen folgende Verhaltensweisen, die von anderen Personen in der Regel eher negativ bewertet werden. Sie
- bevorzugen Ordnung, Perfektion und Kontrolle auf Kosten von Flexibilität,
- schenken auch nebensächlichen Details viel Aufmerksamkeit,
- vertiefen sich oft derart in Details, dass die eigentliche Arbeit nicht zum Abschluss kommt,
- haben oft wenig Zeit für Freude und Vergnügen,
- empfinden freie und unverplante Zeit oft als Stress,
- erwarten, dass andere Personen auch ihren Arbeitsstil haben oder diesen übernehmen,
- reagieren auf Verbesserungsvorschläge oft überrascht und irritiert,
- legen oft wenig Wert auf die Meinung anderer Personen, da sie aus ihrer Sicht genau wissen, was richtig ist,
- planen übermäßig viel,

- können schlecht delegieren,
- sind oft streng,
- reagieren stark auf Status- und Autoritätsunterschiede,
- ignorieren oft ihre eigenen Bedürfnisse,
- haben oft wenig Zugang zu den Bedürfnissen und Wünschen anderer Personen,
- leben Feindseligkeiten oft dadurch aus, dass sie im Namen von Autoritäten Bestrafungen vornehmen.

Selbstaussagen, Appelle und Beziehungsvorschläge

Menschen mit einem gewissenhaften Verhaltens- und Kommunikationsstil senden häufig neben der Sachbotschaft auf den anderen Kommunikationsebenen folgende Botschaften:

Selbstaussagen:
- Ich weiß Bescheid.
- Ich kann euch sagen, was ihr tun müsst.
- Ich bin euch moralisch überlegen.
- Ich bin unantastbar.

Appelle:
- Folgt mir alle.
- Tut, was ich euch sage.
- Bleibt auf (emotionaler) Distanz.

Beziehungsvorschläge:
- Man bleibt besser auf (emotionaler) Distanz, das schafft Sicherheit.
- Die Sache ist wichtiger als die Beziehung.

Die Sachebene und die Appellebene sind stark ausgeprägt, die Selbstauskunftsebene und die Beziehungsebene dagegen eher schwach.

Das psychologische Kalkül des gewissenhaften Stils

Die zentrale Angst der Menschen mit einem eher gewissenhaften Verhaltens- und Kommunikationsstil besteht in einem Verlust von Kontrolle, z. B. durch impulsives Verhalten. Dieser Angst wird mit dem Drang nach Kontrolle, Regelung, Pflichterfüllung im sozialen Kontext begegnet.

Der Teufelskreis dieser Strategie: Durch die Grundidee der moralischen Überlegenheit bewerten Personen mit einem eher gewissenhaften Stil andere Personen sehr stark, sie halten sich selbst an die Regeln und fordern von anderen Personen, dass diese es ebenfalls tun. Wenn andere Personen dieser Erwartung nicht entsprechen, werden sie kritisiert und eventuell bestraft. Als Legitimation für die Forderung und die eventuelle Bestrafung dient dabei ein starkes moralisches Prinzip. Dieses Verhalten führt kurzfristig oft dazu, dass sich andere Personen unterordnen und sich moralisch belehren lassen, was ja auch eine befreiende Wirkung haben kann, da man sich nicht zu rechtfertigen braucht, wenn man sich an allgemein verbindliche Regeln hält. Sobald sich andere Personen unterordnen, erkennen sie die moralische Überlegenheit der gewissenhaften Person an, was diese natürlich auch bemerkt. Dadurch fühlt sich die gewissenhafte Person legitimiert, weiterhin die Regeln, auch immer engere Regeln für andere Personen zu definieren. Auf lange Sicht führt dies jedoch dazu, dass die anderen Personen sich unterdrückt, bevormundet, missachtet, unverstanden fühlen und sich nicht mehr an die Regeln und Prinzipien halten, sondern gegen diese verstoßen. Dies bedroht dann natürlich wieder die Grundidee der sehr gewissenhaften Person und aktiviert ihre Grundangst. Das Verhalten der anderen Personen wird für sie unkontrollierbar. Sie versucht, mit Kontrolle zu reagieren, und der ganze Prozess läuft erneut an (vgl. Abbildung 27).

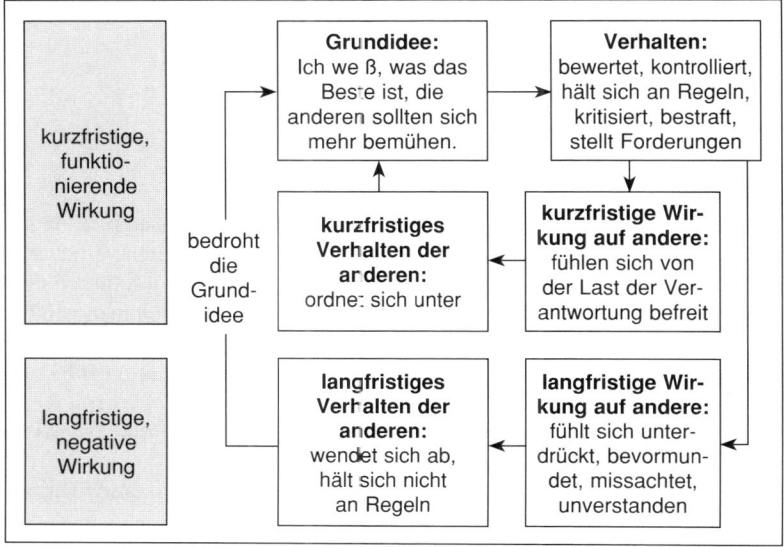

Abbildung 27: Das gewissenhafte Kalkül

Die Überzeugung, die zur Sisyphusarbeit führt, lautet: „Nur wenn ich immer den Effekt meines Handelns auf perfekte Normerfüllung überprüfe und niemals ungenau, unordentlich oder nachlässig bin, bewahre ich mir die Kontrolle über die Auswirkungen meines Handelns und verhindere, dass ich nicht wiedergutzumachenden Schaden anrichte."

Das Dilemma besteht bei diesem Stil in der Überzeugung: „*Entweder* ich überprüfe immer den Effekt meines Verhaltens auf perfekte Normerfüllung und bin niemals nachlässig *oder* ich riskiere durch meine affektiven, aggressiven Impulse einen nicht wiedergutzumachenden Schaden."

Um diesem Dilemma zu entkommen, muss der Integrationsschritt für Personen mit einem sehr gewissenhaften Verhaltens- und Kommunikationsstil lauten: „Ich kann meine affektiven Impulse in Beziehungen ausleben *und* für die Folgen meines Handelns geradestehen."

Lernziele im Rahmen einer Selbstoptimierung sind daher:
* Ungewissheit ertragen,
* Ärger angemessen ausdrücken,
* auf den Körper achten (Genuss, Entspannung),
* Gefühlswahrnehmung und Gefühlsbenennung,
* Spontaneität entwickeln,
* Einen dosierten Verstoß gegen Regeln ertragen lernen.

Umgang mit Menschen mit einem eher zu gewissenhaftem Stil

Aus den oben genannten Sachverhalten lassen sich Handlungsempfehlungen im Umgang mit Personen ableiten, die einen sehr gewissenhaften Verhaltens- und Kommunikationsstil besitzen. Was soll man im Umgang mit diesen Personen eher tun und eher lassen, wenn man gut mit ihnen auskommen will?

Man sollte im Umgang mit gewissenhaften Menschen unbedingt folgende Punkte beachten:
* Autonomie respektieren,
* Normen und Regeln explizieren,
* wenn man Kritik übt, dann in Form von Kosten des übergenauen Verhaltens,
* wenn man überhaupt Kritik übt, dann mit Zahlen und Fakten,
* Zeigen, dass man berechenbar ist.

Im Umgang mit gewissenhaften Menschen sollte man Folgendes unbedingt unterlassen:

- Stellung zu den Regeln und Normen des anderen beziehen,
- Normen und Regeln kommentieren,
- Normen und Regeln infrage stellen,
- sich zu tief in das „System" hineinziehen lassen.

Abgrenzung zu anderen Stilen

Sowohl beim selbstbezogenen als auch beim gewissenhaften Stil spielen Regeln eine große Rolle, haben jedoch unterschiedliche Funktionen: Die Regeln beim selbstbezogenen Stil sind auf die Person bezogen, beim gewissenhaften Stil dagegen sind sie universell. Der Selbstbezogene ist eher der „Regelsetzer", der Gewissenhafte eher der „Erste Regelbefolger". Der Selbstbezogene leitet die Regeln eher aus seinen eigenen Bedürfnissen ab, der Gewissenhafte eher aus allgemeinen Normen. Der Selbstbezogene kann seine Regeln nur schwer allgemein begründen, der Gewissenhafte dagegen schon.

Menschen mit einem gewissenhaften Verhaltens- und Kommunikationsstil im Berufsleben und als Führungskraft

Menschen mit einem sehr gewissenhaften Verhaltens- und Kommunikationsstil haben gute Voraussetzungen für eine berufliche Entwicklung. Schon der Volksmund sagt: „Wer keine Fehler macht, wird befördert." Menschen mit einem gewissenhaften Stil streben nun ja geradezu danach, keine Fehler zu machen, was ja auch prinzipiell sehr positiv zu werten ist. Es gibt jedoch auch Probleme, die bei einer Beförderung entstehen können. Erstens wächst die Arbeitsquantität dabei in aller Regel an und verursacht dadurch Stress. Das ist jedoch nicht das zentrale Problem, denn für einen Menschen, für den die Pflichterfüllung zentral ist, ist es selbstredend, dass er seiner Pflicht nachkommt und auch das größere Pensum akribisch abarbeitet. Weitaus schwieriger ist ein anderer Punkt: Mit jeder Beförderung steigt die Zahl der potenziellen Unsicherheitsquellen an. Man ist plötzlich für mehrere Menschen verantwortlich, die man jedoch nicht wirklich effizient kontrollieren kann. Zusätzlich wird man mit jeder weiteren Beförderung mit immer neuen Sachgebieten betraut, die man nicht mehr wirklich gut verstehen kann, man ist plötzlich mit Aufgaben betraut, über die man notwendigerweise die detaillierte Kontrolle nicht haben kann, auch nicht durch den Einsatz von mehr Zeit und Energie. Das alles kann dann schnell dazu führen, dass das, was als eine Belohnung für die gewissenhafte Person gedacht war,

zu einer permanenten Quelle der Angstauslösung in Form von Unsicherheit und
Unkontrollierbarkeit wird. Dies ist jedoch genau der Auslöser für die zentrale
Angst der Menschen mit einem sehr gewissenhaften Stil. Noch ein weiterer
Sachverhalt kann eine Beförderung zumindest über eine gewisse Ebene hinaus
problematisch werden lassen: Ab einer gewissen Ebene ändern sich die Anforderungen, es geht dann nicht mehr so sehr um eine präzise Umsetzung von
Regeln, sondern um die Generierung von Regeln. Diese Rolle ist für Menschen
mit einem sehr gewissenhaften Verhaltens- und Kommunikationsstil jedoch
weniger geeignet, da es in dieser Rolle oft nichts gibt, „an das man sich halten
kann", das Orientierung bietet. Menschen mit diesem Stil sind daher in mittleren Führungsebenen gut aufgehoben. Das Überschreiten einer gewissen Ebene
kann schnell zu einer massiven Bedrohung werden. Der Level, ab dem dieser
Umkehreffekt zu wirken beginnt, hängt natürlich auch vom jeweiligen Fachge-
biet ab: Ein Revisor mit einem sehr gewissenhaften Stil wird sicherlich auch auf
höheren Führungsebenen erfolgreich sein können. Im Bereich der Strategieent-
wicklung werden Menschen mit einem gewissenhaften Verhaltens- und Kommunikationsstil dagegen eher Probleme auf höheren Führungsebenen haben.

4.4 Der kritische Stil

Allgemeine Beschreibung des Stils

Personen mit einem kritischen Stil verhalten sich in der Kommunikation ähnlich wie Personen mit dem kooperativen Stil. Auf diese kooperativen Worte
folgen jedoch anders als bei Personen mit einem kooperativen Stil keine Taten.
Auf der Ebene der Handlungen widersprechen sie dann oft geradezu dem, was
sie sagen. Dieser Stil wird auch als der „Ja-Aber"-Stil bezeichnet. Kritik an
anderen Personen äußern sie selten offen, sondern bringen diese eher passiv
in ihren Handlungen zum Ausdruck. Daher sind diese Personen für ihre Umwelt schlecht einschätzbar. Oftmals lässt auch die Umwelt keine direkte und
offene Äußerung von Kritik zu. Typisch für dieses Verhaltensmuster ist die
Unterscheidung in vordergründige und untergründige Verhaltensweisen. Die
vordergründigen Verhaltensweisen sind dabei stets positiv, sie signalisieren
Kooperation. Eben diese Kooperation wird dann jedoch untergründig mit sehr
vielen eher negativ bewerteten Verhaltensweisen sabotiert. So lange eine solche
Person im Face-to-face-Kontakt ist, ist sie kooperativ, sobald sich diese Konstellation jedoch ändert, handelt sie oftmals genau entgegengesetzt.

Für diesen Stil ist es schwieriger, die als eher positiv und als eher negativ bewerteten Verhaltensbeschreibungen aufzulisten, denn bei diesem Stil ist die

Aufteilung in vordergründige (eher positive) und untergründige (eher negative) Verhaltensweisen und der Unterschied zwischen Reden und Verhalten wichtiger.

Vordergründig eher als positiv bewertete Verhaltensweisen (reden): Menschen mit einem eher kritischen Stil zeigen im direkten Kontakt und auf der verbalen Ebene folgende, eher als positiv bewertete Kommunikationsweisen, sie
- sind kooperativ,
- sind verlässlich,
- sind nicht auf Streit aus,
- können sich anpassen,
- sind zu allem ansprechbar.

Untergründig eher als negativ bewertete Verhaltensweisen (handeln): Längerfristig und im Handeln zeigen Menschen mit diesem Stil jedoch eher als negativ bewertete Verhaltensweisen, sie
- führen Verzögerungsmanöver durch,
- werden leicht ungehalten, wenn sie etwas tun sollen, was sie nicht möchten,
- sabotieren die Arbeit,
- beschweren sich, dass andere Forderungen stellen,
- „vergessen" ihre Verpflichtungen,
- nehmen auch nützliche Ratschläge übel,
- behindern die Bemühungen anderer,
- reagieren negativ auf Autoritätspersonen,
- kritisieren diejenigen, von denen sie abhängig sind,
- werden leicht wütend, wenn man von ihnen „zu viel" verlangt,
- unternehmen Handlungen, die verwirren,
- lassen andere oft in Fallen laufen,
- versuchen, unberechenbar zu sein,
- zeigen oft Skepsis und Zynismus,
- haben immer ein „aber" parat,
- haben eine geringe Frustrationstoleranz,
- empfinden Forderungen leicht als Übergriffe,
- rebellieren unterschwellig,
- handeln stark mikropolitisch.

Ein Bild/eine Analogie

Man kann sich Menschen mit diesem bevorzugten Verhaltens- und Kommunikationsstil als eine Art Schauspieler vorstellen, die so tun, als seien sie sehr kooperativ. In Wirklichkeit haben sie aber eher eine selbstbezogene Sichtweise der Welt, verbergen diese aber weitgehend hinter der Fassade der öffentlich zur Schau getragenen Kooperation. Das eher kooperative Verhalten ist dabei im Gegensatz zum tatsächlich koopertiven Stil (vgl. Kapitel 4.6) nicht das Endziel, sondern ein Mittel zum Zweck (vgl. Abbildung 28).

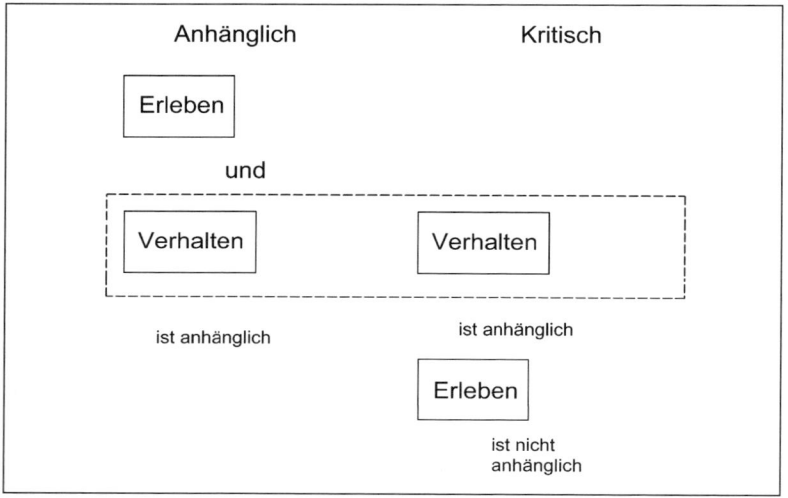

Abbildung 28: Das „Schauspiel" des kritischen Verhaltens- und Kommunikationsstils

Der kritische Stil und real aversive Bedingungen: Es kann durchaus sein, dass der kritische Stil ein durchaus probates Mittel darstellt, um teilweise auch in einem rein physischen Sinne zu überleben. Dies war sicherlich im Dritten Reich und in der ehemaligen DDR der Fall. Eine offene Opposition gegen die Staatsorgane wäre unklug und lebensbedrohlich gewesen. Daher kann es durchaus Situationen geben, in denen es zwar aus moralischen Gründen besser wäre, offen zu widersprechen, auf lange Sicht kann sich dies jedoch geradezu verbieten. Oftmals erfüllen auch berufliche Situationen diese Kriterien, daher findet man diesen Stil auch oft in hierarchischen Organisationen jeglicher Art.

Selbstaussagen, Appelle und Beziehungsvorschläge

Personen mit einem eher kritischen Verhaltens- und Kommunikationsstil senden häufig neben der Sachaussage auf den anderen Ebenen noch folgende Botschaften:

Appelle:
- Halte Distanz.
- Halte dich aus meinen Angelegenheiten heraus.
- Lass mich in Ruhe.
- Respektiere meine Grenzen.

Beziehungsvorschläge:
- Bleib mir fern.

Selbstaussagen:
Auch bei den Selbstaussagen zeigt sich wieder ein Unterschied zwischen den vordergründigen und den untergründigen Selbstaussagen.

a) Vordergründige Selbstaussagen:
  - Ich bin kooperativ.
  - Auf mich kann man sich verlassen.
  - Mit mir muss man sich nicht streiten.
  - Mit mir kann man über alles reden.

b) Untergründige Selbstaussagen:
  - Meine Grenzen sind verletzt.
  - Meine Autonomie ist in Gefahr.
  - Ich werde von anderen beeinträchtigt.
  - Ich werde ungerecht behandelt.
  - Ich gönne anderen nicht, dass ihnen alles zufällt.
  - Ich will mich für das, was mir angetan wurde, rächen.

Die Wahrnehmung der Appell- und der Beziehungsebene ist stark ausgeprägt, die Selbstkundgabeebene und das Formulieren von Appellen eher gering.

Das psychologische Kalkül dieses Stils

Die zentrale Angst besteht bei diesem Stil darin, durch aktive und offene Aggression die Chance auf Akzeptanz zu verlieren bzw. dadurch in der eigenen Autonomie bedroht zu werden. Das zentrale Bedürfnis besteht darin, einerseits sozial akzeptiert zu sein, andererseits jedoch die Selbstbestimmung zu behalten und sich Akzeptanz nicht durch Unterordnung zu erkaufen.

Der Teufelskreis dieser Strategie: Die Grundidee, dass man am besten eher untergründig in Opposition geht, führt dazu, dass zunächst kooperiert wird.

Die Interaktionspartner fühlen sich dadurch sicher und gehen davon aus, dass
der geäußerte Wille zur Kooperation auch ernst gemeint ist. Dadurch verschaffen sich Menschen mit einem kritischen Stil Freiräume, da die anderen Personen fälschlicherweise davon ausgehen, dass ja „alles läuft". In Wirklichkeit
läuft jedoch gar nichts, was sich aber erst zu einem späteren Zeitpunkt offenbart. Das erste Mal wird der Interaktionspartner diesen Umstand vielleicht
noch mit einem Zufall erklären. Kommt dies mehrmals vor, fühlt er sich hin-
tergangen und ausgetrickst. Je öfter er diese Situation jedoch erlebt, desto mehr
geht er schon mal davon aus, dass letztendlich keine Kooperation erfolgt, obwohl diese verbal geäußert wurde. Er wird nun ebenfalls trickreich agieren,
wird versuchen, die entsprechenden Personen durch Manipulationen doch noch
dazu zu bringen, mit ihm zu kooperieren. Er wird dies jedoch zunehmend
verdeckt und trickreich tun, weil er ja erlebt hat, dass „der gerade Weg" nicht
zum Ziel führt. Dieses Verhalten entspricht jedoch wiederum genau der zentralen Angst der Person mit dem kritischen Stil. Sie fühlt sich in ihrer Autonomie bedroht und versucht, in der ihr eigenen Weise, nämlich durch verbale
Kooperation und Sabotieren in der Handlung, ihren bedrohten Freiraum zu-
rückzugewinnen. Das Karussell setzt sich in Bewegung (vgl. Abbildung 29).

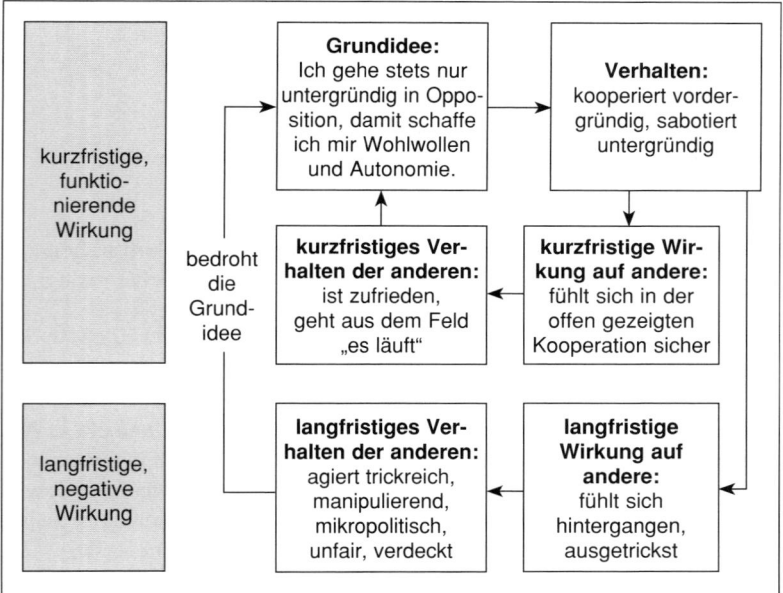

Abbildung 29: Das kritische Kalkül

Das Dilemma des kritischen Stils besteht in der Überzeugung: „*Entweder* ich bin niemals offen aggressiv zu Autoritäten, sondern gehe in innere Opposition, gebe aber gerade nur so viel nach wie notwendig, *oder* ich verliere entweder die Selbstachtung oder die Chance auf das Wohlwollen anderer Personen."

Um diesem Dilemma zu entkommen, muss der Integrationsschritt für Personen mit diesem Verhaltens- und Kommunikationsstil lauten: „Ich kann mit Autoritäten offen um einen Kompromiss zwischen Sachzwängen und meiner Selbstbestimmung kämpfen *und* dabei eine gute Balance zwischen Selbstbestimmung und Beziehungsqualität herstellen."

Sinnvolle Lernziele für eine Selbstoptimierung können sein:
- klare Wünsche äußern,
- Kritik offen üben,
- Enttäuschungen ertragen,
- Konfrontation mit potenziellen Enttäuschungen,
- eigene Bedürfnisse spüren und klar formulieren,
- von: „Mein Bedürfnis ist frustriert" zu: „Was kann ich tun, um es zu erreichen?",
- unangenehme Gefühle wie Ärger, Langeweile, Frustration, Widerwillen etc. aushalten,
- sich Ziele setzen und diese nicht zu schnell aufgeben,
- akzeptieren, dass andere Menschen andere Bedürfnisse haben,
- sich nicht als den Nabel der Welt betrachten,
- bereit zu Kompromissen sein, da es selten ideale Lösungen gibt.

Umgang mit Menschen mit einem kritischen Stil

Aus den oben genannten Mechanismen ergeben sich folgende Ratschläge zum Umgang mit Menschen mit einem kritischen Verhaltens- und Kommunikationsstil:

Im Umgang mit Personen mit einem kritischen Stil sollte man folgende Punkte beachten:
- Transparenz zeigen,
- so oft wie möglich nach der Meinung fragen,
- erläutern, warum man etwas tut/etwas fordert,
- erklären, was Ziel und Zweck einer Aufgabe ist und was nicht,
- dem anderen möglichst viel Kontrolle über die Situation geben,
- den anderen möglichst viel entscheiden lassen,

- Alternativen anbieten, die der andere wählen kann (Alternativen ermöglichen subjektiv erlebte Kontrolle)
  - „Welche Alternative ist aus Ihrer Sicht die weniger unangenehme Alternative?"
  - „Bei welcher Alternative sind aus Ihrer Sicht Aufwand und Nutzen am besten?"

Im Umgang mit Personen mit einem kritischen Stil sollte man Folgendes unbedingt unterlassen:
- Informationen gegen andere verwenden,
- selbst mikropolitisch handeln,
- so tun, als würde man den Widerstand nicht bemerken.

Menschen mit einem kritischen Stil im Berufsleben

Besonders häufig sind solche Verhaltens- und Kommunikationsstile im Berufsleben, und dort besonders in großen Organisationen anzutreffen. Es ist ja geradezu ein Merkmal von Organisationen, dass es notwendig ist, sich selbst Freiräume innerhalb der Organisation zu schaffen. In der Regel erfolgt dies mit den Mitteln der Mikropolitik. Die Anwendung mikropolitischer Strategien begünstigt somit die Entstehung und Verstärkung dieses Verhaltens- und Kommunikationsstils. Wenn man nun als Vorgesetzter oder auch als Kollege Menschen mit diesem Stil in seiner Umgebung hat, und auf deren Kooperation angewiesen ist, hat man ziemliche Probleme. Man wird in jeder Besprechung die Versicherung erhalten, das alles erledigt wird, was gefordert ist. Sobald man jedoch die Tür hinter sich schließt, ist der (niemals ernst gemeinte) fromme Wunsch zur Kooperation vergessen. In vielen Organisationen sind die Belohnungsbedingungen zudem so gestaltet, dass sich Personen mit diesem Stil Vorteile verschaffen können. Dies macht ihn sehr änderungsresistent und bringt viele Personen erst dazu, sich diesen Verhaltens- und Kommunikationsstil anzueignen.

Beispiele für mikropolitisches Verhalten: Menschen mit einem eher kritischen Verhaltens- und Kommunikationsstil sind sehr geübt in der Anwendung von Mikropolitik. Der Begriff „Mikropolitik" wurde erstmals von Burns (1962) verwendet. Im deutschen Sprachraum wurde er vor allem durch die Veröffentlichung von Bosetzky (1980) bekannt. Er versteht unter Mikropolitik „die Bemühungen, die systemeigenen materiellen und menschlichen Ressourcen zur Erreichung persönlicher Ziele, insbesondere des Aufstiegs im System selbst und in anderen Systemen, zu verwenden, sowie zur Sicherung und zur Verbesserung der eigenen Existenzbedingungen" (S. 122). Unter „Mikropolitik" versteht man also das Arsenal jener alltäglichen kleinen (Mikro-)Techniken, mit denen Macht aufgebaut und eingesetzt wird, um den eigenen Handlungsspielraum zu erweitern und sich fremder Kontrolle zu entziehen. Mikropolitische Techniken werden hauptsächlich in hierarchischen Systemen angewendet, um sich innerhalb dieser Systeme längerfristige Vorteile verschaffen zu können. Ein wichtiges Charakteristikum der Mikropolitik ist es, dass sie in ihren Aktionen zugleich ihre Existenz verbirgt oder leugnet. Sie wirkt unerkannt am besten. Die in Tabelle 2 dargestellte Beschreibung mikropolitischer Techniken wirkt vielleicht etwas überzeichnet. Es werden in einer starken Konzentration, Vergröberung und Überzeichnung Techniken dargestellt, die von fast allen Menschen in ähnlicher Form im Alltag intuitiv angewandt werden.

Tabelle 2: Mikropolitische Techniken (in Anlehnung an Krüper & Ortmann, 1988)

Informations-kontrolle	– Informationsfilterung, -zurückhaltung, -überflutung, -verzerrung, -beschönigung und -verfälschung – Gezielte Falschinformation – Vernichten von Unterlagen – Dosierte Gabe von Informationen – Andere von Informationen abschotten – Vorbereitete Formulierungen scheinbar spontan vorschlagen – Fachsprache einsetzen, um zu beeindrucken – Irrelevante Informationen verbreiten – Nebenkriegsschauplätze eröffnen – Gerüchte verbreiten – Absichtlich falsch verstanden werden – Zugang zu Informationen erschleichen – Informanten platzieren – Durch Kontaktpflege zu Informationen gelangen – Dritten Insiderinformationen zuspielen – Vertraulichkeit verletzen – Spezialwissen ansammeln – Expertenstatus beanspruchen
Einfluss auf Verfahren und Regeln nehmen	– Präzedenzfälle, Gewohnheiten, Besitzstände, Traditionen etc. geltend machen – Entscheidungsprozeduren beeinflussen – Passende Maßstäbe auswählen – Auf Autoritäten berufen – Bestimmte Alternativen abwürgen – Scheinabstimmungen – Scheinbar neutrale (in Wirklichkeit bestellte) Dritte zur Schlichtung rufen

Tabelle 2: Mikropolitische Techniken (in Anlehnung an Krüper & Ortmann, 1988) (Fortsetzung)

Beziehungs-pflege	– Verdeckte Absprachen – Schaltstellen mit loyalen Personen besetzen – Auf mächtige Verbündete hinweisen – Unbequeme Leute isolieren – Jemanden zum Sündenbock machen – Jemandem eigene Fehler in die Schuhe schieben – Entzug von Privilegien – Zuschanzen von Ressourcen – Sich in den Schutz eines „Patrons" begeben – „Radfahren" – Schleimen – Nach dem Mund reden – Den Dienstweg umgehen (bypassen)
Selbst-darstellung	– Andere öffentlich herausfordern – Bluffen – Einschüchtern – Sich stur stellen – Offene Befehlsverweigerung – Andere im Unklaren lassen – In aller Munde sein – Über sich gut reden (lassen) – Fassadentechniken – Mit Statussymbolen Eindruck schinden – Durch auffällige Aktionen die eigene „Sichtbarkeit" erhöhen
Handlungs-druck erzeugen	– Termine setzen und kontrollieren – Termine verschieben / nicht einhalten – Unrealistische Forderungen stellen und sich herunterhandeln lassen – Formelle Verfahren (Beschwerde, Gericht, Betriebsrat etc.) androhen – Sanktionen ankündigen – Anderen Motive unterstellen, personalisieren

4.5 Der rational-distanzierte Stil

Allgemeine Beschreibung des Stils

Menschen mit einem rational-distanzierten Stil wollen ihren Mitmenschen nicht zu nahe kommen. Die Grenzen des eigenen Hoheitsgebietes sind eher nach vorne verlegt, eine unsichtbare Wand sorgt dafür, dass der gebührende Abstand gewahrt bleibt. In der Kommunikation wird Distanz geschaffen, was oft von anderen Menschen als Arroganz missverstanden wird. Das Motto dieses Stils lautet: „Die Klugheit gebietet es, die Dinge nüchtern und ohne Emotionen zu betrachten."

Menschen mit diesem bevorzugten Verhaltens- und Kommunikationsstil lassen sich schlagwortartig beschreiben durch
- die Dominanz des Denkens gegenüber dem Fühlen,
- das Treffen von Entscheidungen hauptsächlich aufgrund von Fakten,
- den geringen Wunsch nach engen Beziehungen,
- eher wenig Interesse am Leben anderer Personen,
- eher wenig Interesse an sozialen Aktivitäten,
- die Gleichgültigkeit gegenüber Lob und Kritik,
- das Vertrauen auf die logische Argumentation,
- die Fähigkeit, über zwischenmenschliche Stimmungen hinwegzusehen,
- die Wertschätzung von Fairness und Vernunft,
- die Überzeugung, dass sich Gefühle schnell ändern und daher unzuverlässig sind,
- einen reduzierten emotionalen Ausdruck.

Eher als positiv bewertete Verhaltensweisen: Menschen mit einem rational-distanzierten Verhaltens- und Kommunikationsstil zeigen folgende Verhaltensweisen, die von anderen Menschen in der Regel als eher positiv bewertet werden, sie
- bewahren auch in schwierigen Situationen einen kühlen Kopf,
- geraten als Vorgesetzte nicht in eine Rollenkonfusion zwischen Mitarbeiterorientierung und Sachorientierung,
- können in entscheidenden Situationen „Nein" sagen,
- erliegen nicht kollegialer Harmonie,
- haben eine hoch entwickelte Sachwahrnehmung,
- pflegen den Umgangsstil der Berufswelt,
- wahren rollengemäße Distanz,
- haben das Motto: „Man hat sich die Kollegen nicht ausgesucht, man muss aber mit ihnen zusammenarbeiten",
- sorgen für sich selbst,
- bleiben niemandem etwas schuldig,
- sind niemandem zu Dank verpflichtet,
- haben eine förmliche Art,
- zeigen das eher für Männer übliche Kontaktmuster.

Eher als negativ bewertete Verhaltensweisen: Menschen mit einem rational-distanzierten Verhaltens- und Kommunikationsstil zeigen folgende Verhaltensweisen, die von anderen Menschen in der Regel als eher negativ bewertet werden, sie

- sind eher verschlossen,
- werden oft fälschlicherweise als arrogant und abweisend wahrgenommen,
- geben den Interaktionspartnern oft das Gefühl, nicht gemocht zu werden,
- haben eine eher gering entwickelte Beziehungswahrnehmung,
- werden schnell nervös, wenn man ihnen „auf die Pelle rückt",
- benutzen oft eine Sprache, die auf „Gefühlsersparnis" ausgelegt ist,
- vermitteln nach außen leicht den Eindruck, dass sie wenig berührbar wären, wenig Gefühle hätten,
- vermitteln das Gefühl: „Großer Kopf, Herz aus Stein",
- sind oft eher ungeübt im nahen Kontakt,
- reagieren auf die Frage: „Wie fühlen Sie sich gerade" verärgert.

Selbstaussagen, Appelle und Beziehungsvorschläge

Personen mit einem eher kritischen Verhaltens- und Kommunikationsstil senden häufig neben der Sachaussage auf den anderen Ebenen noch folgende Botschaften:

Selbstaussagen:
- Was in mir vorgeht, geht niemanden etwas an.
- Ich möchte allein sein.
- Ich brauche einen Sicherheitsabstand.

Appelle:
- Komm mir nicht zu nahe.
- Respektiere meinen Sicherheitsabstand.

Beziehungsvorschläge:
- Du bist mir zu anhänglich.
- Du bist mir zu emotional.

Die Sachebene ist in der Wahrnehmung und im Ausdruck stark ausgeprägt, die Beziehungs- und die Selbstkundgabeebene dagegen weniger.

Das psychologisches Kalkül dieses Stils

Die zentrale Angst besteht beim rational-distanzierten Stil darin, in eine zu starke emotionale Abhängigkeit von anderen Menschen zu geraten, so dass dabei das zentrale Bedürfnis nach Selbstbestimmung und Autonomie in Gefahr gerät.

Der Teufelskreis des rational-distanzierten Stils: Die Grundidee besteht darin, sich von zu viel Emotion und zu großer Nähe in Beziehungen fernzuhalten. Das geschieht dadurch, dass man anderen Menschen gegenüber eher abweisend, distanziert, muffig, reserviert, kühl ist. Dieses Verhalten führt bei anderen Personen dazu, dass diese sich leicht gekränkt, vor den Kopf gestoßen oder abgelehnt fühlen. Das kann nun bei anderen Menschen zu zwei Reaktionsarten führen. Es ist erstens denkbar, dass sie umso mehr versuchen, mit einem eher rational-distanzierten Menschen in Kontakt zu kommen, indem sie ihre Bemühungen dazu intensivieren, sie „mit Engelszungen" auf die Person einreden. Zweitens ist denkbar, dass sie über das eher distanzierte Verhalten verwundert, vielleicht sogar verärgert sind und mit offener Ablehnung reagieren. Egal, welche Reaktion auftritt, sie ist auf jeden Fall sehr emotional. Genau dies möchte aber der rational-distanzierte Mensch vermeiden. Die andere Person wird daraufhin wahrscheinlich zunächst versuchen, ihr Verhalten zu intensivieren, erzeugt jedoch dadurch erneut nur Distanzierungsreaktionen und wird sich irgendwann frustriert abwenden. Dies bestätigt die Grundthese des rational-distanzierten Stils, nämlich, dass andere Menschen eher feindselig und abweisend sind.

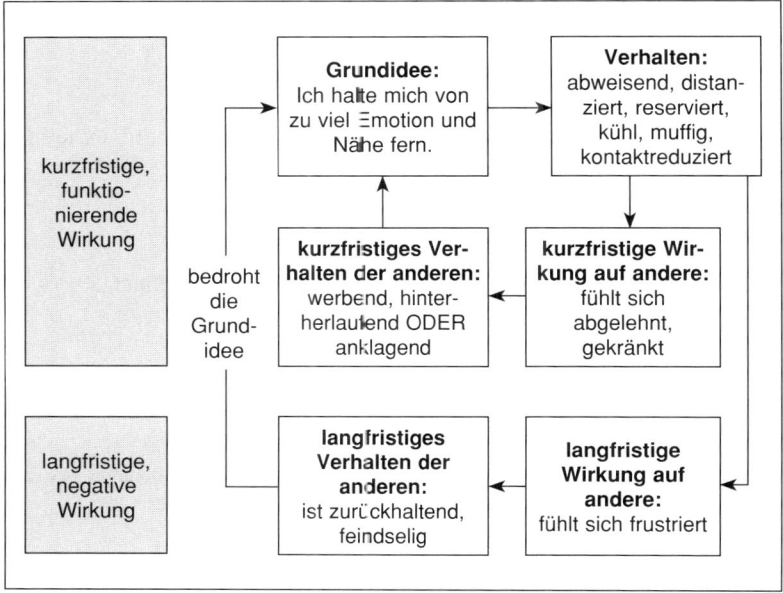

Abbildung 30: Das rational-distanzierte Kalkül

Das Dilemma dieses Stils besteht darin, dass man *entweder* eher emotions- und beziehungsfrei bzw. rational-distanziert ist *oder* riskiert, dass man in (emotionale) Abhängigkeiten geraten kann, die bedrohlich sein könnten.

Der notwendige Integrationsschritt lautet daher: „Ich kann in Beziehungen emotionale Nähe zulassen *und* behalte trotzdem meine Autonomie und Handlungsfreiheit."

Umgang mit Menschen mit einem rational-distanzierten Stil

Aus den oben genannten Mechanismen ergeben sich folgende Ratschläge zum Umgang mit Menschen mit einem rational-distanzierten Verhaltens- und Kommunikationsstil:

Im Umgang mit Personen mit einem rational-distanzierten Stil sollte man folgende Punkte beachten:
• verstärkt mit dem Selbstmitteilungsohr hören,
• Beziehungskredit geben,
• dem anderen Zeit lassen (weglaufen kann auch ein Anlaufnehmen sein),
• kongruent bleiben, nicht taktieren,
• vor Kritik unbedingt ein Lob formulieren,
• zeigen, das man selber Widerspruch ertragen kann.

Im Umgang mit Personen mit einem rational-distanzierten Stil sollte man Folgendes unbedingt unterlassen:
• mit dem Beziehungsohr hören,
• die abweisende Art persönlich nehmen,
• „Psychoanalysen" vornehmen,
• Erklärungen für Verhalten verlangen (das würde zur Selbstkundgabe zwingen),
• mit zu viel Konversation „erschlagen".

Veränderungsziele

Sinnvolle Entwicklungsziele für Personen mit einem rational-distanzierten Stil können sein:
• Nähe aushalten,
• Gefühle benennen,
• Gefühlswahrnehmung bei anderen Personen validieren,
• Selbstmitteilungen formulieren.

Rational-distanzierte Menschen im Berufsleben

Wie oben schon erwähnt, ist der rational-distanzierte Verhaltensstil eher typisch für die Berufswelt, er entspricht dem förmlichen Umgang, der häufig im beruflichen Umfeld vorherrscht. Die Sachorientierung herrscht vor. In der Vorgesetztenrolle sollte jedoch zusätzlich zu der Sachorientierung auch noch die Personenorientierung dazukommen, um tatsächlich in dieser Rolle erfolgreich zu sein.

4.6 Der kooperative Stil

Allgemeine Beschreibung des Stils

Menschen mit einem eher kooperativen Verhaltens- und Kommunikationsstil haben sich ganz den Beziehungen zu den für sie relevanten Menschen verschrieben, und ihr Leben wird dadurch lebenswert, dass sie sich um andere Menschen kümmern. Sie legen höchsten Wert auf dauerhafte Beziehungen, bemühen sich, die Beziehungen aufrechtzuerhalten, und sind dabei loyal, hilfsbereit und fürsorglich. Da sie um Harmonie bemüht sind, neigen sie zu höflichem und taktvollem Verhalten, widersprechen wenig und fallen durch besondere Rücksichtnahme auf. Sie ziehen die Gesellschaft anderer Menschen dem Alleinsein vor. Sie möchten eher folgen als führen, sind kooperativ und bemühen sich, ihr Verhalten zu ändern, wenn sie kritisiert werden.

Menschen mit diesem bevorzugten Verhaltens- und Kommunikationsstil lassen sich schlagwortartig beschreiben durch

- die Unterordnung eigener Bedürfnisse gegenüber denen anderer Personen, zu denen eine Abhängigkeit besteht,
- die Ermunterung anderer Personen, wichtige Entscheidungen, das eigene Leben betreffend, zu treffen,
- die geringe Bereitschaft, gegenüber Personen, von denen man abhängig ist, eigene Wünsche zu äußern,
- eine übertriebene Angst, nicht für sich alleine sorgen zu können,
- ein häufiges Beschäftigtsein mit der Furcht, verlassen zu werden,
- die Orientierung von Alltagsentscheidungen an anderen Personen,
- die Dominanz von Beziehungen,
- die Hauptaufgabe, den wichtigen Bezugspersonen zu gefallen,
- die Tendenz, den Partner „auf ein Podest" zu stellen,
- das Ernstnehmen von Kritik und die Besserungswilligkeit,
- die gefühlte Verantwortung für Missstände und Schwierigkeiten,

- die Sichtweise, Schwierigkeiten in Beziehungen seien purer Stress,
- das Nichtäußern negativer Stimmungen,
- das maximal indirekte Benennen von Wut,
- eine geringe Impulsivität und eine hohe Selbstbeherrschung,
- das Fehlen von Konkurrenzverhalten,
- das Entstehen von Stress, wenn sie aufgrund guter Arbeit befördert werden und dann Entscheidungen treffen müssen.

Eher als positiv bewertete Verhaltensweisen: Menschen mit einem kooperativen Verhaltens- und Kommunikationsstil zeigen folgende Verhaltensweisen, die von anderen Menschen in der Regel als eher positiv bewertet werden, sie
- kümmern sich stark um andere Personen,
- legen großen Wert auf dauerhafte Beziehungen,
- sind loyal, hilfsbereit und fürsorglich,
- sind um Harmonie bemüht,
- neigen zu höflichem, taktvollem Verhalten,
- widersprechen selten,
- sind rücksichtsvoll,
- möchten eher folgen als führen,
- sind kooperativ,
- bemühen sich, ihr Verhalten zu ändern, wenn sie kritisiert werden,
- zeigen wenig Feindseligkeit,
- sind „soft" im Verhalten,
- geben dem anderen das Gefühl, stark, kompetent und überlegen zu sein.

Eher als negativ bewertete Verhaltensweisen: Menschen mit einem kooperativen Verhaltens- und Kommunikationsstil zeigen folgende Verhaltensweisen, die von anderen Menschen in der Regel als eher negativ bewertet werden, sie
- benötigen oft ausgiebige Ratschläge von anderen Personen,
- sind bei der Organisation wichtiger Lebensbereiche von anderen Personen abhängig,
- haben schnell Angst, die Unterstützung anderer zu verlieren,
- treiben viel Aufwand, um die Unterstützung anderer zu gewinnen und zu erhalten,
- sind sich sicher, dass andere Menschen vieles besser können,
- gehen schnell wieder eine Beziehung ein, wenn eine endet,
- haben Angst davor, allein gelassen zu werden, auch wenn kein spezieller Grund dafür besteht,
- übertragen gerne Entscheidungen auf andere,
- zeigen eher weniger Eigeninitiative,
- schätzen Beziehungen oft positiver ein, als diese sind.

Selbstaussagen, Appelle und Beziehungsvorschläge

Personen mit einem eher kooperativen Verhaltens- und Kommunikationsstil senden häufig neben der Sachaussage noch folgende Botschaften auf den anderen Ebenen:

Selbstaussagen:
- Ich tue alles für dich.
- Ich erfülle deine Wünsche.
- Ich bin unentbehrlich für dich.
- Ich bin schutzbedürftig.
- Ich bin immer für dich da.
- Du kannst dich voll auf mich verlassen.
- Ich stehe jederzeit zur Verfügung.
- Ich bin immer da, wenn du Hilfe brauchst.

Appelle:
- Bleib mir treu.
- Bleib an meiner Seite.
- Von mir hast du nichts zu befürchten.
- Führe mich.
- Triff Entscheidungen für mich.

Beziehungsvorschläge:
- Führe du, ich folge dir.

In der Wahrnehmung ist die Beziehungsebene dominant, die Appellebene ist eher schwach ausgeprägt.

Das psychologische Kalkül des kooperativen Stils

Menschen mit einem im Zweifelsfall eher zu kooperativen Verhaltens- und Kommunikationsstil werden von der zentralen Angst gesteuert, verlassen zu werden, nicht mehr gemocht zu werden. Um diese Angst zu vermeiden, haben sie das zentrale Bedürfnis danach, Wertschätzung von anderen Menschen zu erfahren, und tun vieles, um für andere Menschen wichtig zu sein.

Der Teufelskreis des kooperativen Stils: Die Grundidee dieses Stils lautet: „Alleine bin ich schwach und hilflos, ich brauche Unterstützung". Diese Grundidee führt dazu, dass sich Menschen mit diesem Stil eher an anderen Menschen orientieren, in Beziehungen eher passiv sind, eher den Wünschen anderer Menschen folgen. Dies führt bei anderen Menschen kurzfristig dazu, dass diese sich überlegen, kompetent und wichtig fühlen. Sie sind dann ihrerseits kooperativ, da ja ihre Wünsche erfüllt werden. Sie werden sich daher mit hoher Wahrscheinlichkeit fürsorglich verhalten, sie werden die ihnen zugedachte Rolle ausfüllen und die Initiative übernehmen, eher zupacken als abwarten und damit das zentrale Bedürfnis der Person wiederum mit einem eher kooperativen Stil unterstützen. Die langfristige Betrachtung sieht jedoch anders aus. Läuft die oben beschriebene Sequenz mehrmals ab, so werden es die anderen Personen mit einer gewissen Wahrscheinlichkeit bald leid sein, sich um die Person kümmern zu müssen, sie werden sich eingeengt fühlen, da es ja eine gewisse Zeit und Energie benötigt, sich um andere Menschen zu kümmern. Sie werden sich daher irgendwann ausgelaugt fühlen und sich über die Person mit dem kooperativen Stil ärgern. Das wird dann dazu führen, dass sie beginnen, sich aus der Beziehung zurückzuziehen, die Person mit dem kooperativen Stil kritisieren und alles tun, damit sie in Ruhe gelassen werden, sie werden sich also tendenziell aus der Beziehung herausziehen. Genau dieses Verhalten jedoch aktiviert wiederum die zentrale Angst der Person mit dem eher kooperativen Stil, nämlich alleine zu sein, keine Unterstützung mehr zu erhalten.

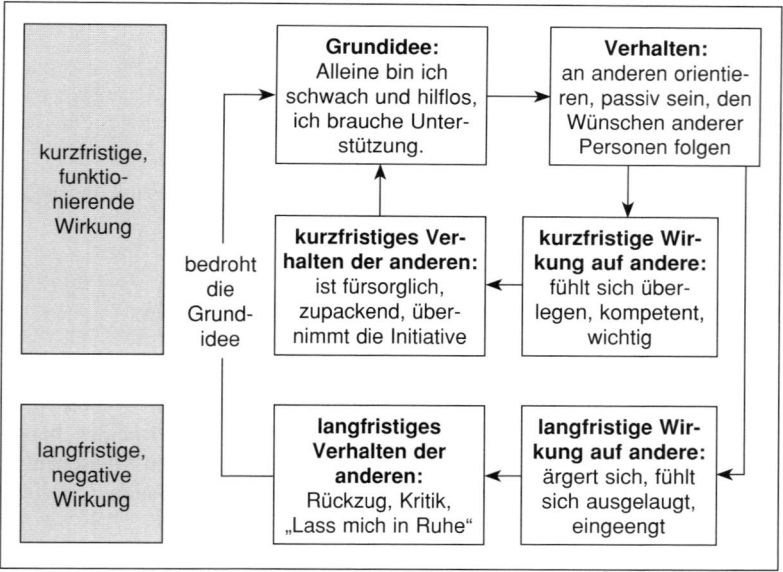

Abbildung 31: Das kooperative Kalkül

Die Sisyphusarbeit lässt sich mit der Formulierung beschreiben: „Nur wenn ich immer gemäß den Wünschen meiner Bezugsperson denke, fühle und handle und niemals eigene Bedürfnisse zulasse, die mit denen der Bezugsperson nicht vereinbar sind, bewahre ich mir Schutz und Geborgenheit und verhindere, dass ich verlassen werde."

Das Dilemma bei diesem Stil lautet: „*Entweder* ich denke, fühle und handle immer gemäß den Wünschen meiner Bezugsperson und lasse niemals eigene Bedürfnisse zu *oder* ich verliere Geborgenheit und riskiere es, verlassen zu werden."

Der notwendige Integrationsschritt, um aus diesem Dilemma herauszukommen, lautet: „Ich kann eine Beziehung nach meinen Wünschen gestalten *und* mir zuverlässig Geborgenheit bewahren."

Dazu ist es notwendig:
- eigene Wünsche wahrzunehmen und zu äußern,
- Konflikte/Spannungen zu ertragen,
- Aktivitäten alleine auszuführen.

Umgang mit Menschen mit einem kooperativen Verhaltens- und Kommunikationsstil

Aus den oben genannten Mechanismen ergeben sich folgende Ratschläge zum Umgang mit Menschen mit einem kooperativen Verhaltens- und Kommunikationsstil:

Im Umgang mit Personen mit einem kooperativen Stil sollte man unbedingt folgende Aspekte beachten:
- verlässlich sein,
- loyal sein,
- unterstützen,
- Zusagen einhalten,
- zugewandt bleiben,
- Initiativen verstärken, nicht Erfolge,
- zeigen, dass man selber auch Fehler hat.

Im Umgang mit Personen mit einem kooperativen Stil sollte man unbedingt Folgendes unterlassen:
- zur Verantwortungsübernahme zwingen,
- Ratschläge fordern,
- zur Stellungnahme auffordern.

Menschen mit einem eher zu kooperativen Verhaltens- und Interaktionsstil in der Berufswelt

Die mit diesem Stil zu beschreibenden Personen sind ja in erster Näherung sehr pflegeleichte Mitarbeiter. Sie werden die Anweisungen des Vorgesetzten willig ausführen, von ihnen ist kein großer Widerstand zu erwarten, per Definition sind sie ja kooperativ. Was für die Interaktion mit dem Vorgesetzten gilt, gilt dabei auch für die Interaktion mit Kollegen. Anders als bei Personen mit einem eher kritischen Stil kann man sich bei ihnen auf die gegebenen Zusagen auch verlassen. Dieses Verhalten kann jedoch auch zu einem Nachteil werden. Denn Mitarbeiter mit einem sehr kooperativen Stil werden eher weniger Eigeninitiative zeigen. Bekleiden sie Positionen, in denen dies jedoch gefordert ist, kann es schwierig werden. Schwache Vorgesetzte bevorzugen häufig Mitarbeiter mit einem kooperativen Verhaltens- und Interaktionsstil, da sie ihnen die Führungsarbeit erleichtern, diese Rechnung geht jedoch nur sehr selten längerfristig auf. Auf lange Sicht überwiegen die Probleme.

Wenn Personen mit einem eher kooperativen Verhaltens- und Kommunikationsstil in einer Führungsposition sind, kann dies leicht zu Problemen führen. Per Definition geht es ja in einer Führungsposition darum, zu führen. Eher kooperative Personen fühlen sich in dieser Rolle jedoch sehr unwohl, da sie lieber folgen als führen. Zudem besteht die Führungsrolle zu einem guten Teil darin, sich in Dilemmata zu befinden (Neuberger, 2002), die prinzipiell nicht aufzulösen sind. Das würde dann dazu führen, dass Personen mit einem kooperativen Verhaltens- und Kommunikationsstil immer Spannungen aushalten müssen und es buchstäblich nie allen Mitarbeitern recht machen können. Eben diese Situation gilt es jedoch aus ihrer Sicht zu vermeiden. Da Personen mit einem eher kooperativen Stil genau diese Dilemmata fürchten, sind sie selten in Führungspositionen anzutreffen, es kommt zu einer effektiven Selbstselektion.

4.7 Der sensibel-vermeidende Stil

Allgemeine Beschreibung des Stils

Menschen mit einem sensibel-vermeidenden Stil ziehen das Bekannte dem Unbekannten vor und können ihre Fähigkeiten dann entfalten, wenn ihnen die relevanten Menschen dabei vertraut sind. Sensibel-vermeidende Menschen lieben Gewohnheiten und Wiederholungen. Sie sind ihren engen Freunden tief verbunden. Im sozialen Umfeld achten Sie darauf, was andere Personen von ihnen denken, sind umsichtig und taktvoll. Sie verhalten sich liebenswürdig und beherrscht mit taktvoller Zurückhaltung.

Menschen mit diesem bevorzugten Verhaltens- und Kommunikationsstil lassen sich schlagwortartig beschreiben durch

- das Suchen emotionaler Sicherheit, indem sie ihre eigene kleine Welt aufbauen,
- das Gefühl, außerhalb der vertrauten Atmosphäre verwundbar, wie ein Fisch auf dem Trockenen zu sein,
- das Unbehagen in neuen Situationen,
- das Erforschen des Bekannten, nicht des Unbekannten,
- die Ausrichtung auf andere Menschen, deren Bestätigung sie brauchen, um sich wohlzufühlen,
- ein Misstrauen eher den eigenen Fähigkeiten gegenüber als den Fähigkeiten anderer gegenüber,
- das Anstreben des Gefühls, einen guten Eindruck gemacht zu haben,
- ein offenes, spontanes Verhalten in vertrauter Umgebung,
- Stress, wenn sie mit etwas Unvertrautem oder mit neuen Aufgaben konfrontiert werden,
- Stress bei beruflichen Tätigkeiten, die immer neue Kontakte beinhalten.

Eher als positiv bewertete Verhaltensweisen: Menschen mit einem sensibel-vermeidenden Verhaltens- und Kommunikationsstil zeigen folgende Verhaltensweisen, die von anderen Menschen in der Regel als eher positiv bewertet werden, sie

- ziehen das Bekannte dem Unbekannten vor,
- können ihre Fähigkeiten dann entfalten, wenn ihnen die Menschen vertraut sind,
- lieben Gewohnheiten,
- sind mit ihrer Familie und ihren Freunden eng verbunden,
- legen Wert auf das, was andere Menschen von ihnen halten,
- sind umsichtig und taktvoll,
- fällen keine voreiligen Entscheidungen,
- verhalten sich beherrscht und höflich,
- sind sehr fantasievoll.

Eher als negativ bewertete Verhaltensweisen: Menschen mit einem sensibel-vermeidenden Verhaltens- und Kommunikationsstil zeigen folgende Verhaltensweisen, die von anderen Menschen in der Regel als eher negativ bewertet werden, sie

- sind überempfindlich gegenüber negativer Beurteilung durch andere Personen,
- haben Angst vor Kritik, Ablehnung, Zurückweisung,
- vermeiden oft berufliche Aufgaben, die viel mit Kontakten zu tun haben,

- sprechen selten über sich selbst,
- denken in sozialen Situationen oft daran, ob sie abgelehnt werden könnten,
- richten ihre Aufmerksamkeit stark auf andere Personen,
- sind eher schweigsam und zurückhaltend,
- befürchten, in sozialen Situationen zurückgewiesen zu werden,
- zeigen öfters Zeichen von Unsicherheit,
- vermeiden potenzielle Enttäuschungen,
- haben oft Selbstzweifel.

Selbstaussagen, Appelle und Beziehungsvorschläge

Personen mit einem eher sensibel-vermeidenden Verhaltens- und Kommunikationsstil senden häufig neben der Sachaussage auf den anderen Ebenen noch folgende Botschaften:

Selbstaussagen:
- Wenn ich auffalle, dann falle ich negativ auf.
- Ich kann andere nicht beeindrucken.
- Ich kann andere nicht unterhalten.
- Ich bin nicht attraktiv.
- Ich kann andere nicht für mich einnehmen.
- Ich kann nicht positiv auf mich aufmerksam machen.
- Ich bin an Beziehungen uninteressiert.

Appelle:
- Bitte nicht stören.
- Bitte sprich mich nicht an.

Beziehungsvorschläge:
- Du bist mehr wert als ich.
- Ich bin klein, du bist groß.

Die Wahrnehmung von Beziehungen und Appellen ist sehr gut ausgeprägt, die Formulierung von Appellen eher weniger.

Das psychologische Kalkül des sensibel-vermeidenden Stils

Die zentrale Angst besteht bei diesem Stil in der Angst vor Ablehnung, Kritik und Verstoßenwerden. Daraus ergibt sich das zentrale Bedürfnis, nämlich das Streben danach, akzeptiert zu werden, gelobt zu werden, gemocht zu werden.

Die Grundidee dieses Stils lautet: „Ich werde nur akzeptiert, wenn ich mich zurückhalte und meine Wünsche nur indirekt äußere sowie Forderungen anderer Personen nie ablehne." Daher verhalten sich die Menschen mit diesem Stil im sozialen Kontext eher zurückhaltend und schweigsam, sie ziehen keine Aufmerksamkeit auf sich und versuchen Situationen, in denen sie bewertet werden, zu vermeiden, sie sind anderen Menschen gegenüber sehr freundlich und hilfsbereit. Da dieser Stil für andere Menschen sehr unaufdringlich und freundlich ist, sind die anderen Menschen zu ihnen in der Regel ebenfalls freundlich und hilfsbereit.

Langfristig fühlen sich andere Menschen jedoch schnell zu sehr in Anspruch genommen, gelangweilt, sind eventuell verärgert, da sie merken, dass das vermeidende Verhalten im Grund genommen ein manipulatives Verhalten darstellt. Sie ziehen sich daher zurück, zeigen weniger Interesse an der Person mit dem sensibel-vermeidenden Stil.

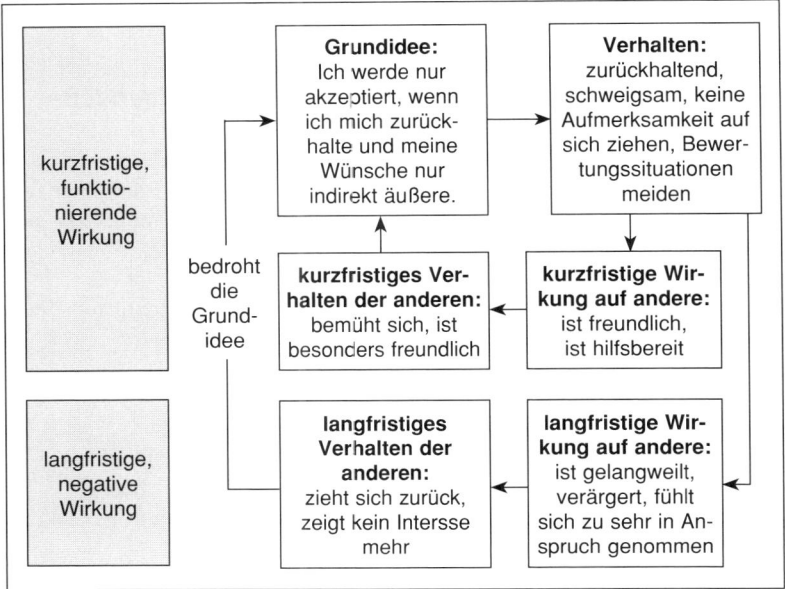

Abbildung 32: Das sensibel-vermeidende Kalkül

Die Sisyphusarbeit dieses Stils besteht darin, darauf zu achten, nichts Falsches zu sagen, lieber nichts zu sagen und niemals eigene Wünsche zu äußern, Forderungen anderer niemals abzulehnen, niemals den Unmut anderer zu provozieren und sich dadurch die Chance auf Zugehörigkeit und Akzeptanz zu bewahren und Ablehnung und Zurückweisung durch andere Personen zu verhindern.

Das Dilemma dieses Stils besteht darin: „*Entweder* ich achte immer darauf, nichts Falsches zu sagen, *oder* ich verliere die Chance auf Zugehörigkeit und Akzeptanz und riskiere Ablehnung und Zurückweisung."

Der notwendige Integrationsschritt lautet: „Ich kann meine Interessen in Beziehungen durchsetzen *und* Zugehörigkeit und Willkommensein bewahren."

Dazu müsste Folgendes geübt werden:
- Forderungen klar stellen,
- Forderungen klar ablehnen,
- Kontakt zu anderen aufnehmen.

Umgang mit Menschen mit einem sensibel-ermeidenden Verhaltens- und Kommunikationsstil

Aus den oben genannten Mechanismen ergeben sich folgende Ratschläge zum Umgang mit Menschen mit einem sensibel-vermeidenden Verhaltens- und Kommunikationsstil:

Im Umgang mit Personen mit einem sensibel-vermeidenenden Stil sollte man folgende Aspekte unbedingt beachten:
- Befürchtungen und Ängste ernst nehmen,
- respektvoll behandeln,
- positive Eigenschaften und Taten benennen,
- dem anderen Zeit lassen, er bestimmt das Tempo der Interaktion,
- signalisieren, dass es einem wichtig ist, den anderen zu verstehen,
- einen Weg finden, über das *Tun* und nicht über das *Reden* in Kontakt zu kommen,
- vor Kritik unbedingt ein Lob formulieren,
- zeigen, dass man selber auch Fehler hat.

Im Umgang mit Personen mit einem sensibel-vermeidenden Stil sollte man unbedingt Folgendes unterlassen:

- kritisieren,
- einschüchtern,
- verbal angreifen.

Menschen mit einem eher sensibel-vermeidenden Stil im Berufsleben

Personen mit diesem Verhaltens- und Kommunikationsstil sollten sich mit Aufgaben beschäftigen, die nicht unbedingt die schnelle Kontaktaufnahme mit anderen Menschen voraussetzen. Sofern Menschen mit einem sensiblen Stil in einer Führungsposition sind, werden sie sich eher weniger auf ihre Mitarbeiter konzentrieren, sondern eher auf die Sachaufgabe. Sie werden eher dazu geneigt sein, in Konfliktsituationen beiden Parteien Recht zu geben und damit den Konflikt nicht zu lösen.

4.8 Abgrenzung der Stile

Wie bereits ersichtlich geworden ist, weisen einige der beschriebenen Stile gewisse Ähnlichkeiten auf. Nachfolgend werden einige zentrale Unterschiede aufgeführt, die es erleichtern, zu erkennen, um welchen Stil es sich handelt.

Selbstbezogen – Dramatisierend

Der Selbstbezogene lebt in der Vorstellung, er sei ein Prinz, der vor allem bewundert werden muss. Der Dramatisierende dagegen ist eher mit einem Schauspieler zu vergleichen, der das Publikum beeindrucken muss, im Zweifelsfall sogar mit seinem intensiven Scheitern. Für den Selbstbezogenen ist das Thema „Oben und Unten" zentral, für den Dramatisierenden eher das Thema „Nähe und Distanz". Der Selbstbezogene ist dann glücklich, wenn er sagen kann: „Ich bin unantastbar", der Dramatisierende dann, wenn er sagen kann „Ich bin so unterhaltsam".

Gewissenhaft – Dramatisierend

Der Dramatisierende initiiert viel („Allem Anfang wohnt ein Zauber inne"), bringt dann aber wenig zu Ende. Der Gewissenhafte ist bei Neuem eher vorsichtig, macht die Dinge, die er macht aber komplett. Der Dramatisierende fühlt sich auf der Schlagwortebene wohl, der Gewissenhafte auf der Detailebene.

Gewissenhaft – Selbstbezogen

Der Gewissenhafte hält sich an universelle Regeln, die für alle Menschen, auch für ihn, gelten, der Selbstbezogene *macht* dagegen die Regeln, die für andere Menschen gelten und für ihn nur dann, wenn sie ihm nützen. Der Gewissenhafte ist eher ein Überbringer von Regeln, der Selbstbezogene definiert die Regeln. Der Selbstbezogene fühlt sich eher oben in einer Hierarchie wohl (da er dann die Regeln bestimmen darf), der Gewissenhafte fühlt sich eher in der Mitte einer Hierarchie wohl (da die Regeln gesetzt sind und umgesetzt werden müssen).

Dramatisierend – Kooperativ

Der Kooperative passt seine Aktivität den anderen Menschen an, der Dramatisierende ist generell aktiv.

Kooperativ – Sensibel-vermeidend

Der Kooperative hat wenig eigene Wünsche, der Zurückhaltende hat zwar eigene Wünsche, hat aber Bedenken, diese durchzusetzen.

Selbstbezogen – Sensibel-vermeidend

Diese Stile, die auf den ersten Blick sehr konträr erscheinen, können in manchen Fällen jedoch die gleiche Wurzel haben. Beim selbstbezogenen Stil kann es sich um eine spezielle Form handeln, mit der eigenen Vermeidung umzugehen. Man kann etwas passiv vermeiden, indem man versucht, der Thematik aus dem Weg zu gehen, das ist der sensibel-vermeidende Weg. Man kann auch etwas vermeiden, indem man sich sehr aktiv Situationen schafft, in denen die Aspekte, die es zu vermeiden gilt, möglichst nicht auftreten. Fürchtet man z. B. Kritik, so kann man mit der passiven Strategie versuchen, Bewertungssituationen zu vermeiden. Man kann aber auch versuchen, zunächst einmal andere Personen zu kritisieren und so eventuelle Kritik an der eigenen Person vermeiden. Wenn man Angst vor Nähe hat, kann man versuchen, soziale Situationen einfach zu vermeiden. Man kann jedoch auch versuchen, sehr viele soziale Beziehungen zu haben, die dann natürlich nur sehr oberflächlich sein können, und mit dieser Strategie die Angst vor sozialer Nähe reduzieren. Oftmals sind selbstbezogene Menschen im Grunde sensibel-vermeidende Personen, die jedoch aktive Vermeidungsstrategien anwenden, die man aufgrund des aktiven Charakters nicht so leicht als Vermeidungsstrategien erkennt.

4.9 Nochmalige Validierung der Notfallregel

Nachdem die einzelnen Stile mit ihren jeweiligen Kalkülen beschrieben wurden, sollten Sie nun noch einmal Ihre Notfallregel daraufhin überprüfen, ob Sie auf dem Hintergrund dieser Beschreibungen Ihre bisherige Formulierung der Notfallregel noch einmal revidieren sollten. Als Kriterium sollten Sie dazu das oben beschriebene Kalkül heranziehen, das Ihnen am „sympathischsten" erscheint. Welches der Kalküle kommt Ihnen aus Ihrem eigenen Leben sehr bekannt vor? Welches der Kalküle können Sie gut nachvollziehen, da es Ihnen spontan sehr logisch erscheint?

Übung: Eventuelle Revidierung der Notfallregel

Überprüfen Sie nochmals Ihre Daten und verändern Sie gegebenenfalls die Reihung der Satzteile.

Zentrales   1 _____
Bedürfnis: 2 _____

Zentrale   1 _____
Angst: 2 _____

Bevorzugte   1 _____
Verhaltenstendenz: 2 _____

Notfallregel

Nur wenn ich in wichtigen Beziehungen eher

_____

(bevorzugte Verhaltenstendenz) bin, bewahre ich mir

_____

(zentrales Bedürfnis) und verhindere

_____

(zentrale Angst).

5 Verhaltensexperimente

In diesem Kapitel geht es um sogenannte Verhaltensexperimente. Ziel all dieser Experimente ist es, den eigenen Handlungsspielraum zu erweitern und dadurch potenzielle Stressquellen zu beseitigen. Da Verhaltensexperimente in der Regel in der Interaktion mit anderen Menschen stattfinden, ist es zunächst wichtig, andere Menschen im Hinblick auf deren Notfallregel einzuschätzen. Das Vorgehen dazu wird im ersten Abschnitt erläutert. Im zweiten Abschnitt wird das Grundprinzip des Verhaltensexperiments beschrieben, und die dazu notwendigen Materialien werden vorgestellt. In den weiteren Abschnitten geht es dann um mögliche Inhalte der Verhaltensexperimente. Zentral ist hierbei die sogenannte Exposition, also die systematische Konfrontation mit der zentralen Angst aus der Notfallregel. Das gezielte Training und die gezielte Anwendung kommunikativer Techniken stellen weitere Bestandteile von Verhaltensexperimenten dar. Der letzte Abschnitt beschäftigt sich schließlich mit Experimenten im Umgang mit für uns schwierigen Menschen.

5.1 Einschätzung anderer Personen

Man kann bei sich selbst die Elemente der Notfallregel (zentrale Angst, zentrales Bedürfnis, bevorzugter Verhaltensstil) sehr effizient wahrnehmen. Wenn es darum geht, andere Personen einzuschätzen, ist die Sache jedoch deutlich schwieriger. Man muss dann die Notfallregel indirekt erschließen. Dazu haben wir jedoch verschiedene Informationsquellen: Die sicherste Informationsquelle ist das Verhalten der Personen, ihre Taten. Um jedoch eine genügend große Datenbasis zu erhalten, braucht es in der Regel eine lange Zeit der Beobachtung. Man kann aber auch versuchen, durch gezielte Beobachtung die Notfallregeln anderer Personen zu erfassen, dazu kann man Beobachtungssituationen selbst herstellen, indem man mit den Personen über die einzelnen Elemente der Notfallregel spricht. Zusätzlich dazu kann man verstärkt auf die dominante Ebene achten, auf der die Personen kommunizieren. Ein weiterer Indikator ist das bei einem selbst ausgelöste Interaktionsgefühl. Diese drei Informationsquellen werden nachfolgend beschrieben.

5.1.1 Verhaltensbeobachtung

Die Beobachtung des Verhaltens einer anderen Person kann mit dem folgenden Beobachtungsblatt erfolgen (vgl. Kasten). Es geht darum, Anhaltspunkte dafür zu bekommen, welcher Verhaltensstil für diese Person dominant ist, welche zentrale Angst sie umtreibt und welches zentrale Bedürfnis sie verfolgt. Dies zu erkennen ist umso einfacher, je öfter man die Person in für sie kritischen Situationen beobachtet. In „normalen" Situationen wird der bevorzugte Stil hingegen nur schwer beobachtbar sein, da das Verhalten dann zu sehr vom Bewusstsein und weniger von der Notfallregel gesteuert wird. Nun kann man solche relevanten Situationen einfach abwarten, das erfordert natürlich eine gewisse Zeit. Man könnte aber auch versuchen, mit der betreffenden Person Gespräche zu führen, so dass man mehr über die einzelnen Elemente der Notfallregel erfährt. So kann man z. B. darüber sprechen, welche Regeln im Umgang mit anderen Menschen herrschen sollten bzw. was im Umgang mit anderen Menschen vermieden werden sollte. Man kann darüber reden, worin relevante Lebensziele bestehen könnten oder wo im Umgang mit Menschen allgegenwärtige Gefahren lauern. Man kann auch erfragen, mit welchen Menschen die andere Person gerne zusammen ist und welche Menschen sie lieber meidet. Darüber hinaus kann man auch beobachten, auf welche Gegebenheiten bzw. in welchen Situationen die Person im zwischenmenschlichen Kontext aversiv reagiert und was sie besonders erfreut.

Übung: Beobachtungsblatt

Welche zentrale Angst in Beziehungen vermuten Sie bei der Person?

☐ Ausgeschlossensein   ☐ Alleingelassenwerden   ☐ Kontrolle verlieren

☐ Ablehnung   ☐ Gegenaggression   ☐ Kontrollverlust in Beziehungen

Woran machen Sie diese Vermutung fest? _____

_____

_____

Welches zentrale Bedürfnis in Beziehungen vermuten Sie bei der Person?

☐ Wertschätzung, Lob, Bewunderung   ☐ Selbst machen können

☐ Beachtung, Aufmerksamkeit, Nähe   ☐ Selbstbestimmung

☐ Kontrolle, Struktur, Klarheit, Vorhersehbarkeit   ☐ Grenzen gesetzt bekommen

☐ Distanz, Selbstkontrolle   ☐ ein Vorbild haben

☐ Selbstbestimmung, Autonomie   ☐ gefördert und gefordert werden

☐ Akzeptiertwerden,
Angenommensein

☐ Schutz, Zuverlässigkeit, ein Vorbild
haben

☐ ein Gegenüber zur Auseinandersetzung haben

Woran machen Sie diese Vermutung fest? _____

_____

_____

Welche zwei bevorzugten Verhaltensstile in kritischen Beziehungen zeigt
die Person?

☐ zu kooperativ   ☐ zu gewissenhaft   ☐ zu kritisch

☐ zu kontaktfreudig   ☐ zu selbstbezogen   ☐ zu rational-distanziert

☐ zu sensibel-vermeidend

Welche Gefühle löst die Person bei Ihnen aus?

☐ Sagen, wo es langgeht   ☐ mühsam   ☐ hilflos ☐ gelangweilt

☐ Angegriffensein oder Mitleid ☐ kein Gefühl   ☐ „Vertrau mir"

5.1.2 Kommunikative Präferenzen einer Person

Die Taten einer Person zu beobachten und daran den Verhaltensstil zu erkennen
erfordert eine ganze Menge Zeit für die Beobachtung der Person in relevanten
Situationen, das heißt natürlich wiederum in Situationen, die für die Person
schwierig sind. Man muss entweder abwarten, bis sich entsprechende Situationen ergeben, oder solche Situationen selbst inszenieren. Sehr viel schneller
und unmittelbarer, jedoch auch leider etwas ungenauer, kann man Personen
anhand ihres Kommunikationsstils einschätzen. Kommunikation findet ja
praktisch immer statt.

Eine weitere Möglichkeit, den Verhaltens- und Kommunikationsstil einer Person zu erfassen, ist daher die Analyse ihrer impliziten kommunikativen Botschaften. Diese Analyse kann anhand des Beobachtungsblatts (vgl. Kasten)
erfolgen. Beobachten Sie dazu eine Person über einen längeren Zeitpunkt. Am

besten geschieht das natürlich wieder in Situationen, die für die Person schwierig sind und die sie dazu bringen, sich gemäß ihrer Notfallregel zu verhalten, der „emotionale Autopilot" muss bei dieser Person also eingeschaltet werden. Entscheiden Sie dann, zu wieviel Prozent die Äußerungen der Person in diesen relevanten Situationen auf der Sach-, der Appell-, der Selbstkundgabe- und der Beziehungsseite gesendet werden. Aus diesen Präferenzen kann man dann Rückschlüsse auf den relevanten Stil ziehen. In Tabelle 3 sind die verschiedenen Verhaltens- und Kommunikationsstile dargestellt sowie die Aspekte, die typischerweise von Personen mit dem jeweiligen Stil ausgeprägter bzw. weniger bevorzugt wahrgenommen werden.

Tabelle 3: Verhaltens- und Kommunikationsstile und ihre über- und unterentwickelten Wahrnehmungen

Verhaltens- und Kommunikationsstil	Überentwickelte Wahrnehmung	Unterentwickelte Wahrnehmung
Selbstbezogen	Beziehungsapekt	Appellaspekt
Dramatisierend	Selbstkundgabeaspekt	Sachaspekt
Rational-distanziert	Sachaspekt	Beziehungsaspekt Selbstkundgabeaspekt
Kritisch	Appellaspekt Beziehungsaspekt	Selbstkundgabeaspekt
Gewissenhaft	Sachaspekt	Selbstkundgabeaspekt Beziehungsaspekt
Sensibel-vermeidend	Appellaspekt	Sachaspekt
Kooperativ	Beziehungsaspekt	Sachaspekt

Notieren Sie sich zusätzlich entsprechende Schlüsselsätze, also Sätze, die typisch für die Situation waren und quasi das Kondensat dessen, was gesagt wurde, darstellen. Mit dem Beobachtungsblatt kann man eine Gesprächssequenz analysieren, indem man sich einige Schlüsselsätze aus der jeweiligen Sequenz aufschreibt und sie dann den einzelnen Ebenen zuordnet. Danach kann entschieden werden, welche Ebene die dominante ist, und geprüft werden, zu welchem Stil diese dominante bzw. vernachlässigte Ebene am besten passt.

Übung: Beobachtungsblatt zur Kommunikation

Beobachtete Person: _____

Sache   0 % _____ 100 %

Selbstkundgabe   0 % _____ 100 %

Appell   0 % _____ 100 %

Beziehung   0 % _____ 100 %

Sachebene (Die Fakten sind ..., Eine generelle Regel lautet ..., ... kann evtl. auch anders gesehen werden):

Beispiele für Schlüsselsätze: _____

_____

_____

Selbstkundgabeebene (So ist mir ums Herz ..., Ich-Aussagen, So fühle ich mich ..., Der Schweinwerfer ist auf die Person selbst gerichtet):

Beispiele für Schlüsselsätze: _____

_____

_____

Appellebene (Klare Wünsche, Bitten, Forderungen):

Beispiele für Schlüsselsätze: _____

_____

_____

Beziehungsebene (Du scheinst unsere Beziehung so zu sehen, dass ..., Du siehst dich offenbar berechtigt, ...):

Beispiele für Schlüsselsätze: _____

_____

_____

Zusätzlich zu der Präferenz der einzelnen Ebenen kann auch noch der Inhalt des Gesagten genauer betrachtet werden: *Was* sagt die jeweilige Person auf den jeweiligen Ebenen aus? Eine Zuordnung dieser wiederum in der Regel eher impliziten Aussagen zu den jeweiligen Stilen kann anhand von Tabelle 4 erfolgen. Hier sind die Aussagen auf den jeweiligen kommunikativen Ebenen wiedergegeben, die dem jeweiligen Stil am besten entsprechen. Beachten Sie dabei, dass diese Botschaften in der Regel nicht explizit in dieser Weise formuliert sein müssen, es kommt eher darauf an, was die Person jeweils implizit über sich aussagt.

Tabelle 4: Zuordnung von impliziten Aussagen zu den Verhaltens- und Kommunikationsstilen

Selbst-bezogen	Beziehung	Ich bin oben, du bist unten. Ich definiere die Regeln, du musst sie befolgen.
	Appell	Respektiere mich. Bewundere mich. Kritisiere mich nicht. Folge meinen Regeln.
	Selbst-kundgabe	(hauptsächlich Selbstdarstellung) Ich bin souverän. Ich bin tol. Ich habe alles im Griff. Ich bin einzigartig.
Dramati-sierend	Beziehung	Wir sind uns schon sehr nahe. Beziehungen kann man schnell eingehen und schnell auflösen.
	Appell	Gib mir Aufmerksamkeit. Nimm mich wahr. Sei für mich da. Kümmere dich um mich.
	Selbst-kundgabe	Ich bin unterhaltsam. Ich gehe auf deine Bedürfnisse ein.
Gewis-senhaft	Beziehung	Man bleibt besser auf Distanz, das gibt Sicherheit.
	Appell	Tu, was ich dir sage. Bleib auf Distanz. Befolge die Regeln.
	Selbst-kundgabe	Ich bin dir moralisch überlegen. Ich kann dir sagen, was du tun musst.
Rational-distan-ziert	Beziehung	Du bist mir zu emotional. Du bist mir zu anhänglich.
	Appell	Halte den gebührenden Abstand. Komm mir nicht zu nahe. Respektiere meine Grenzen.
	Selbst-kundgabe	Was in mir vorgeht, geht niemanden was an. Ich brauche einen Sicherheitsabstand.

Tabelle 4: Zuordnung von impliziten Aussagen zu den Verhaltens- und Kommunikationsstilen (Fortsetzung)

Kritisch	Beziehung	Bleib mir fern. Du hast mir nichts zu sagen.
	Appell	Gib mir keine Anweisungen. Halte dich aus meinen Angelegenheiten raus. Halte Distanz.
	Selbst-kundgabe	a) vordergründig: Ich bin kooperativ. Auf mich kann man sich verlassen. b) untergründig: Ich fühle mich von dir beeinträchtigt. Meine Grenzen sind verletzt.
Koope-rativ	Beziehung	Führe du, ich folge dir. Gib du die Regeln vor. Du kannst dich auf mich verlassen.
	Appell	Bleib an meiner Seite. Triff Entscheidungen für mich. Übernimm Verantwortung für mich.
	Selbst-kundgabe	Ich bin schutzbedürftig. Ich bin hilfsbedürftig. Ich tue alles für dich.
Sensibel-vermei-dend	Beziehung	Du bist groß, ich bin klein.
	Appell	Bitte störe mich nicht. Lass mich in Ruhe.
	Selbst-kundgabe	Ich kann andere nicht für mich einnehmen. Ich kann andere nicht beeindrucken.

Beachten Sie weiterhin auch, dass Sie diese Aussagen nicht „neutral" oder „objektiv" hören, sondern diese auf dem Hintergrund der Hörpräferenzen, die Ihrem eigenen Verhaltens- und Kommunikationsstil entsprechen, wahr-

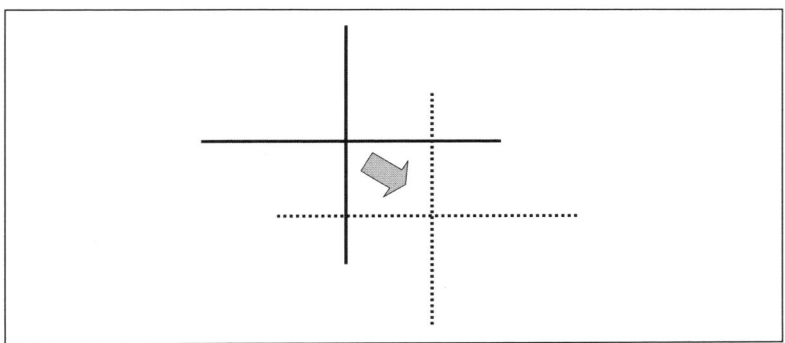

Abbildung 33: Verschiebung des eigenen Koordinatensystems

nehmen. Diesen Effekt muss man „abziehen", um zu einer vernünftigen Diagnose zu kommen. Es ist notwendig, die eigenen Anteile „herauszurechnen", das gelingt natürlich nur, indem man über eine gewisse Selbsterkenntnis verfügt. Das eigene Koordinatensystem ist dabei in der Regel etwas verschoben. In welche Richtung diese Verschiebung geht, hängt natürlich wiederum mit dem eigenen Verhaltens- und Kommunikationsstil zusammen (vgl. Abbildung 33).

5.1.3 Ausgelöstes Interaktionsgefühl

Es gibt noch eine weitere, sehr brauchbare und einfach anzuwendende Möglichkeit, den Verhaltens- und Kommunikationsstil einer anderen Person zu erkennen, nämlich die eigene, sehr subjektive Reaktion, die diese Person bei einem selbst auslöst, zu beobachten. Man fragt sich also: Welches Gefühl hat die jeweilige Person nach einer relevanten Interaktion bei mir selbst ausgelöst? (vgl. Tabelle 5).

Tabelle 5: Verhaltensstile und ausgelöste Interaktionsgefühle

Verhaltens- und Kommunikationsstil	Ausgelöste Interaktionsgefühle
Selbstbezogen	Angegriffensein, Verachtung oder Mitleid
Dramatisierend	gelangweilt, genervt
Gewissenhaft	mühsam
Rational-distanziert	wenig Interaktion
Kritisch	hilflos
Kooperativ	Sagen, wo es langgeht
Sensibel-vermeidend	„Vertrau mir"

Auch die ausgelösten Interaktionsgefühle sind natürlich nicht „objektiv". Auch sie werden auf dem Hintergrund der eigenen Notfallregel erlebt und sind durch diese „eingefärbt". Es gilt also auch hier, die durch das eigene „Koordinatensystem" (vgl. Abbildung 33) vorhandenen Verschiebungen zu beachten.

5.2 Das Grundprinzip des Verhaltensexperiments

Bei Verhaltensexperimenten geht es darum, den eigenen Handlungsspielraum zu erweitern, die Richtigkeit der Notfallregel zu prüfen, von der Notfall- zur Entwicklungsregel zu gelangen und den eigenen Verhaltens- und Kommunikationsstil zu modifizieren. Diese Ziele sind aus der Sicht des Buches wichtige Schritte der Persönlichkeitsentwicklung. Die Erweiterung des eigenen Handlungsspielraumes und die Veränderung der Interaktion mit anderen Menschen sowie das Ausmaß, in dem soziale Situationen Stress auslösen, können weniger gut durch verändertes Denken beeinflusst werden als vielmehr durch aktives Tun, das Einüben anderer Verhaltensweisen, also der Erweiterung des Verhaltensrepertoires. Hierzu werden im Folgenden einige „Verhaltensexperimente" vorgestellt.

Sobald man unter Druck gerät, verengt sich, wie bereits dargestellt, das Verhaltensrepertoire. Es steht dann meist nur noch ein Verhaltensstil zur Verfügung, maximal kommen zwei Verhaltensstile zum Tragen. Der Problemlöseprozess, der in solchen stressigen Situationen automatisch abläuft, lässt sich mit dem Motto: „Mehr desselben Verhaltens- und Kommunikationsstils" beschreiben. Diese Problemlösestrategie bezeichnet Watzlawick (2009) als eine Lösung erster Ordnung. Der Nachteil dabei ist, dass oft genau im ineffektiven Lösungsversuch das Problem besteht. Die negativen Aspekte des jeweiligen Verhaltens- und Kommunikationsstils treten dann noch stärker zutage. Man begibt sich daher auf der Anspannungsachse weiter nach rechts, und die Situation kann schnell eskalieren.

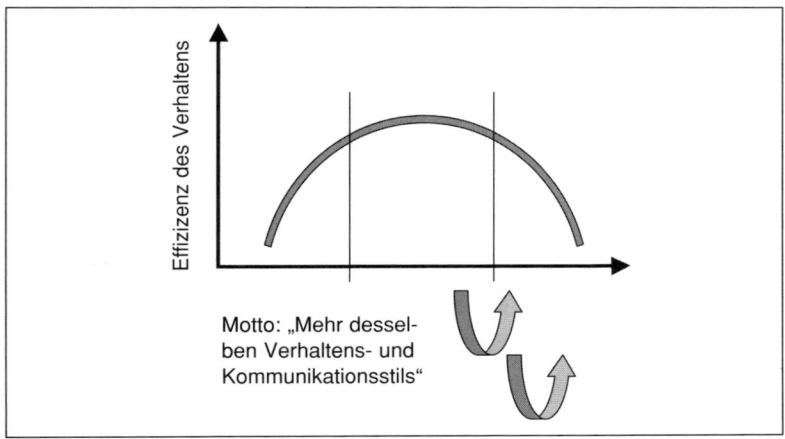

Abbildung 34: Lösungen erster Ordnung

Die nachfolgend vorgestellten Verhaltensexperimente stellen den Versuch dar, Lösungen zweiter Ordnung anzuregen. Es geht darum, etwas Anderes, etwas Unerwartetes zu tun, um der „vorprogrammierten" Eskalation in stressigen Situationen zu entgehen.

Diese Experimente werden am besten in abgestufter Form durchgeführt. Bei der Planung eines Verhaltensexperiments muss zuerst festgelegt werden, worin das Experiment inhaltlich bestehen soll. Es lassen sich drei Hauptgruppen unterscheiden: Die Exposition, kommunikative Übungen und veränderte Interaktionen. Wenn der Inhalt des Experiments feststeht, beginnt man damit, sich im ersten Schritt mögliche Situationen auszudenken, in denen man das jeweilige Experiment durchführen könnte. Am besten notiert man sich dazu Situationen aus verschiedenen Lebensbereichen wie Beruf, Familie, Umgang mit Freunden, Partnerschaft oder sonstige Situationen, in denen man sich nicht mehr gemäß der bisherigen Notfallregel verhalten möchte, da diese zu hohe „Kosten" erzeugt. Die genaue Durchführung der einzelnen Schritte wird nun im Folgenden ausführlich erläutert.

5.2.1 Situationsauswahl

Sammeln Sie zunächst möglichst zahlreiche Situationen aus den verschiedenen Lebensbereichen, die sich potenziell als Basis für ein Verhaltensexperiment eignen könnten (vgl. Kasten).

Übung: Situationsauswahl für Verhaltensexperimente 1

Im Beruf: _____

_____

_____

_____

In der Familie: _____

_____

_____

_____

Im Umgang mit Freunden: _____

_____

_____

_____

In der Partnerschaft: _____

_____

_____

_____

Sonstige Situationen: _____

_____

_____

_____

5.2.2 Hierarchisierung der Situationen

Im zweiten Schritt geht es dann darum, die Situationen nach ihren vermuteten Schwierigkeiten zu sortieren. Das beste Kriterium hierfür ist das Ausmaß, in dem das bisherige Verhalten in der jeweiligen Situation von der Notfallregel gesteuert wurde. Sortieren Sie die Situationen zunächst innerhalb der Situationsgruppen nach Schwierigkeit und entscheiden Sie dann, welche Situationsgruppe Ihnen insgesamt eher einfacher oder eher schwieriger erscheint. Sie sollten also am Ende über eine Liste verfügen, in der in allen Situationsgruppen die Situationen nach Schwierigkeitsgrad geordnet sind, je nachdem, wie Sie subjektiv deren Schwierigkeit einschätzen. Wählen Sie für Ihre Verhaltensexperimente zu Beginn Situationen aus, die Sie als eher leicht einstufen. Am besten beginnen Sie auch mit Situationen, die in einem Bereich liegen, dessen Bewältigung für Sie eher leicht erscheint. Führen Sie erst anschließend Verhaltensexperimente durch, die in Ihrer Hierarchie als schwieriger erscheinen.

Übung: Situationsauswahl für Verhaltensexperimente 2

Im Beruf: _____ eher schwierig

_____

_____

_____ eher leicht

In der Familie: _____ eher schwierig

_____

_____

_____ eher leicht

Im Umgang mit Freunden: _____ eher schwierig

_____

_____

_____ eher leicht

In der Partnerschaft: _____ eher schwierig

_____

_____

_____ eher leicht

Sonstige Situationen: _____ eher schwierig

_____

_____

_____ eher leicht

5.2.3 Vorbereitung des Verhaltensexperiments

Bevor Sie das eigentliche Verhaltensexperiment durchführen, sollten Sie die Durchführung gut vorbereiten. Beschreiben Sie zunächst die Situation, in der Sie das Experiment durchführen wollen, möglichst „objektiv". Wie würde die Situation aussehen, wenn Sie sie mit einer Videokamera festhalten würden? Beschreiben Sie anschließend den „normalen" Ablauf der Situation. Was würde normalerweise passieren, wenn Sie sich so wie gewohnt verhalten? Es geht also um das Verhalten, das Ihrer Notfallregel entsprechen würde.

Beschreiben Sie dann im nächsten Schritt das Zielverhalten, also das Verhalten, das angemessen wäre, wenn die Entwicklungsregel (vgl. Kapitel 2) stimmen würde.

Übung: Vorbereitung eines Verhaltensexperimentes 1 – Zielverhalten

Beschreibung der Situation: Was wäre mit einer Videokamera festzuhalten?

Ort: _____

Zeit: _____

Beteiligte Personen: _____

Was passiert unmittelbar vorher? _____

_____

Was macht/machen die jeweilige(n) andere(n) Person(en)? _____

_____

_____

Wie verhalten Sie sich normalerweise in dieser Situation?

Ich mache/sage: _____

_____

_____

_____

Wie müssten Sie sich verhalten, wenn Sie von der Entwicklungsregel überzeugt sind?

Ich mache/sage: _____

_____

_____

_____

Zusätzlich sollten Sie sich Gedanken dazu machen, wie sich wohl die andere beteiligte Person verhalten wird, was sie wohl tun oder sagen wird. Diese Prognose sollten Sie zweimal erstellen, einmal unter der Voraussetzung, dass die bisherige Notfallregel zutreffend ist, und einmal unter der Voraussetzung, dass die Entwicklungsregel zutreffend ist. Schätzen Sie dann die Wahrscheinlichkeit der jeweiligen Reaktion der anderen Person ein.

Da eine soziale Situation prinzipiell nicht exakt planbar ist und die Reaktion des Interaktionspartners ebenfalls grundsätzlich nicht vorhersehbar ist, ist der Ausgang eines Verhaltensexperiments grundsätzlich offen. Da es im Prinzip unendlich viele soziale Konstellationen gibt, kann es natürlich auch sein, dass der jeweilige Interaktionspartner ein „extremes" Verhalten zeigt. Ist dies der Fall, so ist das häufig nur ein „Ausreißer" im Verhalten, und es gilt weitere Situationen aufzusuchen, um zu sehen, wie hoch die statistische Wahrscheinlichkeit einer solchen Extremreaktion ist. Man sollte sich vor einem Verhaltensexperiment überlegen, was grundsätzlich alles passieren könnte, und sich Strategien für die möglichen Reaktionen des Interaktionspartners überlegen, auch für eine eher selten auftretende Extremreaktion.

Übung: Vorbereitung eines Verhaltensexperiments 2 – mögliche Reaktionen

Was würde die andere Person sagen/machen, wenn die bisherige Regel stimmen würde?

Die Person würde sagen/machen _____

_____

Wie hoch ist die Wahrscheinlichkeit für diese Reaktion von 0 bis 100 %?
_____ %

Was würde die andere Person sagen/machen, wenn die Entwicklungsregel stimmen würde?

Die Person würde sagen/machen: _____

_____

Wie hoch ist die Wahrscheinlichkeit für diese Reaktion von 0 bis 100 %?
_____ %

Was könnte die andere Person sonst noch machen/sagen?

a) Die Person könnte sagen/machen: _____

_____

Wie hoch ist die Wahrscheinlichkeit für diese Reaktion von 0 bis 100 %?
_____ %

Wie könnten Sie darauf reagieren? _____

_____

b) Die Person könnte sagen/machen: _____

_____

Wie hoch ist die Wahrscheinlichkeit für diese Reaktion von 0 bis 100 %?
_____ %

Wie könnten Sie darauf reagieren? _____

_____

Welche Reaktion der anderen Person ist aus Ihrer Sicht die wahrscheinlichste?

_____

5.2.4 Dokumentation des Verhaltensexperiments

Unmittelbar nach dem Verhaltensexperiment sollten Sie sich kurz Zeit nehmen, um das Experiment zu dokumentieren. Dazu sollten Sie zunächst die Rahmenbedingungen festhalten (Ort, Zeit, andere Personen). Danach sollten Sie möglichst genau Ihr eigenes Verhalten beschreiben. Was haben Sie genau getan oder gesagt? Dies dient dazu, zu überprüfen, ob Sie das vorher festgelegte Zielverhalten ausgeführt haben oder ob Sie sich anders verhalten haben. Notieren Sie auch die Reaktion der anderen Person(en). Was genau hat die andere Person gemacht? Halten Sie abschließend noch das Ausmaß Ihrer Nervosität während des Experiments und die körperlichen Stresssymptome fest, die bei Ihnen während des Experiments auftraten.

Übung: Dokumentation eines Verhaltensexperiments

Ort: _____

Zeit: _____

Beteiligte Personen: _____

Was haben Sie genau getan/gesagt? _____

_____

_____

Was haben die anderen beteiligten Personen genau gesagt/getan? _____

_____

_____

Wie haben Sie sich während der Durchführung gefühlt?

Schätzen Sie Ihre Nervosität von 1 bis 100 ein: _____

Körperliche Wahrnehmungen: _____

_____

5.2.5 Reflexion des Verhaltensexperiments

Die Dokumentation des Experiments sollte wie erwähnt möglichst unmittelbar nach der Durchführung des Experiments erfolgen. Der nächste Schritt, die Reflexion, kann dagegen auch etwas später angegangen werden. Bei der Reflexion geht es darum, das Experiment zu bewerten und in den Veränderungsprozess einzuordnen. Dazu sollten Sie sich als erstes fragen, was der Ausgang des Experiments für die Richtigkeit der bisherigen Notfall- bzw. der Entwicklungsregel bedeutet. Anschließend sollten Sie sich Gedanken darüber machen, inwieweit man dieses Ergebnis auf andere Situationen übertragen kann bzw. wo evtl. Einschränkungen in der Übertragbarkeit vorliegen könnten. Überlegen Sie dann, welche Verhaltensexperimente evtl. noch durchgeführt werden sollten, um Aussagen hinsichtlich der Angemessenheit der bisherigen Notfall- bzw. der Entwicklungsregel machen zu können. Anschließend sollten Sie darüber nachdenken, in welcher Situation Sie das Experiment wiederholen könnten. Schließlich sollten Sie aus Ihrer Liste mit Situationen für Verhaltensexperimente eine weitere Situation auswählen (vgl. Kapitel 5.2.2), die etwas schwieriger ist, und überlegen, wie das nächste Experiment aussehen könnte.

Übung: Reflexion des Verhaltensexperiments

Was bedeutet der Ausgang des Experiments für die bisherige Regel bzw. die Entwicklungsregel?

_____

_____

Was kann evtl. auf andere Situationen übertragen werden?

_____

_____

Worin liegen mögliche Einschränkungen bei der Übertragung auf andere Situationen?

_____

_____

Was müsste noch untersucht werden?

In welcher Situation kann das gleiche Experiment wiederholt werden?

Wie könnte das nächste (ein anderes) Experiment aussehen?

5.3 Exposition

Wie im Kapitel 2 beschrieben, gibt es bei jedem Menschen gewisse Bereiche in der zwischenmenschlichen Interaktion, bei denen er versucht, diese zu vermeiden. Die Anweisung dazu gibt ihm seine jeweilige Notfallregel. Man hat gelernt, dass gewisse Situationen ähnlich einem Minenfeld sind, man meidet es besser, als dass man es betritt. Gewisse Charakteristiken von Situationen dienen dann im weiteren Verlauf des Lebens als Hinweis darauf, dass man in Gefahr geraten könnte, vermintes Gelände zu betreten. Wie ist die Wahrnehmung dieser Situationen als potenzielle Minenfelder entstanden? Genau lässt sich dies natürlich nicht mehr aufklären, es brächte auch eher wenig, wenn man den Lernprozess im Detail nachvollziehen könnte. Man kann jedoch mit ziemlicher Sicherheit sagen, dass diese Lern- und Einschätzungsprozesse in der Kindheit stattgefunden haben. Lernprozesse in dieser Zeit haben wie schon oben beschrieben einige Eigenschaften, die sie von späteren Lernvorgängen unterscheiden. Man ist in der Kindheit besonders lernfähig und lernwillig, besonders wenn soziale Lernprozesse betroffen sind. Daher sind diese frühen Lernerfahrungen sehr prägend. Frühe Lernerfahrungen haben ein größeres Gewicht, als ihnen eigentlich zustehen würde, da ihre gedächtnismäßige Repräsentanz überdimensional ist. Würde ein Kind die gleiche Erfahrung einige Jahre später machen, wäre diese sicherlich relativ bedeutungsloser, als sie das in der Kindheit ist.

Hinzu kommt noch ein weiteres zentrales Problem: Das Kind versucht ständig, sich einen Reim auf die Welt zu machen. Dies gelingt ihm jedoch nur sehr unvollständig, da es noch nicht über alle geistigen Funktionen verfügt, um sich ein reales Abbild der Welt und ihrer Interpretation der Zusammenhänge machen zu können. So hat ein Kind bis ca. zum dritten Lebensjahr noch keine voll differenzierte Sprache zur Verfügung, es denkt bis zu diesem Zeitpunkt eher in Bildern. Eine logische Analyse und eine Benennung der Sachverhalte in seiner sozialen Welt kann daher nicht erfolgen. Auch wenn ein Kind über eine differenzierte Sprache verfügt, denkt es noch eine ganze Zeit lang unlogisch. Erst in der Pubertät, etwa ab dem 15. Lebensjahr, verfügt das Kind zumindest prinzipiell über die Fähigkeit, alle formallogischen Operationen, wie z. B. die Implikation, die Deduktion, die Induktion, die Negation der Implikation etc., zu verstehen. Ab diesem Zeitpunkt kann es sich im Prinzip erst ein einigermaßen valides Bild über das Funktionieren der Welt machen. Die früheren Versuche, sich einen Reim auf die Welt zu machen, sind daher eigentlich zum Scheitern verurteilt, da sie an den Grenzen der formalen Logik scheitern.

All das führt dazu, dass jeder Mensch eine Reihe von Hypothesen über das Funktionieren der Welt besitzt, die unter den oben angeführten Bedingungen entstanden sind und die dabei nur bedingt der „realen" Welt entsprechen müssen, die jedoch trotzdem sehr wirksam das Verhalten steuern können. Aufgrund der beschriebenen Lernprozesse kann es leicht dazu kommen, dass man das ganze Leben hindurch bestimmte Situationen für tatsächliche Minenfelder hält, obwohl sie vielleicht in Wirklichkeit gar keine realen Minenfelder sind. In einem Alter, in dem man noch gar nicht so recht wissen konnte, was Minen eigentlich sind, wurden bestimmte Situationen als vermeintliche Minenfelder identifiziert, und diese Einschätzung wurde dann für immer aufrechterhalten. Einen Teil des (scheinbaren) Wissens über Minen übernehmen wir auch von unseren Eltern, die in der frühen Lebensphase wichtige Ratgeber für uns sind.

Ziel einer Persönlichkeitsentwicklung sollte es sein, sich mit den scheinbar verminten Gebieten der sozialen Interaktion zu beschäftigen. Es geht darum, zu prüfen, ob das verminte Terrain tatsächlich vermint ist oder ob es sich bei den Hypothesen hierzu um einen Lernfehler handelt, der bis heute nicht korrigiert wurde. Eine Entwicklung findet immer dann statt, wenn eine Person ihren Handlungsspielraum erweitert.

5.3.1 Warum wurde bisher die Angst aufrechterhalten?

Dies geschieht durch den Prozess der Vermeidung. Menschen machen in der Regel einen möglichst großen Bogen um diejenigen Dinge und Situationen, die ihnen Angst einflößen. Diese an sich sehr sinnvolle Strategie hat jedoch einen Nachteil: Durch die Vermeidung der Situation hat man keine Möglichkeit, die entsprechenden Angstauslöser als irrelevant zu entlarven. So wird dann eine irrationale und eigentlich nicht gerechtfertigte Angst aufrechterhalten, die das Verhalten einschränkt, ohne dass dies nötig wäre.

Natürlich gibt es auch reale Minenfelder im Bereich der sozialen Interaktion. Die Erfahrung zeigt jedoch, dass viele Menschen sich häufig vor Situationen ängstigen, die nur so ähnlich wie Minen aussehen, sich aber beim genaueren Hinsehen nur als Minenattrappen entpuppen. Es geht also darum, reale aversive Elemente von nur scheinbar aversiven Elementen unterscheiden zu lernen. Dies geht nur, wenn man dazu bereit ist, Situationen gezielt aufzusuchen, die man bisher vermieden hat. Nur so kann die Erfahrung gemacht werden, ob eine Situationen tatsächlich aversiv ist oder ob man sie nur für aversiv hält und sie in Wirklichkeit sehr viel undramatischer ist. Man muss sich also der vermeintlich aversiven Situation aussetzen (Exposition), sich mit ihr konfrontieren, also die bisherige Vermeidung der Situation unterlassen.

Diese Erkenntnis ist nicht neu, sie wird aber sehr oft ignoriert. Von Goethe wird berichtet, dass er starke Angst vor Höhe und vor Blut hatte. In seinem Werk „Dichtung und Wahrheit" beschreibt er, wie er sich gezielt in Schlachthöfen und auf dem Straßburger Münster, das damals gebaut wurde, aufhielt, bis sich seine Angst verflüchtigte; von ihm stammt der Satz:

„Tue was du befürchtest und die Angst stirbt einen sichern Tod"

Die moderne Psychologie würde dies heute zwar etwas anders formulieren, die Grundaussage ist jedoch nach wie vor richtig. Nachfolgend werden zwei dabei sehr relevante Prozesse beschrieben: die Habituation und die Exposition.

5.3.2 Der Prozess der Habituation

Den Prozess der Habituation kann man sehr schön demonstrieren, indem man Personen gezielt Situationen aussetzt, die praktisch bei jedem Menschen Angst erzeugen. Sehr gut geht dies mit den Elementen Höhe und Wasser, für die wir alle eine gewisse ängstliche Haltung von unseren Vorfahren geerbt haben. Es

war und ist evolutionär sehr sinnvoll, sich in der Höhe und in der Nähe von
Wasser eher vorsichtig zu bewegen. Alle diejenigen, die dies nicht taten, hatten
nur eine sehr geringe Chance, unsere Vorfahren zu werden, da sie entweder
irgendwo heruntergefallen oder ertrunken sind. Die Angst vor Höhe und Wasser ist also funktional und universell.

Beispiel: Wenn man mit den Elementen Höhe und Wasser arbeiten möchte, kann
man die objektive Schwierigkeit und Bedrohlichkeit der Situation gut abstufen.
Man könnte bei einer Kletter- bzw. Abseilübung die Abstufungen so wählen,
dass die Konsequenzen, beispielsweise eines Seilrisses, immer dramatischer
werden würden. Als eine relativ wenig bedrohliche Situation könnte man das
trockene Abseilen nehmen, d. h. die Person hat Kontakt zum Fels. Die nächst-
schwierigere Situation wäre das freie Hängen in einer Seilbahn, d. h., man hätte
keinen Kontakt mehr zum Fels, sondern würde in der Luft „schweben". In der
nächsten Stufe könnte man noch das Element Wasser hinzunehmen und die
Person an einer Brücke in das Wasser abseilen. Die bedrohlichste Situation wäre
gegeben, wenn man die Person an einem überhängenden Wasserfall abseilen
würde. In den jeweiligen Situationen kann man dabei die Herzfrequenz als
einen zentralen Stressparameter sehr valide und ökonomisch messen. Die Stei-
gerung der Herzfrequenz ist ein sehr gutes Maß für das Ausmaß der Stressreaktion. Abbildung 35 zeigt die durchschnittlichen Herzfrequenzen einer großen
Gruppe von Teilnehmern an der oben dargestellten Kletter- bzw. Abseilübung.

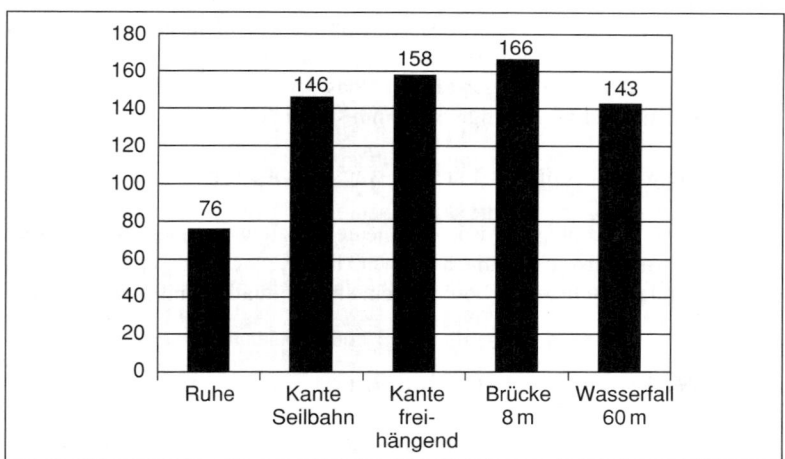

Abbildung 35: Durchschnittliche Herzfrequenzen in verschiedenen schwierigen Situationen

Wie man sehen kann, erzeugen die Elemente Höhe und Wasser tatsächlich sehr viel Stress. Die durchschnittliche Ruhefrequenz verdoppelt sich fast schon in der ersten Situation. Man muss dabei bedenken, dass die Personen in der Situation keinerlei körperliche Leistung vollbringen müssen, sie stehen einfach da, den Rest erledigt die Schwerkraft. Die dabei auftretenden Herzfrequenzen gehen also nicht auf reale körperliche Anstrengung, sondern alleine auf die psychische Anspannung zurück. Diese Anspannung ist dabei so hoch, dass sich die physiologischen Parameter in einem Bereich bewegen, der einem sehr intensiven körperlichen Ausdauertraining entspricht. Wenn nun die Situation objektiv schwieriger wird, steigt tatsächlich die Herzfrequenz in einem gewissen Bereich nahezu linear mit der objektiven Schwierigkeit der Situation an. Dies entspricht auch der Erwartung: Je bedrohlicher die Situation ist, desto stärker sollte auch die Stressreaktion sein. Erstaunlich ist jedoch, dass in der objektiv bedrohlichsten Situation, einem Wasserfall mit 60 Meter Höhe, die Herzfrequenzen der Teilnehmer plötzlich *geringer* werden. Eigentlich müssten sie in dieser Situation am höchsten sein, da die Situation objektiv gesehen am bedrohlichsten ist. Wie lässt sich der Rückgang erklären? Die Personen hatten zu diesem Zeitpunkt bereits einige Erfahrung in der Auseinandersetzung mit Höhe und mit Wasser, sie waren schon einige Zeit in der bedrohlichen Situation. Diese Erfahrung führt offensichtlich dazu, dass die Heftigkeit der Stressreaktion nachlässt, auch in Situationen, in der sie eigentlich ansteigen müsste. Diesen Effekt bezeichnet man als *Habituation*.

Merke:

Wenn man sich in eine gefürchtete Situation hineinbegibt, so steigt zunächst die Anspannung wie erwartet auch an. Je schwieriger die Situation wird, desto mehr steigt die Anspannung. Der Zusammenhang ist zunächst linear. In der Regel versucht man dann, die Situation zu verlassen oder zu beenden, da man aufgrund des bisher erlebten Verlaufs zu der Einschätzung gelangt, dass die physiologischen Stressparameter stetig ansteigen werden. Dies würde im Extremfall zu einem unangenehmen Körpergefühl und zu einem Kontrollverlust in der Form führen, dass man nicht mehr in der Lage wäre, effizient zu handeln. Die rationale Reaktion auf diese Einschätzung ist die Flucht aus dieser Situation. Durch diese verständliche Reaktion hat man jedoch nie die Chance, zu erleben, dass der tatsächliche Verlauf der physiologischen Reaktion ein anderer ist als der angenommene bzw. befürchtete Verlauf. In Wirklichkeit ändert sich der Verlauf der physiologischen Reaktion nach einer gewissen Zeit. Nach einem zunächst linearer Anstieg kommt es zu einem automatischen *Abfall* der Anspannung. Die gedankliche Einschätzung des Verlaufs der Anspannungskurve ist also falsch. Um zu erleben, dass die Anspannung nicht stetig zunimmt, muss man sich der gefürchteten Situation immer wieder für längere Zeit aussetzen und so lange in der Situation verbleiben, bis es zu einem Abfall der Anspannung kommt. Wir erinnern uns an Goethe: „Tue, was du befürchtest und die Angst stirbt einen sicheren Tod".

5.3.3 Der Prozess der Exposition

In der Erfahrung, dass sich die physiologischen Parameter nicht wie erwartet bzw. wie befürchtet verändern, sondern dass es zu einer physiologischen *Entspannung* kommt, wenn man sich der schwierigen Situation aussetzt, liegt der Schlüssel zur Veränderung der Angst (vgl. Abbildung 36).

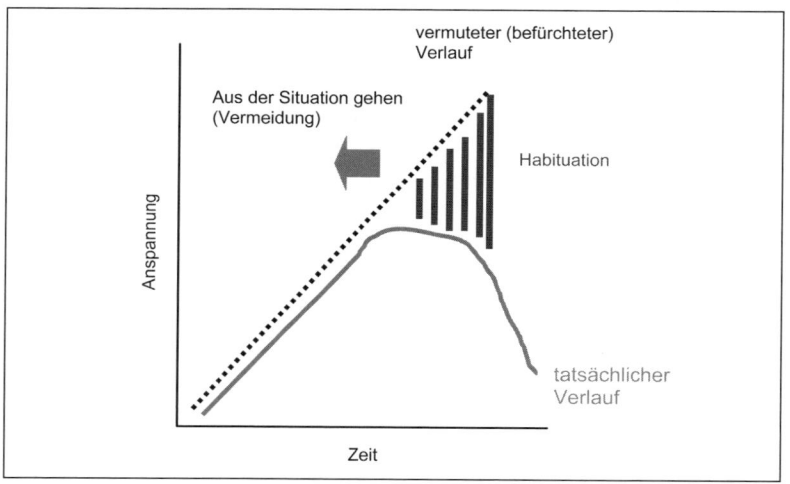

Abbildung 36: Prinzip der Exposition

Die Angst vor der Angst und der Umgang mit der Angst werden so verändert. Um diesen Effekt zu erreichen, ist es notwendig,
1. sich absichtlich der gefürchteten Situation auszusetzen,
2. möglichst lange in der Situation zu bleiben und
3. die gefürchteten Situationen möglichst häufig aufzusuchen.

Man sollte möglichst häufig den vermeintlich paradoxen Effekt der Abnahme der physiologischen Reaktion in bedrohlichen Situationen erfahren.

5.3.4 Erklärungen für die Wirksamkeit der Exposition

Die Exposition ist nachweislich die effizienteste Art des veränderten Umgangs mit Angst. Man geht in der Psychologie sogar so weit, bei der Behandlung von Ängsten einen Verzicht auf Exposition als einen Kunstfehler zu betrachten. Wie kann man sich die Wirkung der Exposition erklären? Früher ging man davon aus, dass sich die Lernvorgänge (Konditionierungen) in Form von Nervenverbindungen in der „Amygdala", einem Gehirnkern, der bei der Entstehung von Angst eine große Rolle spielt (vgl. Kapitel 2), quasi rückgängig gemacht werden können, indem man die Nervenfasern „ent-verbindet". Heute weiß man, dass dies neurophysiologisch nicht so ist. Es scheint eher so zu sein, dass die synaptischen Verbindungen in der Amygdala bestehen bleiben, dass die elektrische Aktivität diese Verbindungen aber durch präfrontale Gehirnzentren sehr stark beeinflussen kann (vgl. Abbildung 37). Das heißt, dass die Angst zwar prinzipiell bestehen bleibt, dass man aber über präfrontale Gehirnzentren die Möglichkeit hat, mit der Angst umzugehen, sie gezielt durch Lernvorgänge zu hemmen.

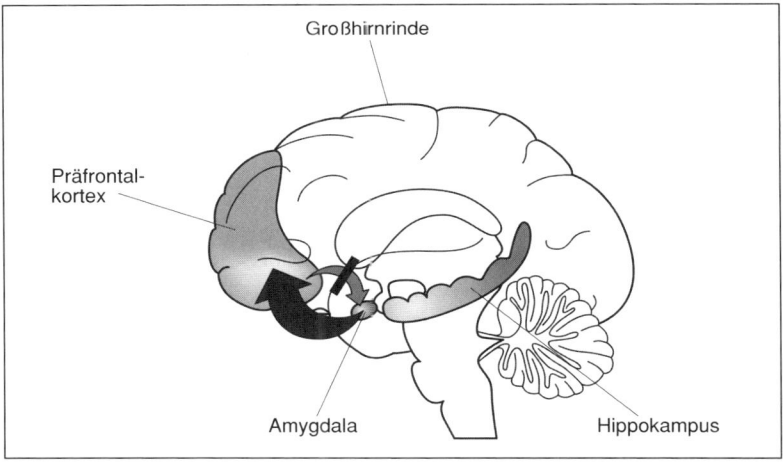

Abbildung 37: Bei der erstmaligen Konfrontation wird der Präfrontalkortex sehr stark durch die Amygdala gesteuert.

Das Ergebnis ist letztendlich das gleiche, man darf jedoch von einer Exposition nicht erwarten, die Angst würde sich „auflösen" und ganz verschwinden. Eher sollte man davon ausgehen, dass die Angst im Prinzip noch da ist, sie jedoch das Handeln in keiner Weise mehr beeinträchtigt. Ziel ist es nicht, die Emotion (Angst) zu unterdrücken, sondern sie auf ein angemessenes Niveau zu reduzieren und sich so auf andere Aspekte der sozialen Situation konzentrieren zu können. Eine direkte Ent-Koppelung der Amygdalaverbindungen wäre evtl. dann denkbar, wenn die Exposition an immer genau gleiche Auslösebedingungen erfolgen könnte. Bei sozialen Situationen ist dies jedoch nicht möglich, da sich diese nicht beliebig und identisch reproduzieren lassen.

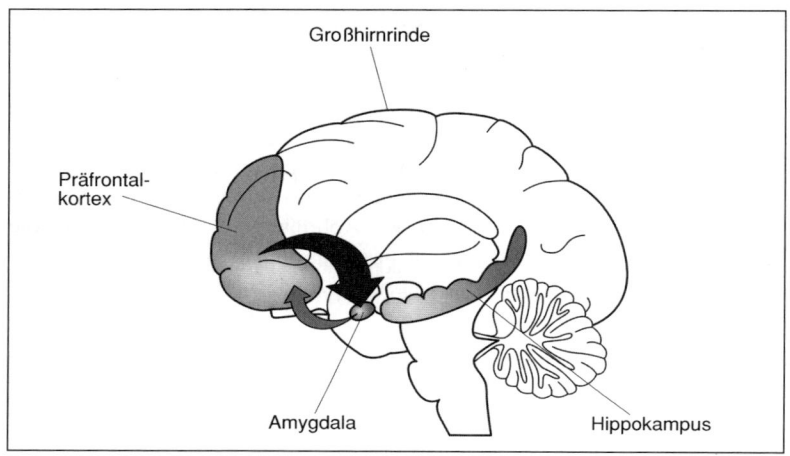

Abbildung 38: Bei mehrfacher Konfrontation wird die Steuerung durch den Präfrontalkortex dominanter

Die Exposition bewirkt ein bewusstes Auseinandersetzen mit der Situation. Die präfrontalen Gehirnteile sind immer aktiv, wenn es um bewusstes Handeln geht. Durch dieses bewusste Auseinandersetzen mit der angstauslösenden Situation erfährt man, dass es Motive gibt, die stärker sind als die Angst, dies führt zu einer höheren internen Kontrollüberzeugung. Zusätzlich wird die Mut-Komponente im Verhalten gestärkt (vgl. Abbildung 38).

5.3.5 Ziele der Exposition

Nun ist es ja in der Regel eher nicht notwendig, dass man sich wie im Beispiel in Kapitel 5.3.2 an Höhe und an Wasser gewöhnt. Da man normalerweise eher selten mit Wasserfällen konfrontiert wird, muss man eine evtl. bestehende Angst vor Höhe in Kombination mit Wasser nicht unbedingt bewältigen. Worauf es jedoch im privaten und beruflichen Leben ankommt, ist der adäquate Umgang mit Ängsten in sozialen Situationen. Ängste können dazu führen, dass bestimmte soziale Situationen vermieden werden, wodurch unsere Bewegungsfreiheit eingeschränkt wird. Durch Expositionsübungen kann überprüft werden, ob es sich bei den vermeintlich bedrohlichen Situationen um tatsächliche Minenfelder oder nur um Schein-Minenfelder handelt. An welche Angst nun die Exposition erfolgen soll, hängt mit der Überlebensregel und der in ihr enthaltenen zentralen Angst zusammen (vgl. Kapitel 3).

In Tabelle 6 sind die zentralen Ängste der typischen Verhaltens- und Kommunikationsstile aufgelistet. Um den eigenen Handlungsspielraum zu erweitern, sich von alten Beschränkungen zu befreien, ist es empfehlenswert bzw. entwicklungsfördernd, sich diesen Ängsten zu stellen.

Tabelle 6: Expositionsziele für die jeweiligen Verhaltens- und Kommunikationsstile

Selbst-bezogen	– sich in sozialen Situationen zurücknehmen – anderen Personen die Kontrolle überlassen – zweitrangig sein – Fehler/Schwächen eingestehen – Kommunikation auf Augenhöhe (der anderen Person die Augenhöhe zugestehen) – Kritik ertragen und aktiv einfordern
Dramati-sierend	– „im Publikum" sein, nicht „auf der Bühne" – unbemerkt sein – sachlich-rational argumentieren – knapp kommunizieren – Aktivitäten alleine unternehmen
Gewissen-haft	– unklare Situationen aufsuchen – anderen Personen die Kontrolle überlassen – Gefühle ansprechen – Genuss/Müßiggang/Entspannung systematisch erzeugen – eigenen Impulsen spontan nachgeben
Kritisch	– offen widersprechen – Kritik offen äußern – Forderungen anderer Personen direkt ablehnen – anderen Personen offen Feedback geben
Rational-distanziert	– Nähe/Kontakt aushalten – Gefühle bei sich und bei anderen Personen benennen und validieren – Kontakt aufnehmen zu bisher unbekannten Personen – bestehende Kontakte intensivieren
Sensibel-vermei-dend	– Forderungen klar stellen – Forderungen anderer Personen klar ablehnen – Öffentliche Beachtung aushalten – andere Personen aktiv kritisieren
Kooperativ	– alleine sein – eigene Wünsche wahrnehmen – eigene Wünsche klar formulieren

Erstellen Sie aus den oben beschriebenen Expositionszielen einen Plan für Verhaltensexperimente. Gehen Sie dabei wie in Kapitel 5.2 beschrieben vor. Wählen Sie also die Situationen für die Exposition so aus, dass Sie mit leichten Situationen beginnen und dann zu schwereren Situationen übergehen. Den kontraintuitiven Effekt des Spannungsabfalls sollten Sie dabei so oft wie möglich erleben.

5.4 Kommunikative Experimente

In diesem Kapitel geht es um Verhaltensexperimente im Bereich der Kommunikation. Dazu werden zuerst diejenigen Aspekte der Kommunikation identifiziert, an denen gearbeitet werden sollte. Es ergibt keinen Sinn, kommunikative Ziele zu definieren, die für alle Menschen gleich relevant sind. Relevante Ziele sind nur individuell zu bestimmen. Danach werden Vorübungen zu den jeweiligen Aspekten vorgestellt. Im dritten Abschnitt geht es dann um die Umsetzung in konkreten Interaktionen.

5.4.1 Lernziele in Bezug auf Kommunikation

Ein weites Feld für Verhaltensexperimente stellt der Bereich der Kommunikation dar. Dabei ist zunächst zu überlegen, *was* bei der Kommunikation gewinnbringend verändert werden könnte. Diese Veränderungsthemen sind für jeden Menschen unterschiedlich und hängen vom jeweiligen Verhaltens- und Kommunikationsstil ab. In Tabelle 7 finden sich die Aspekte der Kommunikation, die beim jeweiligen Verhaltens- und Kommunikationsstil weniger ausgeprägt sind und daher gezielt geübt werden sollten. Zudem sind einige sinnvolle kommunikative Vorübungen aufgelistet, die im Kapitel 5.4.2 noch genauer beschrieben werden.

Tabelle 7: Welcher Aspekt sollte in der Kommunikation gezielter geübt werden?

Verhaltens- und Kommunikationsstil	Zu stärkender Aspekt in der Kommunikation	Vorübung
Selbstbezogen	– Authentische (!) Selbstkundgabe (keine Selbstdarstellung)	/
Dramatisierend	– Sachaspekt – Knapper formulieren – Reduktion der Kommunikationsfrequenz	– Trennung Sache – Bewertung – Einfachheitsindex

Tabelle 7: Welcher Aspekt sollte in der Kommunikation gezielter geübt werden? (Fortsetzung)

Verhaltens- und Kommunikationsstil	Zu stärkender Aspekt in der Kommunikation	Vorübung
Rational-distanziert	– Selbstkundgabeaspekt – Erhöhung der Kommunikationsfrequenz	– Ich-Botschaften – Gefühle benennen und validieren – Gesprächsaufbau
Kritisch	– Appellaspekt – Selbstkundgabeaspekt	– Formulierung von Kritik – Ich-Aussagen
Gewissenhaft	– Selbstkundgabeaspekt	– Ich-Botschaften – Gefühle benennen und validieren
Sensibel-vermeidend	– Appellaspekt	– Forderungen stellen und durchsetzen
Kooperativ	– Appellaspekt	– Eigene Wünsche formulieren – Forderungen stellen

5.4.2 Kommunikative Vorübungen

In diesem Abschnitt werden einige kommunikative Vorübungen beschrieben, um die Verhaltensexperimente vorzubereiten. Die meisten Übungen sind dabei schriftlicher Art. Die Übungen befassen sich mit jeweils unterschiedlichen Aspekten von Äußerungen. Im Einzelnen sind es Übungen zu folgenden Fertigkeiten:

1. Gefühle bei sich selbst und bei anderen Personen benennen und validieren.
2. Gedanken und Gefühle trennen.
3. Sachlich beschreiben.
4. Ich- und Du-Aussagen.
5. Forderungen stellen und Forderungen ablehnen, klare Appelle formulieren.
6. Formulierung von Kritik.
7. Der Einfachheitsindex.
8. Beispiellösungen.

Bei den verschiedenen in Kapitel 4 beschriebenen Verhaltens- und Kommunikationsstilen sind meist eine oder zwei kommunikative Ebenen stark ausgeprägt. Der jeweiligen Person fällt es leicht, Botschaften auf diesen Ebenen zu
formulieren. Bei jedem der Stile gibt es jedoch auch eine oder zwei Ebenen,
auf denen es der jeweiligen Person eher schwerfällt, Botschaften zu formulieren. Botschaften auf diesen Ebenen sind in der täglichen Kommunikation meist
eher unterrepräsentiert. Die nachfolgend beschriebenen Übungen dienen dazu,
diese jeweils eher schwach ausgeprägte Ebene zu üben. Es handelt sich bei
allen Übungen jedoch nur um Vorübungen, die anschließend in Form von Verhaltensexperimenten nochmals ausführlich durchgeführt werden sollten.

5.4.2.1 Gefühle bei sich selbst und anderen benennen und validieren

Bei dieser Übung geht es darum, den Selbstkundgabeaspekt systematisch zu
trainieren. Dies geschieht am besten dadurch, dass man die eigenen Gefühle
benennt. Ebenso kann man die Gefühle des Gegenübers benennen und sich
bestätigen lassen, ob die Einschätzung korrekt ist oder nicht.

Es gibt keine allgemein verbindliche Systematik, in der man Gefühle gruppie-
ren kann. Die hier vorgestellte Systematik lehnt sich an Sulz (2005) an.

Die Unterscheidung erfolgt dabei in vier Emotionsgruppen:
• Freude,
• Traurigkeit,
• Angst,
• Ärger, Wut.

Diese vier Grundgefühle lassen sich wie in Tabelle 8 dargestellt noch weiter
differenzieren.

Der Gebrauch von Begriffen, die Emotionen benennen, kann nun auf zwei
Arten geübt werden. Man kann sich z.B. vornehmen, mehrmals täglich Aussagen zu formulieren, die das eigene emotionale Empfinden widerspiegeln.
Zudem kann man auch bei anderen Personen Emotionen benennen und sich
die Richtigkeit der Interpretation dann bestätigen oder korrigieren lassen.
Dieses Vorgehen hat zwei Effekte: Einerseits benutzt man Worte, die Emotionen widerspiegeln, andererseits muss man sein Augenmerk auf den emotionalen Ausdruck des Gegenübers legen, um die ihn jeweils betreffende Emotion
benennen zu können. Versuchen Sie zunächst die vier Grundemotionen zu
benennen und gehen Sie nach einiger Zeit der Übung mit diesen Grundemotionen dazu über, auch die differenzierteren Emotionen zu benennen.

Tabelle 8: Gefühle

Freude	Traurigkeit	Angst	Ärger, Wut
– Begeisterung	– Verzweiflung	– Anspannung	– Missmut
– Glück	– Sehnsucht	– Verlegenheit	– Ungeduld
– Übermut	– Einsamkeit	– Selbst-	– Trotz
– Vertrauen	– Langeweile	unsicherheit	– Hass
– Dankbarkeit	– Enttäuschung	– Unterlegenheit	– Verachtung
– Zufriedenheit	– Beleidigtsein	– Scham	– Misstrauen
– Stolz	– Mitgefühl	– Schuldgefühl	– Neid
– Selbstvertrauen		– Reue	– Eifersucht
– Gelassenheit		– Sorge	
– Überlegenheit		– Ekel	

5.4.2.2 Gedanken und Gefühle

Ziel der folgenden Übung ist es, zu lernen, Gedanken und Gefühle klar zu trennen. Diese Übung eignet sich dazu, die Sachebene klarer zu formulieren und dabei gleichzeitig Botschaften auf der Selbstkundgabeebene zu „minimieren".

Übung: Gedanken – Gefühle

In der Umgangssprache werden Gedanken und Gefühle oft vermischt. Meist ist dies auch unproblematisch. Zum Verstehen und Lösen von Problemen kann diese Unterscheidung jedoch sehr hilfreich werden. Prüfen Sie, ob folgende Äußerungen Gefühle oder Gedanken sind. Die Lösung finden Sie auf Seite 213 im Anhang.

– Ich fühle mich ausgelaugt.	☐ Gedanke	☐ Gefühl
– Ich habe das Gefühl, er/sie mag mich nicht.	☐ Gedanke	☐ Gefühl
– Ich habe das Gefühl, dass es schlimm ist, wenn ich die Antwort nicht weiß.	☐ Gedanke	☐ Gefühl
– Ich habe Angst vor dem Vortrag.	☐ Gedanke	☐ Gefühl
– Ich habe das Gefühl, dass mich die anderen für blöd halten.	☐ Gedanke	☐ Gefühl
– Ich denke, dass ich traurig bin.	☐ Gedanke	☐ Gefühl
– Ich glaube, ich habe einen Fehler gemacht.	☐ Gedanke	☐ Gefühl
– Ich habe das Gefühl, ein Versager zu sein.	☐ Gedanke	☐ Gefühl

5.4.2.3 Sachlich beschreiben

Die folgende Übung hat ebenfalls zum Ziel, die Sachebene klarer zu formulieren und dabei den Sachverhalt von der persönlichen Bewertung zu trennen.

Übung: Beschreibung und Interpretation von Verhalten trennen

Kreuzen Sie hinter jeder der folgenden Aussagen an, ob es sich um eine reine *Beschreibung von Verhalten* handelt oder um die *Interpretation des Verhaltens*. Die Lösung finden Sie auf Seite 213 im Anhang.

Herr A hat den Ausflug sehr gut vorbereitet.	☐ Beschreibung ☐ Interpretation
Herr F ist häufig abweisend.	☐ Beschreibung ☐ Interpretation
Auf Frau C kann man sich nicht verlassen.	☐ Beschreibung ☐ Interpretation
Frau D kam in den letzten drei Wochen viermal zu spät zu einer Verabredung.	☐ Beschreibung ☐ Interpretation
Aus Mangel an Selbstbewusstsein wirkt Herr B unsicher.	☐ Beschreibung ☐ Interpretation
Herr E hat sein Auto in der letzten Woche dreimal auf den falschen Parkplatz gestellt.	☐ Beschreibung ☐ Interpretation
Frau G ist immer sofort aufbrausend und ungerecht.	☐ Beschreibung ☐ Interpretation
Herr H trickst seine Mitmenschen häufig aus.	☐ Beschreibung ☐ Interpretation

---

5.4.2.4 Ich- und Du-Aussagen

Häufig kann man eine Beziehungsäußerung in Form einer Du-Aussage auch in eine Selbstkundgabeäußerung in Form einer Ich-Aussage formulieren. Die folgende Übung soll dazu dienen, auf der Selbstkundgabeseite klarere Formulierungen zu finden.

Übung: Ich- und Du-Aussagen

Formulieren Sie die Du-Aussagen in den jeweils beschriebenen Situationen zu Ich-Aussagen um. Eine Beispiellösung finden Sie auf Seite 214 im Anhang.

Situation	Du-Formulierung	Ich-Formulierung
Der Mann kommt später als erwartet nach Hause.	„Wo warst du denn die ganze Zeit?"	
Ein Freund zu einem anderen Freund.	„Du lässt dich in der letzten Zeit überhaupt nicht mehr sehen."	
Mann zu seiner Frau.	„Du hast schon wieder das falsche Essen gekocht."	
Der Vater möchte die Zeitung lesen, das Kind stört ihn dabei.	„Du sollst mich jetzt endlich in Ruhe lassen."	
Zwei Freunde haben sich an einem Treffpunkt verabredet.	„Du kommst schon wieder zu spät."	
Das Kind kommt mit schmutzigen Händen an den Tisch.	„Du sollst nicht mit schmutzigen Händen an den Tisch kommen."	

5.4.2.5 Forderungen stellen und Forderungen ablehnen – klare Appelle formulieren

Die klare Formulierung der Appellseite einer Äußerung zeigt sich sehr deutlich beim Stellen und beim Ablehnen von Forderungen (Hofmann, 2005).

Forderungen stellen

Beim Stellen und Ablehnen von Forderungen geht es darum, einen *möglichst eindeutigen Appell zu formulieren*. Die These dazu ist, dass die Erfolgswahrscheinlichkeit sowohl beim Stellen als auch beim Ablehnen von Forderungen mit dem Grad der Eindeutigkeit der Forderung bzw. Ablehnung steigt.

Häufig stellt man Forderungen als „Nicht-Forderungen", d. h., man glaubt eine Forderung zu stellen, bei genauer Betrachtung entpuppt sie sich jedoch als die Vermeidung einer eindeutigen Forderung. Stellen Sie sich folgende Situation vor: Sie haben eine längere Zugfahrt vor sich und dafür einen Platz reserviert. Sie kommen in das Abteil und sehen, dass jemand auf Ihrem reservierten Platz sitzt. Notieren Sie, mit welcher Formulierung Sie die Person auffordern, den Platz zu räumen:

Übung: Ihre Formulierung

Die obige Formulierung soll nachfolgend dahingehend überprüft werden, ob sie tatsächlich eine eindeutige Formulierung ist oder ob sie eine (oder mehrere) Möglichkeiten der Nicht-Forderung enthält. Das Stellen einer eindeutigen Forderung ist natürlich zum Durchsetzen der eigenen Interessen dann besonders wichtig, wenn es darum geht, die für sich selber jeweils wichtigen Inhalte durchzusetzen. Die obige Beispielsituation kann daher nur als ein Übungsbeispiel zur Verdeutlichung dienen.

Es gibt prinzipiell mehrere Möglichkeiten, *keine* eindeutige Forderung zu stellen. Bitte überprüfen Sie, ob in Ihrer gewählten Formulierung eine (oder mehrere) dieser Möglichkeiten enthalten ist.

Erste Nicht-Forderung: Sich für die Forderung entschuldigen. Eine typische Formulierung lautet: „Entschuldigung, bitte lassen Sie mich auf meinem Platz sitzen". Man signalisiert dem Partner mit dieser Art der Nicht-Forderung: „Ich habe eine Forderung, ich muss mich aber dafür entschuldigen". Häufig wird an dieser Stelle eingewendet, dass man die Entschuldigung gar nicht als Entschuldigung meint, sondern sie nur eine Floskel ist, mit der der Kontakt hergestellt werden soll. Wenn man aber die Entschuldigung gar nicht als Entschuldigung meint, verhält man sich wiederum zweideutig, man sagt Dinge, die man eigentlich gar nicht so meint, wie man sie sagt. Bei einer Forderung, die eine Entschuldigung enthält, gibt es also zwei Möglichkeiten:

Man entschuldigt sich tatsächlich für die eigene Forderung und signalisiert dem Gegenüber, dass man etwas Unanständiges tut (sonst müsste man sich ja nicht dafür entschuldigen), die andere Person merkt, dass man selbst unsicher ist, ob die Forderung berechtigt ist.

Man will sich eigentlich gar nicht entschuldigen, die Entschuldigung ist nur eine Floskel. Dann verhält man sich auch in diesem Fall zweideutig, da man etwas sagt, was man eigentlich gar nicht meint.

Regel 1 zum eindeutigen Formulieren von Forderungen:

Vermeiden Sie Entschuldigungen für die jeweilige Forderung.

Zweite Nicht-Forderung: Forderung als Frage. Stellt man eine Forderung als Frage, so stellt man damit die eigene Forderung „in Frage". Bei einer Frage geht es darum, eine Information zu erhalten. Will man dagegen eine Forderung stellen, so will man in der Regel keine Information erhalten. Stellt man eine Forderung als Frage, so vermischt man den Appellaspekt mit dem Informationsaspekt. Gleichzeitig eröffnet man mit dem Stellen einer Frage evtl. eine Diskussion, indem man dem Gegenüber zuerst einmal die Chance einräumt, seine Position darzulegen. Eine typische Formulierung für das Stellen einer Forderung als Frage lautet: „Können Sie bitte aufstehen?" Natürlich will in dieser Situation niemand wissen, ob die andere Person prinzipiell physisch imstande wäre, sich vom Platz zu erheben. Stellt man eine Forderung in dieser Art und Weise, so verhält man sich wieder uneindeutig, da man eine Frage stellt, die eigentlich gar nicht als Frage gemeint war.

Regel 2 beim Formulieren einer Forderung:

Stellen Sie die Forderung nicht als Frage, die Forderung endet mit „!", nicht mit „?".

Dritte Nicht-Forderung: Forderung als versteckte Frage. Oft wird eine Forderung nicht als Frage, sondern als eine „versteckte Frage" formuliert. Diese versteckte Frage ist in der Schriftform nicht zu erkennen, sie wird erst dadurch, dass sie gesprochen wird, zu einer (versteckten) Frage. Wie kann man aus einer Aussage eine versteckte Frage machen? Um dies zu verdeutlichen, sprechen Sie bitte folgende Sätze laut aus: „Stehen Sie bitte auf!" „Stehen Sie bitte auf?"

Indem man die Stimme am Schluss des Satzes hebt, kann man aus einer Aussage (am Ende steht ein Ausrufezeichen) eine Frage (am Ende steht ein Fragezeichen) machen (vgl. Abbildung 39). Dieses paraverbal mitgesprochene Zeichen am Schluss entscheidet darüber, ob eine Aussage zur Frage wird.

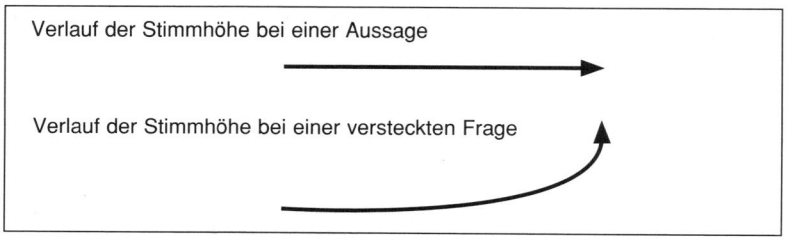

Abbildung 39: Stimmhöhen bei Aussagen und versteckten Fragen

Versucht man, eine Forderung nicht als Frage zu stellen, so kann es eine eingeschliffene Vermeidungsstrategie sein, die Forderung durch den Tonfall doch noch zu einer versteckten Frage zu machen.

Regel 3 beim Formulieren einer Forderung:

Vermeiden Sie versteckte Fragen, die Forderung endet mit „!", nicht mit verstecktem „?".

Vierte Nicht-Forderung: Über sich selber reden. Eine weitere Strategie zur Vermeidung einer eindeutigen Forderung ist es, über sich selbst zu reden. Ein Beispiel hierfür ist die Formulierung: „Ich würde mich gerne hier hinsetzen". Man sagt damit nicht, was die andere Person tun soll, sondern man redet über sich selbst in der Hoffnung, das Gegenüber erkennt schon, was die eigentliche Forderung sein soll. Bei dieser Art der Nicht-Forderung wird der Appellaspekt mit dem Selbstaussageaspekt vermischt. Dem Gegenüber wird dabei nicht genau gesagt, ob man etwas von ihm will oder ob man ihm etwas über sich selber mitteilen möchte, dadurch entsteht Zweideutigkeit. Ist die Forderung mit einem Aufwand für die andere Person verbunden, so wird die Person natürlich davon ausgehen, dass man ihr lediglich etwas mitteilen möchte, obwohl sie natürlich weiß, dass es im Grunde um eine Forderung geht. Da man der anderen Person jedoch die Wahlmöglichkeit lässt, wie sie die uneindeutige Forderung interpretiert, wird sie diese natürlich immer zu ihren Gunsten interpretieren, zumindest dann, wenn sie die Erfüllung der Forderung etwas „kosten" würde. Sie wird die ihr durch die Zweideutigkeit gewährte Wahlfreiheit freudig nutzen. Eine Unterform dieser Art einer Nicht-Forderung ist es, die Forderung als eine Aussage über die andere Person zu formulieren, z. B. mit dem Satz: „Sie stehen jetzt auf." Diese Formulierung ist entweder ein Befehl oder eine logisch falsche Aussage (der andere sitzt ja noch).

> **Regel 4 beim Formulieren einer Forderung:**
> Reden Sie nicht über sich selbst, sondern darüber, was der andere tun soll.

Fünfte Nicht-Forderung: Die Forderung nonverbal zurücknehmen. Ein verbal eindeutiges Verhalten kann durch nonverbale Signale doch noch uneindeutig gemacht werden, z. B. durch gleichzeitiges Lächeln. Durch das Lächeln erzeugt man wiederum Zweideutigkeit, man signalisiert: „Ich meine es gar nicht so ernst".

> **Regel 5 beim Formulieren von Forderungen:**
> Nehmen Sie die Forderung nicht nonverbal zurück.

Sechste Nicht-Forderung: Grammatikalisch falsche Sätze verwenden. Eine weitere Möglichkeit, das Stellen einer eindeutigen Forderung zu vermeiden, ist es, grammatikalisch falsche, d. h. unvollständige Sätze zu formulieren. Ein vollständiger Satz enthält mindestens ein Verb und ein Subjekt. Beispiele für unvollständige Sätze in der Zugsituation sind: „Würden Sie …?" „Bitte …" (evtl. von einer Geste begleitet). Hierbei fehlt in der Regel das Verb, das dem Gegenüber sagt, was es tun soll. Auch hier besteht wiederum eine Uneindeutigkeit der Forderung.

> **Regel 6 beim Formulieren von Forderungen:**
> Formulieren Sie grammatikalisch vollständige Sätze (die auch ein Verb enthalten).

Warum sollten Forderungen in dieser Eindeutigkeit formuliert sein? Die oben beschriebene eindeutige Formulierung einer Forderung mag vielleicht am Anfang etwas zwanghaft und haarspalterisch wirken. Sie hat aber neben der beschriebenen Eindeutigkeit nach außen hin noch eine zweite Funktion. Mit dem eindeutigen Formulieren zwingt man sich selbst, geistig zu sortieren, welches Bedürfnis man genau verfolgt, welche Forderung man hat. Die eindeutige Formulierung ist daher auch ein Hilfsmittel, um sich selbst darüber klar zu werden, was man will. Nur wenn es einem gelingt, die eigene Forderung in Form einer kurzen, präzisen Formulierung abzubilden, kann man sich sicher sein, dass eigene Bedürfnis genau getroffen zu haben. Wenn man eine Forderung eindeutig formulieren kann, ist man sich selbst sicher (= selbstsicher), dass man genau diese Forderung auch tatsächlich hat. Dies ist wiederum die Voraussetzung dafür, diese Forderung durchsetzen zu können.

Wenn man in einer Welt leben würde, in der einem die Mitmenschen jeden
Wunsch von den Augen ablesen und ihn schon in vorauseilendem Gehorsam
und Wohlwollen erfüllen, kann man sich natürlich problemlos zweideutig
verhalten, ohne von anderen manipuliert zu werden. Wenn man dagegen in
einer Welt lebt, in der die Mitmenschen nicht immer den Vorteil ihrer Mitmenschen im Auge haben, z. B. weil es sie einiges kosten würde, deren Forderungen nachzukommen, wenn man in einer Welt lebt, in der andere Personen einen
gelegentlich manipulieren und einen von den eigenen Forderungen abbringen
möchten, werden die anderen Personen etwaige Unklarheiten beim Stellen von
Forderungen gezielt ausnutzen. Sie werden im Zweifelsfall gezielte Fehlinterpretationen nicht eindeutiger Forderungen vornehmen. Wenn man z. B. sagt,
„Ich würde mich gerne hinsetzen", so kann die Antwort lauten „Das kann ich
verstehen, der Zug ist heute ziemlich voll, im Nebenabteil sind noch Plätze
frei". Je mehr Unannehmlichkeiten es dem Gegenüber verursacht, der Forderung zu entsprechen, und je uneindeutiger die jeweilige Situation ist, desto
eher wird es geneigt sein, solche gezielten Fehlinterpretationen vorzunehmen,
und der Forderung (die man ja auch gar nicht eindeutig gestellt hat) nicht
nachkommen. Diese Unterschiede in den Formulierungen erscheinen vielleicht
im Moment als sehr gering, aber es sind die feinen Unterschiede, die den Unterschied machen. Präzise und eindeutige Formulierungen erzeugen eine
selbstsichere „Ausstrahlung", die das Gegenüber sehr wohl wahrnimmt.

Übung: Forderung stellen

Überlegen Sie sich eine Forderung, die Sie an eine andere Person haben.
Notieren Sie sich, wie Sie diese Forderung spontan formulieren würden.

Eigenes Beispiel: _____

_____

Überprüfen Sie die obige Formulierung anhand des nachfolgenden Prüf-
schemas für eindeutige Forderungen.

Überprüfen Sie, ob die Formulierung
– eine Entschuldigung enthält,
– eine Frage enthält,
– eine versteckte Frage enthält,
– etwas über Sie selbst aussagt, anstatt das zu benennen, was der andere
  tun soll,
– eine nonverbale Relativierung enthält,
– grammatikalisch falsch (unvollständig) ist.

Sollte dies der Fall sein, so ändern Sie die Formulierung ab und überprüfen Sie sie erneut, bis die Formulierung eine ganz eindeutige Forderung ist.

_____

_____

Wenig Begründung liefern. Was passiert, wenn Sie eine Forderung an jemanden stellen, dieser aber der Forderung nicht nachkommen möchte? Die andere Person wird wahrscheinlich versuchen, die Forderung zu zerreden, indem sie zuerst nach einer Begründung fragt und danach versucht, diese Begründung zu widerlegen. Die Manipulation erfolgt nach folgendem Schema: Auf die Begründung für die Forderung erfolgt die Entkräftung der Begründung. Derjenige, der die Forderung stellt, muss sich daraufhin eine neue Begründung überlegen. Die andere Person entkräftet auch diese Begründung. Dieser Mechanismus geht so lange weiter, bis der Fordernde keine Argumente mehr hat, er ist dann „überredet" bzw. manipuliert. Nach einiger Zeit werden ihm die Argumente ausgehen, die Person, an die die Forderung gestellt wird, hat dabei eine relativ bequeme Position. Sie muss nur die Argumente entkräften, sie ist in der destruktiven Rolle. Der Fordernde ist dagegen in der kreativen Rolle, er muss Argumente finden. Lässt man sich auf diese Argumentation ein, besteht also das Risiko, dass die andere Person geschickter ist als man selbst und dass man keine Chance mehr hat, die eigene Forderung durchzusetzen. Wer andere geschickt manipuliert, verschiebt quasi die Problematik, indem es letztendlich nicht mehr um deren Forderungen geht. Die ganze Situation wird dann zu einer Art Kreativitätsspiel: Wer hat noch mehr und noch bessere Argumente? Wer kann Argumente besser entkräften?

Neben der eindeutigen Formulierung einer Forderung ist es also für das Durchsetzen von Forderungen darüber hinaus wichtig, nur eine sehr *knappe Begründung* für die Forderung zu geben. Je umfangreicher die Begründung ist, desto mehr Ansatzpunkte liefern Sie dem Gegenüber für das Zerreden der Begründung. Jede Forderung lässt sich in einem oder maximal zwei Sätzen beschreiben. Alles andere ist nur irreführend. Machen Sie nach der eindeutigen Formulierung und der kurzen Begründung einen Punkt! Wenn Sie es nicht schaffen, die Forderung plus knapper Begründung in maximal zwei Sätzen zu formulieren, sollten Sie noch einmal darüber nachdenken, ob diese Forderung wirklich genau das ist, was längerfristig mit Ihrem Denken, Fühlen und Handeln zusammenpasst. Schaffen Sie es nicht, die Forderung so knapp und eindeutig zu formulieren, ist dies ein Zeichen dafür, dass Sie sich selbst noch nicht sicher genug sind, worin Ihre Forderung besteht. Sie sollten dann noch einmal über die Forderung nachdenken.

Regel 7 beim Durchsetzen von Forderungen:

Geben Sie nur eine ganz kurze und knappe Begründung für Ihre Forderung (maximal zwei Sätze).

Die Technik der „gebrochenen Schallplatte". Eine weitere Technik zum Durchsetzen von Forderungen lautet: Bleiben Sie exakt bei der eindeutigen Formulierung Ihrer Forderung. Dies geschieht dadurch, dass Sie immer wörtlich genau Ihre eindeutige Forderung wiederholen. Jedes Abweichen von der Forderung signalisiert dem Gegenüber, dass hier ein Ansatzpunkt ist, dass es sich hier lohnt, Überzeugungsarbeit aufzuwenden. In Analogie zum „aktiven Zuhören" besteht die Technik der gebrochenen Schallplatte in einem „aktiven Weghören". Hören Sie daher aktiv weg, zeigen Sie dem Gegenüber: „Ich verwende meine Aufmerksamkeit darauf, bei meiner Forderung zu bleiben, für die möglichen Gegenargumente habe ich keine Aufmerksamkeit übrig". So signalisieren Sie, dass keine Chance besteht, mit ihnen über ihre Forderung zu diskutieren. Dies hat zwei Konsequenzen: Der anderen Person gehen erstens nach kurzer Zeit die Argumente aus, da sie ja jetzt immer neue Argumente finden und nicht nur Ihre Begründungen widerlegen muss, was meist viel leichter ist. Zweitens verliert sie nach kurzer Zeit die Motivation, da sie merkt, dass die Energie verschwendet ist.

Beispiel: Eine Diskussion über das nächste Urlaubsziel zwischen einem Mann und seiner Frau könnte wie im Folgenden beschrieben verlaufen: Der Mann möchte im Urlaub ins Gebirge fahren, die Frau möchte lieber ans Meer.

Frau: „Bitte fahr im Urlaub mit mir ans Meer."

Mann: „Warum sollen wir schon wieder ans Meer fahren, wir waren doch erst vor zwei Jahren am Meer?"

Frau: „Zwei Jahre sind eine lange Zeit."

Mann: „Genau, wir waren schon drei Jahre nicht mehr in den Bergen, das ist noch länger her, außerdem hat es dir das letzte Mal in den Bergen gut gefallen."

Frau: „Ja schon, aber ich will nicht so viel wandern."

Mann: „Das ist kein Problem, dann gehe ich wandern und du kannst in der Zeit zum Baden gehen."

Frau: „Es ist aber immer eine so lange Fahrt in die Berge."

Mann: „Wir können ja mit der Bahn fahren."

Frau: „Aber am Meer hat man mehr Freizeitmöglichkeiten."

Mann: „Dann fahren wir eben in einen Ferienclub in den Bergen."

Frau: „Aber mir bekommt die Luft in den Bergen nicht so gut."

Mann: „Das ist alles Trainingssache, wenn wir öfters in die Berge gehen würden, wäre das kein Problem für dich. Außerdem kannst du dich ja durch Sport auf den Bergurlaub vorbereiten."

Frau: „Es ist mir aber zu aufwendig, mich auch noch auf den Urlaub vorbereiten zu müssen, der Urlaub ist ja für die Erholung da."

Mann: „Es ist sowieso sinnvoll, Sport zu machen, egal ob für den Urlaub oder nicht."

Frau: „Dann lass uns aber wenigstens nach … in die Berge fahren."

Durch die Art der Formulierung der eigenen Argumente und das Eingehen auf die Argumente des Mannes signalisiert die Frau dem Mann zwei Dinge: Erstens hat Sie *eigentlich* keine Lust, in die Berge zu fahren. Zweitens hängt es nur von der Anzahl und der Qualität der Argumente des Mannes ab, sie doch noch davon zu überzeugen, dass es doch besser ist, in die Berge zu fahren.

Jedes Argument der Frau, nicht in die Berge zu fahren, wird vom Mann zerredet, die Frau muss sich immer wieder neue Argumente einfallen lassen, die der Mann nur zu widerlegen braucht. Die Frau muss in dieser Diskussion kreativ sein, der Mann hat die relativ bequeme Aufgabe, ihre Argumente einfach nur zu widerlegen. Mit der Technik der „gebrochenen Schallplatte" könnte der obige Dialog dagegen etwa folgendermaßen aussehen:

Frau: „Bitte fahr im Urlaub mit mir ans Meer." (eindeutige Forderung)

Mann: „Warum willst du denn immer ans Meer?"

Frau: „Mir gefällt es am Meer besser, bitte fahr im Urlaub mit mir ans Meer."
          (kurze Begründung, Wiederholung der Forderung)

Mann: „Aber wir waren doch erst vor zwei Jahren am Meer."

Frau: „Bitte fahr im Urlaub mit mir ans Meer.
          (gebrochene Schallplatte)

Mann: „In den Bergen kann man doch viel mehr unternehmen."

Frau: „Bitte fahr im Urlaub mit mir ans Meer."
(gebrochene Schallplatte)

Mann: „Es hat dir doch in den Bergen das letzte Mal so gefallen."

Frau: „Bitte fahr im Urlaub mit mir an das Meer."
(gebrochene Schallplatte)

Mann: „Unsere Bekannten fahren aber auch alle in die Berge."

Frau: „Bitte fahr im Urlaub mit mir an das Meer."
(gebrochene Schallplatte)

Die „Beweislast" ist nun umgekehrt, die Frau braucht nur immer bei ihrer Forderung zu bleiben, sie liefert somit keine Anhaltspunkte für den Mann, über die Forderung zu diskutieren. Der Mann ist nun in der unkomfortablen Situation, ständig neue Gegenargumente finden zu müssen. Dadurch, dass sie nicht auf die Argumente des Mannes eingeht, signalisiert ihm die Frau, dass es nicht möglich ist, ihre Forderung einfach zu zerreden. In der Regel hat man die Tendenz, von einer Forderung abzuweichen. Diese Tendenz wird natürlich von anderen Personen genutzt, indem sie nach einer Begründung fragen. Man muss also regelrecht üben, bei der eigenen Forderung zu bleiben.

Die Technik der „gebrochenen Schallplatte" ist übrigens nicht neu. Napoleon wird der Satz zugeschrieben: „Es gibt nur eine wirkliche rhetorische Figur, nämlich die Wiederholung."

Regel 8 beim Stellen von Forderungen:
Bleiben Sie wörtlich genau bei Ihrer Forderung (gebrochene Schallplatte).

Nicht auf Provokationen reagieren. Wenn eine Person merkt, dass für sie Kosten, Aufwand, Unannehmlichkeiten, etc. entstehen, wenn sie einer Forderung nachkommen würde, so wird es ihr Ziel sein, das Gegenüber von der Forderung abzubringen. In der ersten Stufe wird sie dies durch Argumente versuchen. Sobald sie jedoch bemerkt, dass dies nicht zum Erfolg führt, wird die zweite Stufe der Manipulation folgen. Sie verlässt also nun den rationalen, sachlichen Bereich – da dieser ja offensichtlich nicht funktioniert – und begibt sich auf den persönlich-emotionalen Bereich.

Das Ansprechen des emotionalen Bereiches geschieht in der Regel durch
• den Appell an das schlechte Gewissen,
• das Androhen negativer Konsequenzen,
• das Inaussichtstellen von Belohnung,

- das Zitieren von (Schein-)Autoritäten,
- destruktive Kritik.

Im oben dargestellten Beispieldialog könnten entsprechende Provokationen beispielsweise folgendermaßen aussehen:
- „Du bist daran schuld, wenn ich mich im Urlaub nicht erhole."
- „Wenn ich am Meer die ganze Zeit schlecht gelaunt bin, hast du dafür die Verantwortung."
- „Wenn wir ans Meer fahren, fahre ich auch nicht mit in den Winterurlaub."
- „Wenn du mit in die Berge fährst, kannst du jeden Tag ins Schwimmbad gehen."
- „In der Zeitung stand gestern: Urlaub in den Bergen ist gesund."
- „Kannst du eigentlich nur immer einen Satz sagen?"
- „Was für eine Technik versuchst du gerade anzuwenden?"
- „Was hast du denn da wieder für einen Müll gelernt?"

Auch wenn der Interaktionspartner die zweite Stufe der Manipulation „zündet", kann die Technik der „gebrochenen Schallplatte" sehr effizient sein. Allerdings fällt es den meisten Menschen bei persönlichen Angriffen zunächst meist schwer, bei der Formulierung zu bleiben, da sie bei solchen Angriffen in der Regel sehr genau hinhören, was der andere sagt, und darauf reagieren.

> **Regel 9 beim Stellen von Forderungen:**
>
> Nicht auf Provokationen reagieren, stattdessen die Technik der „gebrochenen Schallplatte" bzw. weitere Techniken aus Kapitel 5 anwenden.

Forderungen ablehnen

Zum Teil kommen beim Ablehnen von Forderungen die gleichen Techniken zur Anwendung, wie sie auch bei der Durchsetzung von Forderungen beschrieben worden sind. Dies soll an einem Beispieldialog verdeutlicht werden. Darin bittet Person A die Person B, die Oma von A vom Bahnhof abzuholen. Person B möchte dies nicht für Person A tun.

Person A: „Könntest du meine Oma vom Bahnhof abholen?"

Person B: „Ich habe eigentlich keine Zeit, kannst du sie denn nicht selbst abholen?"

Person A: „Das würde ich natürlich tun, aber ich muss noch einige dringende Besorgungen machen und noch meine Wohnung aufräumen."

Person B: „Ich bin ja auch in Zeitdruck."

Person A: „Was hast du denn vor?"

Person B: „Ich muss selbst noch einkaufen."

Person A: „Das ist kein Problem, sag mir, was du brauchst, und ich bringe es
           dir mit."

Person B: „Ich müsste aber selbst in einige Geschäfte."

Person A: „Das kannst du doch sicher auch noch morgen erledigen, aber meine
           Oma kommt nun mal heute an, und jemand muss sie abholen."

Person B: „Hast du nicht früher gewusst, dass deine Oma heute kommt?"

Person A: „Nein, sie hat mich heute ganz überraschend angerufen."

Person B: „Das kommt mir jetzt ganz ungelegen."

Person A: „Mir ja auch, aber du kannst mir nun mal aus meiner Situation
           heraushelfen, wenn ich an deiner Stelle wäre, wäre das für mich
           gar keine Frage."

Person B: „Ja, ich weiß, du hast mir auch schon oft geholfen."

Person A: „Genau, wenn du das nächste Mal in der Klemme bist, helfe ich
           dir auch weiter."

Person B: „Gut, ich hole die Oma ab."

Person A: „Ich wusste, dass ich mich auf dich verlassen kann."

Die Person B gibt der Person A im Verlauf des Dialogs zu erkennen, dass sie
die Oma eigentlich nicht abholen möchte, dass es andererseits aber nur eine
Frage der Anzahl und der Qualität der Argumente ist, bis sie der Forderung
von Person A nachkommt. Dies signalisiert Person B dadurch, dass sie auf die
Argumente von Person A eingeht und sie zu widerlegen versucht. Person A
muss daraufhin nur die Argumente von Person B ad absurdum führen, und
Person B ist in der Defensive. Um der Gefahr zu begegnen, dass ein Gespräch
in der oben dargestellten Form verlaufen kann, ist es sinnvoll, folgende Regeln
beim Ablehnen einer Forderung zu beachten:

Nur eine kurze Begründung der Ablehnung geben. Machen Sie einen Punkt!
Normalerweise begründen wir eine Ablehnung mehr oder weniger ausführlich.
Mit jeder Begründung laden wir die andere Person geradezu dazu ein, diese
Begründung zu widerlegen. Mit jeder Begründung „füttert" man das Gegen-
über und ist ihm dabei behilflich, argumentativ ausgehebelt zu werden.

Regel 1 beim Ablehnen von Forderungen:

Begründen Sie Ihre Ablehnung nur ganz kurz.

Vermeidung objektiv-rationaler Diskussionen, dagegen rein subjektive Begründungen verwenden. Wenn man z. B. die Bitte eines Bekannten, mit ihm ins Kino zu gehen, mit der Formulierung ablehnt: „Ich möchte eigentlich nicht ins Kino gehen, weil der Film nicht so interessant ist", verhält man sich sehr uneindeutig. Der Bekannte kann dieser Formulierung zwei Dinge entnehmen: Eigentlich will man nicht ins Kino gehen, es besteht aber eine gute Chance, dass er einen doch noch überreden kann. Die erste Botschaft entsteht durch die relativierende Formulierung. Die zweite dadurch, dass man „objektive" Begründungen für die Ablehnung liefert. Durch den ersten Teil der erhaltenen Botschaft ermutigt, Energie in die Überredung zu stecken, hat der Bekannte nun nur noch die Aufgabe, die „objektive" Begründung als falsch zu entlarven. Die Begründung, „der Film ist nicht so interessant", kann z. B. durch folgende Argumente zerredet werden: „Der Film hat aber eine gute Kritik erhalten", „Karl fand den Film aber ganz toll", „Du kannst den Film doch erst nachher beurteilen" etc. Lässt man sich auf diese „objektiv-rationale" Diskussion ein, folgt daraus entweder, dass man selbst die besseren Argumente hat oder dass der andere die besseren Argumente hat und man dann nicht mehr ablehnen kann, weil es objektiv richtig ist, seiner Bitte nachzukommen. Eine objektiv-rationale Diskussion zur Begründung einer Ablehnung zu führen ist nur dann sinnvoll, wenn man sich tatsächlich sicher sein kann, dass man die besseren Argumente hat. Dies ist meist dann nicht der Fall, wenn der Interaktionspartner ein professioneller „Überzeuger" ist (z. B. ein Versicherungsvertreter) oder sich sehr gut vorbereitet hat und man selbst unvorbereitet auf die Forderung eingehen muss. Dies kann mit der folgenden Übung verdeutlicht werden.

Übung: Den Kauf einer Versicherung ablehnen

Überlegen Sie kurz, welche Argumente Ihnen spontan einfallen, eine Versicherung bei einem Versicherungsvertreter, der Ihnen gerade gegenübersitzt, nicht zu kaufen.

Ihre Argumente gegen den Kauf einer Versicherung: _____

_____

_____

_____

Wahrscheinlich sind Ihnen einige der folgenden Argumente eingefallen:

- Ich habe schon eine Versicherung.
- Ich habe schlechte Erfahrungen mit Versicherungen gemacht.
- Ich brauche keine Versicherung.
- Versicherungen zahlen im Schadensfall sowieso nie.
- Ich habe momentan kein Geld.
- Die Versicherung ist zu teuer.
- Ich kaufe grundsätzlich nichts an der Haustür.
- Ich habe momentan keine Zeit.

Fragt man zehn Personen nach spontanen Argumenten, eine Versicherung nicht zu abzuschließen, so werden in der Regel ca. 10 Standardargumente gegen den Kauf einer Versicherung genannt. Wenn Sie an der Haustür überrascht werden, wäre es schon sehr kreativ und schlagfertig, wenigstens 2 bis 3 Argumente zu finden. Aus der Sicht des Versicherungsvertreters sind diese Argumente jedoch hochgradig einfallslos, da er sie ständig hört und geschult ist, diese Argumente zu zerreden. Auf das Argument: „Ich habe schlechte Erfahrungen mit Versicherungen gemacht" kann z. B. folgendermaßen reagiert werden: „Das hören wir immer wieder, es gibt wirklich solche Versicherungen, genau in diesem Punkt unterscheidet sich unsere Versicherung von anderen". „Im neuesten Versicherungsvergleich der Zeitung XY hat unsere Versicherung in punkto Kulanz und Kundenfreundlichkeit am besten abgeschnitten". „Das ist interessant, was Sie sagen, bei welcher Versicherung sind Sie denn? Wie war das beim letzten Schadensfall?" Schon hat ein Gespräch begonnen, die Diskussion dreht sich jetzt um alles Mögliche, nur nicht mehr um Ihre Ablehnung oder Ihre Forderung an den Vertreter. Auf jedes der oben genannten Argumente hat ein professioneller „Überzeuger" mindestens drei auswendig gelernte (und intensiv trainierte) Gegenargumente. Professionelle „Überzeuger" sind also meist dadurch im Vorteil, dass sie speziell ausgebildet sind und sehr viel Erfahrung haben. Nichtprofessionelle „Überzeuger" (z. B. Bekannte) haben diesen Vorsprung meist nicht, sie haben jedoch den ganz entscheidenden Vorteil, dass sie uns besser kennen und daher genau wissen, auf welchen Manipulationsinhalt wir bevorzugt reagieren.

Der Abschluss von Versicherungen kann natürlich sinnvoll sein. Entscheidend dabei ist, ob die Entscheidung für oder gegen die Versicherung freiwillig oder durch Manipulation zustande kam. Ob eine Situation für Sie richtig und stimmig ist, können nur Sie entscheiden, indem Sie sich fragen, ob das, was Sie tun, wie Sie sich fühlen und wie Sie über sich denken, langfristig zusammenpasst. Ist dies nicht der Fall, so kann dies ein Anlass sein, sich näher mit solchen Situationen zu beschäftigen und andere Lösungsmöglichkeiten zu suchen.

Regel 2 beim Ablehnen von Forderungen:

Beginnen Sie jede Ablehnung einer Forderung mit „Ich möchte ..." oder „Ich möchte ... nicht". Vermeiden Sie dabei objektiv-rationale Begründungen und Argumentationen.

Beispiel: Stellen Sie sich vor, Sie haben keine Lust, joggen zu gehen. Ihr Partner/Ihre Partner will joggen gehen und versucht, Sie zu überreden. Um der Gefahr zu entgehen, dass die eigenen Argumente widerlegt werden, ist es notwendig, eine Formulierung zu finden, die eindeutig sagt, was man möchte bzw. was man nicht möchte. Durch die rein subjektive Begründung „Ich möchte nicht mit zum Joggen gehen" vermeidet man jede objektiv-rationale Diskussion.

Ablehnung mit einem Gefühl begründen. Insistiert der Interaktionspartner und fordert eine Begründung, so begründen Sie die Ablehnung nur mit dem eigenen Gefühl. Dies hat den Vorteil, dass Sie sich gegen eine argumentative Widerlegung immunisieren. Nur Sie können wissen, wie Sie sich fühlen. Man kann Ihr Gefühl nicht sinnvoll hinterfragen und widerlegen. In oben genannten Beispiel könnte dies folgendermaßen lauten: „Ich möchte nicht mit zum Joggen gehen, weil ich mich sonst darüber ärgern würde, wieder einmal überredet worden zu sein." Überlegen Sie sich einfach, wie Sie sich fühlen würden, wenn Sie das, was Sie eigentlich nicht wollen, trotzdem tun würden. Ihr Gegenüber kann dann nicht mehr sinnvoll argumentieren.

Regel 3 beim Ablehnen von Forderungen:

Begründen Sie die Ablehnung auf Nachfrage mit einem Gefühl.

Die Technik der „gebrochen Schallplatte" anwenden. Die vierte Methode zum Ablehnen von Forderungen ist die schon bekannte Technik der „gebrochenen Schallplatte". Die Ablehnung beschränkt sich dabei auf die o. g. Formulierung. Sie braucht dennoch nicht monoton oder papagaienhaft zu sein, da Sie in der Lautstärke, im Tonfall, in der Betonung und in nonverbalen Aspekten genug Variation erzeugen können, auch wenn Sie strikt bei einer Formulierung bleiben. Der Interaktionspartner wird versuchen, Sie von Ihrer Formulierung und vom Wiederholen der Formulierung abzubringen, da er sonst keine Möglichkeit sieht, Sie doch noch zu „überzeugen".

Mit der Technik der „gebrochenen Schallplatte" zeigen Sie dem Gegenüber,
- dass es sinnlos ist, mit Ihnen darüber zu diskutieren,
- dass Sie auf seine Argumente nicht eingehen, sie sogar nicht einmal wahrnehmen,

- dass für Sie nur *Ihr* Bedürfnis wichtig ist und nicht das Problem des Gegenübers.

Der Interaktionspartner wird nach kurzer Zeit die Motivation verlieren, Sie überzeugen zu wollen. Im oben angeführten Beispiel antworten Sie auf alle Argumente des Partners, wie z. B. „Joggen ist doch gesund", „Nachher fühlst du dich besser" oder „Das letzte Mal hat es dir auch gefallen", stereotyp mit der Formulierung: „Ich möchte nicht joggen gehen, weil ich mich sonst darüber ärgern würde, wieder einmal überredet worden zu sein". Betrachten Sie die ganze Situation wie ein Spiel: Der Interaktionspartner versucht, Sie von der Formulierung wegzubringen, Sie versuchen, genau bei der Formulierung zu bleiben, egal was passiert.

Regel 4 beim Ablehnen von Forderungen:

Wenden Sie die Technik der „gebrochenen Schallplatte" an, wiederholen Sie dazu stereotyp Ihre Ablehnung.

Positive Beziehungsaussage bereithalten. Merkt der Interaktionspartner, dass Sie mit rationalen Argumenten nicht von Ihrem Bedürfnis abzubringen sind, wird er evtl. die nächste Stufe der Manipulation einsetzen, indem er an die Beziehung appelliert. Die Kontertechnik besteht darin, nicht darauf einzusteigen, sondern eine positive Beziehungsaussage zu machen und dann sofort wieder zur Ablehnung zurückzukehren. Im obigen Beispiel könnte die Reaktion auf den Appell „Was soll denn das, wir haben doch unsere Freizeit immer zusammen verbracht" lauten: „Ich mache gerne Dinge mit dir zusammen (positive Beziehungsaussage), aber ich möchte nicht joggen, da ich mich sonst über mich selbst ärgern würde, weil ich mich wieder habe überreden lassen". Legen Sie sich also eine positive Beziehungsaussage bereit, die Sie einsetzen, wenn der Interaktionspartner versucht, Sie durch Ansprechen der Beziehungsebene zu manipulieren. Überlegen Sie sich eine positive Aussage über Ihre Beziehung. Danach erfolgt umgehend wieder die Ablehnung der an Sie gerichteten Forderung.

Regel 5 beim Ablehnen von Forderungen:

Halten Sie eine positive Beziehungsaussage bereit für den Fall, dass der Interaktionspartner an die Beziehung appelliert.

5.4.2.6 Formulierung von Kritik

Das Formulieren von Kritik ist dann besonders relevant, wenn es darum geht, eine andere Person zu einer Verhaltensänderung zu bewegen. Das setzt allerdings einen gewissen Beziehungskredit voraus. Der erste Schritt besteht immer darin, zunächst die von der anderen Person vorgeschlagene Rolle einzunehmen, das von ihr vorgeschlagene Spiel mitzuspielen. Erst dann kann die Formulierung der Kritik erfolgen.

Schema zur Formulierung von Kritik:

1. Wertfreie (!) Beschreibung eines speziellen kritisierten Verhaltens.
2. Beschreibung der eigenen emotionalen Reaktion auf dieses Verhalten (Ich-Aussagen, keine Du-Aussagen).
3. Formulierung eines Wunschverhaltens, das eine andere emotionale Reaktion als diejenige in Punkt 2 hervorrufen würde, in Form eines klaren Appells.

Beispiel: „In den letzten Tagen hast du mir dreimal erzählt, wie schlecht es dir geht. Danach fühle auch ich mich sehr traurig. Bitte erzähle mir in der nächsten Zeit keine solchen Geschichten mehr."

Zunächst wird das kritisierte Verhalten möglichst neutral beschrieben. Sofern dies gelingt, wird die kritisierte Person keinen Anlass sehen zu widersprechen. Im zweiten Schritt beschreibt man die eigene emotionale Reaktion auf das beschriebene Verhalten. Diese Beschreibung ist in ihrer Subjektivität absolut „objektiv", da niemand mit Ihnen darüber diskutieren kann, was Sie empfinden. Das können nur Sie selbst wissen. Im dritten Schritt geht es dann darum, einen klaren Appell an die kritisierte Person zu richten, der das Verhalten beschreibt, das bei Ihnen eine andere emotionale Reaktion auslösen würde. Dieses Abfolge stellt sicher, dass keine Diskussion darüber aufkommt, was denn nun „richtig" oder „falsch" ist an der Kritik.

Übung: Kritik formulieren

Nach dem oben aufgeführten Schema kann Kritik vorformuliert und anschließend noch einmal geprüft werden:

_____

_____

Fragen zur Prüfung einer vorformulierten Kritik:
– Enthält die Beschreibung des kritisierten Verhaltens noch Bewertungen?
– Enthält sie Du-Aussagen?
– Ist die eigene Reaktion auch nicht in versteckten Du-Aussagen formuliert?
– Ist das Wunschverhalten eindeutig beschrieben?
– Enthält die Kritik Punkte, die den Kritisierten (nahezu zwangsläufig) zu Widerspruch herausfordern werden?

Wird eine oder werden mehrere dieser Fragen mit „Ja" beantwortet, so sollte die Kritik noch einmal umformuliert werden:

5.4.2.7 Der Einfachheitsindex

Diese Übung eignet sich dazu, zu lernen, kurz und knapp zu formulieren. Die Einfachheit eines Textes oder einer verbalen Äußerung lässt sich berechnen. Dabei geht man folgendermaßen vor:
• Man ermittelt die Anzahl der Worte, die in dem Text vorkommen. Es zählen auch Abkürzungen und Zahlen. Satzzeichen zählen nicht.
• Man ermittelt die Anzahl der Sätze, aus denen der Text besteht.
• Man ermittelt die Gesamtzahl der langen Worte. Dies sind Worte, die aus mehr als sieben Buchstaben bestehen.
• Man errechnet die durchschnittliche Satzlänge nach der Formel:
Durchschnittliche Satzlänge = Gesamtzahl der Worte/Anzahl der Sätze
• Man errechnet den Prozentsatz der langen Worte nach der Formel:
Prozentsatz der langen Worte = Anzahl der langen Worte/Gesamtzahl der Worte
• Man addiert nun die durchschnittliche Satzlänge und den Prozentsatz der langen Worte. Die Summe ergibt den Einfachheitsindex.
Einfachheitsindex = Durchschnittliche Satzlänge + Prozentsatz der langen Worte

Als Faustregel kann man sagen, dass ein Einfachheitsindex von 45 einem durchschnittlich „schwierigen" Text entspricht und ein Einfachheitsindex von 35 und weniger einem eher „leichten" Text entspricht.

Die Einfachheit eines gesprochenen oder geschriebenen Textes können Sie folgendermaßen trainieren. Sprechen Sie zunächst einige Sätze „frei", also so, wie Sie normalerweise reden, auf ein Tonband. Ermitteln Sie dann den Einfachheitsindex dieses Textes. Versuchen Sie dann, den gleichen Text einfacher zu gestalten. Sie haben dazu zwei Möglichkeiten: Sie können die Sätze kürzer machen, und Sie können kürzere Worte verwenden.

5.4.3 Umsetzung von Verhaltensexperimenten

In diesem Abschnitt geht es um die Umsetzung der Vorübungen in realen Interaktionen, speziell in konflikthaften Situationen. Im vorherigen Abschnitt wurde bereits die Veränderung der gesendeten Äußerungen beschrieben. Nun geht es darum, die gehörten Äußerungen anders wahrzunehmen. Im Folgenden wird erklärt, wie die Wahrnehmung von empfangenen Äußerungen gezielt verändert werden kann. Es werden Übungen zum kontraselektiven Hören vorgestellt.

Notieren Sie sich dazu jeden Tag einige Schlüsselsätze, die von einer Person, von der Sie wissen, dass sie für Sie persönlich eher schwierig ist, gesagt werden (vgl. Kasten). Entscheiden Sie zunächst, auf welcher Ebene Sie die Schlüsselsätze „automatisch" hören. Formulieren Sie dann diese Sätze so um, dass sie die Äußerung auch auf den jeweiligen drei anderen Ebenen wiedergeben.

In Abhängigkeit vom eigenen Verhaltens- und Kommunikationsstil wird es Ihnen auf einer oder auf zwei Ebenen leichter fallen, die jeweiligen Aspekte einer Äußerung wahrzunehmen. Auf den anderen Ebenen wird Ihnen die Wahrnehmung dagegen wahrscheinlich schwerer fallen. Genau um diese anfänglich eher schwierigeren Aspekte der Wahrnehmung geht es bei dieser Übung.

Übung: Kontraselektives Hören

Schlüsselsätze: _____

_____

_____

Was könnten diese Schlüsselsätze auf den jeweiligen Ebenen bedeuten?

Auf der Sachebene (Die Fakten sind …, Eine generelle Regel lautet …, … kann evtl. auch anders gesehen werden): _____

_____

_____

Auf der Selbstkundgabeebene (So ist mir ums Herz ..., Ich-Aussagen, So fühle ich mich ...): _____

_____

_____

Auf der Appellebene (Klare Wünsche, Bitten, Forderungen, Bitte mache Folgendes ...): _____

_____

_____

Auf der Beziehungsebene (Du scheinst unsere Beziehung so zu sehen, dass ..., Du siehst dich offenbar berechtigt, ..., Der Schweinwerfer ist auf den anderen gerichtet): _____

_____

_____

Tabelle 9 fasst noch einmal zusammen, welche Aspekte einer Äußerung in Abhängigkeit vom eigenen Verhaltens- und Kommunikationsstil stärker wahrgenommen werden sollten.

Tabelle 9: Stärker wahrzunehmende Aspekte

Verhaltens- und Kommunikationsstil	Stärker wahrzunehmender Aspekt
Selbstbezogen	Appellaspekt
Dramatisierend	Sachaspekt
Rational-distanziert	Beziehungsaspekt Selbstkundgabeaspekt
Kritisch	Selbstkundgabeaspekt
Gewissenhaft	Selbstkundgabeaspekt Beziehungsaspekt
Sensibel-vermeidend	Sachaspekt
Kooperativ	Sachaspekt

Das folgende Arbeitsblatt dient der Vorbereitung eines Verhaltensexperiments. Fragen Sie sich dazu, auf welchem „Ohr" Sie bei Stress besonders gut hören und auf welchem „Kanal" Sie bei Stress besonders gut formulieren können. Beides hängt natürlich wieder von Ihrem bevorzugten Verhaltens- und Kommunikationsstil ab. Formulieren Sie die gleichen Sachverhalte auch für einen schwierigen Interaktionspartner. Überlegen Sie sich dann, wie aus den jeweiligen Präferenzen eine Eskalation werden kann. Legen Sie im nächsten Schritt fest, was Sie verändern könnten. Sie haben dazu zwei Möglichkeiten: Sie können gezielt einen Aspekt der Äußerung klarer formulieren, und/oder Sie können Ihr Hörverhalten gezielt ändern.

Übung: Geändertes Interaktionsverhalten

Ich selbst:

Welchen Verhaltensstil bevorzugen Sie bei Stress?

_____

Auf welchem Ohr hören Sie bei Stress besonders gut (vgl. Tabelle 3)?

_____

Auf welchem Kanal formulieren Sie bei Stress bevorzugt (vgl. Tabelle 4)?

_____

Mein Interaktionspartner:

Welchen Verhaltensstil bevorzugt der Interaktionspartner bei Stress?

_____

Auf welchem Ohr hört er bei Stress besonders gut (vgl. Tabelle 3)?

_____

Auf welchem Kanal formuliert er bei Stress bevorzugt (vgl. Tabelle 4)?

_____

Interaktion:

Wie wirken sich diese Bevorzugungen in schwierigen Gesprächen aus (Eskalation)?

_____

_____

Experiment: Was kann ich ändern?

Wie könnte ich so formulieren, dass das bevorzugte Ohr des Interaktions-partners nicht angesprochen wird?

_____

_____

Mit welchem Ohr sollte ich besonders gut hören (nicht mit dem normaler-weise bevorzugten)?

_____

Das Arbeitsblatt dient dazu, sinnvolle *Inhalte* für Verhaltensexperimente aus-zuwählen. Für die eigentliche *Durchführung* des Experiments sollten Sie wiederum auf die Übungsblätter in Kapitel 5.2 zurückgreifen.

5.5 Veränderung von Interaktionen

Eine weitere Quelle für Verhaltensexperimente ist der *veränderte Umgang* mit für uns schwierigen Menschen. Der Hintergrundgedanke dabei ist, dass es keine von vornherein schwierigen Menschen gibt, sondern, dass in einer pro-blematischen Beziehung die *Konstellation* zweier Menschen schwierig ist. Menschen, die für uns schwierig sind, sind für andere Menschen vielleicht überhaupt nicht problematisch, und auch wir sind für manche Menschen eher schwierig, für andere dagegen überhaupt nicht. Es gibt also keine „guten" und keine „schlechten" Menschen, sondern nur gute und schlechte Konstellatio-nen. Daher muss man, wenn man eine Interaktion verändern möchte, zunächst einmal sich selbst und hierbei natürlich die eigene Notfallregel betrachten. In schwierigen Situationen wird, wie in Kapitel 2 beschrieben, unser Verhalten weniger durch das Bewusstsein gesteuert, sondern eher durch die „Autonome Emotion", die durch die Notfallregel beschrieben werden kann. In problematischen Interaktionen wird nun die „Autonome Emotion" mit hoher Wahrscheinlichkeit aktiviert, sonst wäre die Interaktion ja nicht schwierig. Sehr oft sind problematische Konstellationen dadurch geprägt, dass eine Person ihr zentrales Bedürfnis verfolgt und dadurch die zentrale Angst der anderen Person aktiviert. Dies ist z. B. dann der Fall, wenn eine eher dramatisierende Person die Aufmerksamkeit und die Nähe sucht, dies aber bei einer eher rational-distanzierten Person Angst vor zu großer Nähe erzeugt.

Die Analyse der eigenen Notfallregel wurde bereits im Kapitel 2 beschrieben. Um eine Interaktion analysieren zu können, müssten wir eigentlich auch die Notfallregel der anderen Person kennen. Woher bekommt man diese Information? Man kann die Person ja nicht einfach nach ihrer Notfallregel fragen. Sie würde die Frage wahrscheinlich gar nicht verstehen, und selbst wenn sie die Frage verstehen würde, würde sie sicherlich aufgrund der schwierigen Beziehung nicht auf sie antworten. Daher sind wir auf eher indirekte Methoden angewiesen, wenn es darum geht, die relevanten Aspekte einer anderen Person zu erkennen und zu beschreiben. Wir müssen uns dabei natürlich bewusst sein, dass diese Beschreibung jedoch immer nur vorläufig sein kann. Methoden, mit denen man die Notfallregel anderer Personen einschätzen kann, wurden im Kapitel 5.1 beschrieben.

5.5.1 Wie können wir Einfluss auf andere Menschen nehmen?

Es wäre sehr einfach, wenn wir anderen Menschen sagen könnten, wie sie sich zu verhalten haben, und diese dann auch das tun würden, was wir von ihnen wollen. Die Hoffnung auf einen solch einfachen Prozess ist jedoch leider nicht gerechtfertigt. Das wird auch sehr schnell offensichtlich, wenn wir uns selbst vorstellen, dass ein anderer Mensch auch Vorstellungen davon hat, wie wir uns zu verhalten hätten. Sehr wahrscheinlich sind uns diese ebenfalls ziemlich egal.

Eine andere Idee, wie man auf andere Personen Einfluss nehmen könnte, besteht darin, diese zu „überzeugen", dass sie sich (am besten noch im eigenen Interesse) so oder so zu verhalten hätten. Man versucht, die andere Person mit den Regeln der Logik zu fassen und ihr vor Augen zu führen: „Du verhältst dich unlogisch. Man muss sich aber logisch verhalten, also ändere dein Verhalten!" Wie wenig solche Appelle an die Vernunft bewirken, sieht man an den wirkungslosen Appellen, weniger zu rauchen, weniger zu trinken, sich mehr zu bewegen oder sich innerhalb von Ortschaften an die Geschwindigkeitsbegrenzung zu halten etc. Dies funktioniert also schon bei relativ einfachen Verhaltensweisen nicht. Noch viel weniger wird es bei Verhaltensweisen funktionieren, bei denen man sich gar nicht auf eine für alle Menschen allgemein verbindliche Logik berufen kann: Im Bereich der zwischenmenschlichen Interaktion gilt nicht die formale Logik, sondern die Logik des individuellen psychologischen Kalküls (vgl. Kapitel 4).

Eine weitere prinzipielle Einflussmöglichkeit auf andere Mensachen hat man dann zur Verfügung, wenn man Macht über andere Menschen ausüben und ihnen mit Sanktionen drohen kann, wenn sie sich nicht so verhalten, wie man es von ihnen möchte. Über diese Art des Einflusses verfügen jedoch nur sehr wenige Menschen. Sobald die Sanktionsmöglichkeiten nicht mehr bestehen, werden sich die Interaktionspartner auch sofort wieder anders verhalten.

Wir können es also drehen und wenden wie wir wollen, wir können niemals direkt Einfluss auf andere Menschen ausüben und diese dazu bringen, sich so zu verhalten, wie wir es gerne möchten. Es bleibt nur eine eher indirekte Methode der Einflussnahme. Diese besteht darin, dass *wir* unser *Verhalten* gegenüber anderen Personen verändern und dadurch bestenfalls, vielleicht als eine Reaktion darauf, *indirekt* ihr Verhalten steuern können. Was können wir an unserem Verhalten ändern?

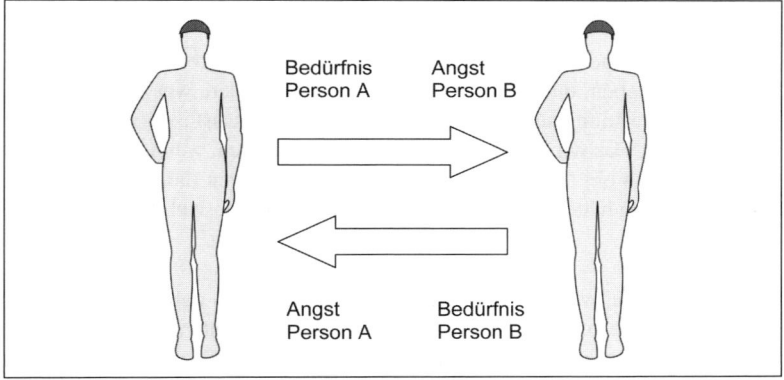

Abbildung 40: Entstehung schwieriger Konstellationen

Wir können all das unterlassen, was die zentrale Angst der anderen Person aktiviert, und all das tun, was ihr zentrales Bedürfnis unterstützt, und unser Verhalten dahingehend ändern, dass wir bestimmte Aspekte in der Kommunikation mehr betonen und andere eher minimieren. Problematische Konstellationen entstehen mit hoher Wahrscheinlichkeit dann, wenn die Verfolgung des zentralen Bedürfnisses einer Person die zentrale Angst der anderen Person aktiviert. Dies ist z. B. dann der Fall, wenn eine Person mit einem eher gewissenhaften Stil versucht, Regeln zu definieren, und eine Person mit einem eher kritischen Stil darin eine Bedrohung ihrer Handlungsspielräume sieht (vgl. Abbildung 40 und Tabelle 10).

Tabelle 10: Zentrale Ängste und zentrale Bedürfnisse der Kommunikations- und Verhaltensstile

Verhaltens- und Kommunikationsstil	Zentrale Angst	Zentrales Bedürfnis
Selbstbezogen	– Zweitrangig sein – Anerkennung verlieren	– Wertschätzung – Lob – Bewunderung
Dramatisierend	– Nichtbeachtetwerden – Ausgeschlossensein	– Beachtung – Aufmerksamkeit – Nähe
Gewissenhaft	– Kontrollverlust	– Kontrolle – Struktur – Klarheit – Vorhersehbarkeit
Rational-distanziert	– In Beziehungen zu weit emotional hineingezogen werden und dabei die Kontrolle verlieren zu können	– Distanz in sozialen Situationen – Selbstkontrolle
Kritisch	– (Gegen-)Aggression, die die Regeln des Miteinanders verletzen würde	– Selbstbestimmung – Autonomie
Sensibel-vermeidend	– Ablehnung – nicht mehr gemocht werden	– Akzeptiertwerden – Angenommensein
Kooperativ	– Alleingelassenwerden Bezugsperson verlieren	– Schutz – Zuverlässigkeit – ein Vorbild haben

Prinzipiell kann jede an einer Zweierkonstellation beteiligte Person jeweils einen der sieben Verhaltens- und Kommunikationsstile in einer kritischen Situationen zeigen. Es gibt also mehrere denkbare Konstellationen, bei denen es eher wahrscheinlich ist, dass es zu Konflikten kommt. Man kann sich die Konstellationen daraufhin ansehen, wie produktiv sie sind (vgl. Abbildung 41). Wer kann gut miteinander? Wo sind Konflikte vorprogrammiert? Welche Konstellationen sind eher neutral?

	selbst-bezogen	drama-tisierend	gewis-senhaft	kritisch	rational-distan-ziert	koope-rativ	sensibel-vermei-dend
selbst-bezogen	−	−	0/−	−	−	+	+
drama-tisierend		−	−	0/−	−	0	0/−
gewissen-haft			+	−	+	0	0/−
kritisch				0/−	0	0	−
rational-distanziert					+	−	+
kooperativ						−	+
sensibel-vermeidend							+

Abbildung 41: Die Beziehungsqualität verschiedener Konstellationen

Es kann sein, dass die Verfolgung des zentralen Bedürfnisses durch eine Person die zentrale Angst der anderen Person aktiviert. Diese Konstellation ist daher maximal unproduktiv und wird mit sehr hoher Wahrscheinlichkeit zu absehbaren Konflikten führen. Solche Konstellationen sind in Abbildung 41 mit einem (−) gekennzeichnet. Wenn z. B. zwei Menschen mit einem eher dramatisierenden Stil um die Aufmerksamkeit kämpfen, so kann nur einer im Mittelpunkt stehen. Die Verfolgung des zentralen Bedürfnisses der einen Person (Aufmerksamkeit erringen) wird automatisch die zentrale Angst der anderen Person (nicht bemerkt zu werden) aktivieren. Es kann auch sein, dass sich die Verfolgung der zentralen Bedürfnisse oder die Vermeidung der zentralen Ängste beider Personen sehr gut ergänzen. Diese Konstellationen sind dann sehr produktiv. Konflikte sind eher nicht zu erwarten. Ein eher selbstbezogener

Mensch wird z. B. die Kooperation eines eher anhänglichen (kooperativen) Menschen zu schätzen wissen, der kooperative Mensch wird sich im Gegenzug über die „Führung" durch den eher selbstbezogenen Menschen freuen. Diese Konstellationen sind in Abbildung 41 mit einem (+) gekennzeichnet. Darüber hinaus sind auch Konstellationen denkbar, bei denen die jeweiligen zentralen Bedürfnisse und die zentralen Ängste in keinem Zusammenhang stehen. Diese Konstellationen sind in der Abbildung mit einer (0) gekennzeichnet. Diese Konstellation ist z. B. zwischen einem kooperativen und einem gewissenhaften bzw. einem kritischen Stil gegeben.

Sofern eine Konstellation eher problematisch ist, erzeugt dies Anspannung. Diese Anspannung drängt die Personen dann noch weiter in ihren jeweiligen Kommunikations- und Verhaltensstil, und die Situation eskaliert immer mehr (vgl. Abbildung 42). Je ausgeprägter die Verhaltens- und Kommunikationsstile der beiden Interaktionspartner sind, umso mehr wirkt sich dies auf die Qualität der Beziehung aus, insbesondere bei (–)-Beziehungen.

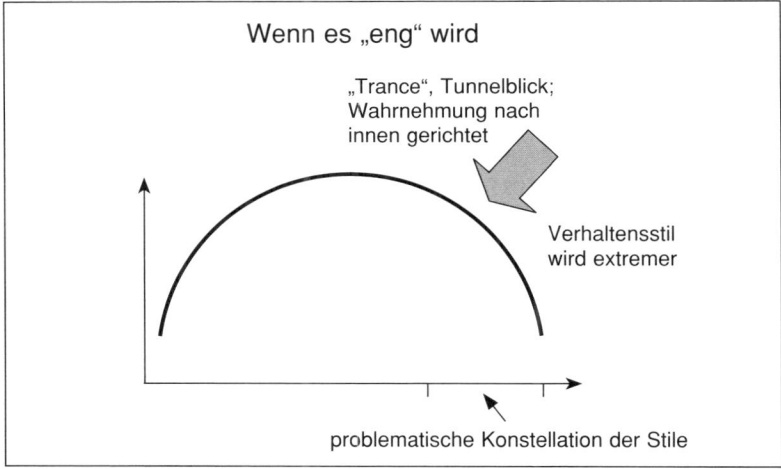

Abbildung 42: Eskalation in schwierigen Konstellationen

Aus Abbildung 41 ist ersichtlich, dass es eher unwahrscheinlich ist, dass passende Konstellationen zufällig entstehen. Es ist im Gegenteil eher viel wahrscheinlicher, dass man sich Konstellationen gegenübersieht, die unproduktiv sind. Insbesondere im Berufsleben trägt zur Entstehung eher unproduktiver Konstellationen auch noch folgender Mechanismus bei: Wenn Führungskräfte neue Mitarbeiter auswählen, verfahren sie häufig implizit nach der Strategie „Schmidt sucht Schmidtchen". Sie suchen sich also Mitarbeiter aus, die ihnen ähnlich (gleicher Verhaltens- und Kommunikationsstil) und eine Nummer kleiner sind, d. h., die ihnen möglichst nicht gefährlich werden, indem sie die eigene Position beanspruchen könnten. Aus der Diagonale in Abbildung 41 kann man sehen, dass solche Konstellationen jedoch oft quasi automatisch zu Schwierigkeiten führen können. Eine sinnvollere Auswahlstrategie wäre es, gezielt Personen mit einem solchen Verhaltens- und Kommunikationsstil auszuwählen, der zu einer produktiven Konstellation führen würde. Viele Probleme im Berufsleben sind daher eher ein Passungsproblem zwischen Person und Situation (Hofmann, 2006). Es gibt also nicht den „richtigen" und „falschen" Mitarbeiter, sondern die Problematik besteht vielmehr darin, dass es richtige und falsche Tätigkeiten für die vorhandenen Mitarbeiter gibt.

5.5.2 Wie können wir den Ablauf von Interaktionen verändern?

Die Veränderung der Interaktion mit einer schwierigen Person kann in zwei Schritten vollzogen werden. Zunächst muss die Rolle, die einem von der Problemperson auf dem Hintergrund ihrer Notfallregel zugewiesen wird, angenommen werden (Komplementärrolle spielen). Dies ist die Voraussetzung für eine Änderung des Verhaltens der Problemperson. Es ist also notwendig, sich eine gewisse Zeit lang etwas zu verbiegen und *temporär* das Spiel, zu dem die andere Person einlädt, mitzuspielen. Man kann die Situation mit einem Tanz vergleichen, bei dem man sich zuerst an den Tanzpartner (schwierige Person) synchronisieren, also sich von ihm führen lassen muss, und dann versuchen, die Führung zu übernehmen. Man muss sich *zunächst bewusst* gemäß der Beziehungsvorschläge der anderen Person verhalten, auf ihre zentrale Angst und ihr zentrales Bedürfnis Rücksicht nehmen. Nur dann, wenn man dies einige Zeit durchgehalten hat (Beziehungskredit geben), kann in einem zweiten Schritt eine konstruktive Kritik formuliert werden, und es besteht die Chance, die Gesamtkonstellation zu verändern (vgl. Abbildung 43).

Es handelt sich bei diesem Experiment um den Versuch, in eine verfahrene Situation Bewegung zu bringen, man kann dabei nur gewinnen, denn schlechter wird die Situation nicht, jedoch vielleicht besser (dafür gibt es natürlich keine Garantie, aber es ist einen Versuch wert).

Erster Schritt: Beziehungskredit

– Das Selbstbild der anderen Person aufrechterhalten
– „Ein warmes Bad einlaufen lassen"
– Die andere Person „fü-tern"

Zweiter Schritt: Änderungsversuch

Formulierung der Änderungswünsche nach den Regeln
der Formulierung konstruktiver Kritik

Abbildung 43: Zwei Schritte zur Veränderung

1. Schritt: „Mitspielen"

Überlegen Sie sich, was Sie in der Interaktion mit einer für Sie schwierigen Person tun könnten, um die Rolle zu spielen, die sie Ihnen aufgrund ihrer Notfallregel zuweisen möchte, *ohne* sich dabei selbst zu schaden. Nutzen Sie dabei die Ratschläge zum Umgang mit den jeweiligen Kommunikations- und Verhaltensstilen im Kapitel 4. Definieren Sie auch, wo dabei Ihre Grenze liegt, die Sie nicht überschreiten möchten.

Übung: „Mitspielen"

Was könnte ich tun, um das „Spiel" der anderen Person mitzuspielen, ohne mir selbst zu schaden?

_____

_____

_____

Wo ist für mich dabei die Grenze?

_____

_____

_____

2. Schritt: Formulierung des Änderungswunsches in Form konstruktiver Kritik

Sofern genügend Beziehungskredit besteht, kann dann zum zweiten Schritt übergegangen werden, der Formulierung einer konstruktiven Kritik. Ohne diesen vorher erarbeiteten Beziehungskredit führt eine solche Kritik sehr häufig zu keinen Veränderungen. Der Beziehungskredit macht es wahrscheinlicher, dass die Kritik auf fruchtbaren Boden fällt, kann dies jedoch natürlich nicht garantieren. Bei der Formulierung einer konstruktiven Kritik sei nochmals an das Schema zur Formulierung von Kritik (vgl. Seite 171) in Kapitel 5.4.2.6 erinnert.

Die beabsichtigte Kritik kann nach diesem Schema vorformuliert und dann mit Hilfe der folgenden Fragen nochmals überprüft und gegebenenfalls umformuliert werden. Nutzen Sie dazu auch das Übungsblatt „Kritik formulieren" in Kapitel 5.4.2.6 auf Seite 171:

* Enthält die Beschreibung des kritisierten Verhaltens noch Bewertungen?
* Enthält sie Du-Aussagen?
* Ist die eigene Reaktion auch nicht in versteckten Du-Aussagen formuliert?
* Ist das Wunschverhalten eindeutig beschrieben?
* Enthält die Kritik Punkte, die den Kritisierten (nahezu zwangsläufig) zu Widerspruch herausfordern werden?

Das folgende Übungsblatt dient dazu, Möglichkeiten für veränderte Interaktionen mit einer „schwierigen" Person zu finden.

Übung: Geänderte Interaktion
(befristeter Waffenstillstand, Ausstieg aus der Spirale)

Wie verträgt sich Ihr zentrales Bedürfnis mit der vermuteten zentralen Angst der „Problemperson"?

Wie verträgt sich Ihre zentrale Angst mit dem vermuteten zentralen Bedürfnis der „Problemperson"?

Was könnten Sie konkret tun, um die vermutete zentrale Angst der „Problemperson" zu verringern, *ohne dass Sie sich dabei selbst schaden*?

Was könnten Sie konkret tun, um das vermutete zentrale Bedürfnis der „Problemperson" zu unterstützen, *ohne dass Sie sich dabei selbst schaden?*

5.5.3 Ansatzpunkte für einen veränderten Umgang mit für uns schwierigen Menschen

In Tabelle 11 sind einige Tipps aufgeführt, die als Grundlage für entsprechende Verhaltensexperimente dienen können. Es ist jeweils aufgelistet, welches Verhalten sinnvoll wäre, um das zentrale Bedürfnis der anderen Person zu unterstützen, und welches Verhalten am besten unterlassen werden sollte, da es die zentrale Angst der anderen Person aktivieren würde. Wählen Sie dasjenige Verhalten für ein Verhaltensexperiment aus, das Sie im konkreten Umgang mit der jeweiligen Person umsetzen können, ohne jedoch gegen Ihre eigenen Interessen zu handeln.

Will man, dass Menschen ihr Verhalten ändern, so nützt es nichts, ihnen schlagende Argumente vorzuhalten, sondern man muss ihre unbewusste Motivationslage erkennen: Welches zentrale Bedürfnis verfolgt die Person und was vermeidet sie tunlichst, sobald es für sie eng wird?

Ratschläge zum Umgang mit (für uns) schwierigen Menschen:

- Versuchen Sie, das *Verhalten* der Person Ihnen gegenüber zu verändern.
- Versuchen Sie nicht, die *Weltsicht* der Person zu ändern.
- Versuchen Sie, die dem Verhalten zugrunde liegenden Bedürfnisse und Ängste zu erfassen.
- Unterstellen Sie der anderen Person keinen bösen Willen.
- Seien Sie mit kleinen Veränderungen zufrieden.
- Vermeiden Sie abstrakte Diskussionen über richtiges und falsches Verhalten, sprechen Sie stattdessen über Ihre Bedürfnisse und Wünsche.
- Lassen Sie sich nicht in das Spiel (Kalkül) der anderen Person hineinziehen.

Tabelle 11: Verhaltensregeln, um das zentrale Bedürfnis der anderen Person zu unterstützen und die zentrale Angst nicht zu aktivieren

Stil	Unbedingt tun	Unbedingt unterlassen
Selbst-bezogener Stil	– besondere Leistungen und Anstrengungen loben – Anerkennung geben – Bestätigung vermitteln – Respekt vermitteln – Probleme relativieren – Angenommensein zeigen – Die Reaktionen anderer Personen erklären – Schweigen über eigene Privilegien und Erfolge	– Abwertung – Kritik – Infragestellen – Mogelpackungen entlarven – Machtkämpfe – Begriffe wie: „problematisch", „mangelhaft", „defizitär", „unzureichend" etc.
Dramatisierender Stil	– besondere Aufmerksamkeit schenken – aufmerksam zuhören – deutlich machen, dass man sich für die jeweiligen Inhalte interessiert – viel verbalisieren – Zuwendung durch Mimik und Gestik zeigen – Bemühungen zeigen, das Geschilderte nachzuvollziehen – Vertiefende Fragen stellen – Das Gesagte konkretisieren – Besonderes anerkennen – Komplimente machen – Von Zeit zu Zeit Raum für „Aufführungen" geben – Interesse bekunden, wenn sich die Person „normal" verhält	– Abwerten – Ignorieren – Relativieren – Inhalte bagatellisieren – Auf „Einwickelungsstrategien" reagieren
Gewissenhafter Stil	– Autonomie respektieren – Normen und Regeln explizieren – Wenn man Kritik übt, dann indem man die Kosten (des übergenauen Verhaltens) transparent macht – Wenn überhaupt Kritik, dann mit Zahlen und Fakten – Zeigen, dass man berechenbar ist	– Stellung zu den Regeln und Normen des anderen beziehen – Normen und Regeln des anderen kommentieren – Normen und Regeln des anderen infrage stellen – Sich zu tief in das „System" hineinziehen lassen

Tabelle 11: Verhaltensregeln, um das zentrale Bedürfnis der anderen Person zu unterstützen und die zentrale Angst nicht zu aktivieren (Fortsetzung)

Stil	Unbedingt tun	Unbedingt unterlassen
Kritischer Stil	– Transparenz zeigen – So oft wie möglich die Meinung abfragen – Erläutern, warum man etwas tut/ etwas fordert – Erklären, was Ziel und Zweck einer Aufgabe ist und was nicht – Dem anderen möglichst viel Kontrolle über die Situation geben – Den anderen möglichst viel entscheiden lassen – Alternativen anbieten, die der andere wählen kann: • Alternativen ermöglichen subjektiv erlebte Kontrolle • Welche Alternative ist aus Ihrer Sicht die weniger unangenehme Alternative? • Bei welcher Alternative sind aus Ihrer Sicht Aufwand und Nutzen am besten?	– Informationen gegen andere verwenden – Selbst mikropolitisch handeln – So tun, als ob man den Widerstand nicht bemerkt
Rational-distanzierter Stil	– Verstärkt mit dem Selbstmitteilungsohr hören – Beziehungskredit geben – Dem anderen Zeit lassen (weglaufen kann auch ein Anlaufnehmen sein) – Kongruent bleiben, nicht taktieren	– Mit dem Beziehungsohr hören – Die abweisende Art persönlich nehmen – „Psychoanalysen" vornehmen – Erklärungen für Verhalten verlangen (das würde zur Selbstkundgabe zwingen) – Mit zu viel Konversation „erschlagen"
Kooperativer Stil	– Verlässlich sein – Initiativen verstärken, nicht Erfolge – Loyal sein – Unterstützen – Zusagen einhalten – Zugewandt bleiben – Zeigen, dass man selbst auch Fehler hat	– Zur Verantwortungsübernahme zwingen – Ratschläge fordern – Zur Stellungnahme auffordern

Tabelle 11: Verhaltensregeln, um das zentrale Bedürfnis der anderen Person zu unterstützen und die zentrale Angst nicht zu aktivieren (Fortsetzung)

Stil	Unbedingt tun	Unbedingt unterlassen
Sensibel-vermei-dender Stil	– Schwierigkeiten und Ängste ernst nehmen – Respektvoll behandeln – Positive Eigenschaften und Taten benennen – Dem anderen Zeit lassen, er bestimmt das Tempo der Interaktion – Signalisieren, dass es einem wichtig ist, den anderen zu verstehen – Einen Weg finden, über das Tun und nicht über das Reden in Kontakt zu kommen – Vor Kritik unbedingt ein Lob formulieren – Zeigen, dass man selbst Widerspruch ertragen kann	– kritisieren – einschüchtern – verbal angreifen

5.6 In welchen Bereichen kann es lohnend sein, Verhaltensexperimente durchzuführen?

Zum Abschluss dieses Kapitels sollen noch einmal die Bereiche zusammengestellt werden, in denen es gewinnbringend sein kann, Verhaltensexperimente durchzuführen.

Die größten Effekte können sicherlich mit Verhaltensexperimenten erzielt werden, bei denen man sich mit der eigenen zentralen Angst konfrontiert. Weiterhin können Verhaltensexperimente im zwischenmenschlichen Bereich, bei denen es um veränderte Interaktionen mit schwierigen Mitmenschen geht, erfolgreich sein. Wie in Kapitel 5.5 beschrieben, ist es dafür notwendig, für einen gewissen Zeitraum alles zu unterlassen, was deren zentrale Angst aktiviert, und alles zu machen, was deren zentrales Bedürfnis unterstützt. Zeitlich begrenzt wird also auf ihren Beziehungsvorschlag eingegangen, indem man ihre Erwartungen erfüllt und Dinge, die nicht zu ihrem Stil passen, unterlässt. Zu beachten ist, dass man dem Beziehungsvorschlag der anderen Person nicht folgt, weil man ihn gut findet, sondern nur darum, um einen Beziehungskredit aufzubauen. Dieser Beziehungskredit kann dann letztendlich in Form von konstruktiver Kritik eingelöst werden.

Ein weiteres Feld für Verhaltensexperimente findet sich auf dem Gebiet der Kommunikation. Man kann üben, die normalerweise dominante Ebene zum Senden von Informationen weniger stark zu nutzen und die normalerweise unterentwickelte Ebene gezielt zu trainieren. Ebenso kann geübt werden, die präferierte Hörebene zu relativieren und stattdessen kontraselektiv zu hören (vgl. Kapitel 5.4).

Generell geht es bei den Verhaltensexperimenten darum, die Hypothesen, die man sich über das Funktionieren der Welt, insbesondere der sozialen Welt, gebildet hat, auf ihre Richtigkeit im derzeitigen Umfeld hin zu prüfen. Nur so ist es möglich, eventuelle Fehlprogrammierungen, die man mit sich herumträgt und die das Leben schwermachen können, hinter sich zu lassen und von der (nicht optimalen) Strategie des emotionalen Überlebens zur Strategie des selbstbestimmten Lebens zu kommen.

Diesen Vorgang kann man gut mit dem vergleichen, was Carl Gustav Jung mit dem Begriff „Individuation" beschrieben hat. In seiner Beschreibung der Persönlichkeitsentwicklung – insbesondere in der zweiten Lebenshälfte – geht es darum, diejenigen Bereiche, die bisher unterentwickelt waren, gezielt zu beachten und zu entwickeln und diejenigen Verhaltensbereiche, die bisher dominant sind, etwas zu reduzieren. Auf dieses Buches übertragen, könnte man sagen, es geht darum, den Verhaltens- und Kommunikationsstil, der konträr zu dem bisher bevorzugten Stil ist, zu kultivieren und den bisher dominanten Stil abzuschwächen, indem man die dahinterstehende zentrale Angst modifiziert. So gesehen können Verhaltensexperimente auch eine allgemeine Lebens- und Entwicklungsaufgabe sein.

6 Gedankliche Bearbeitung der Notfallregel

Die wirkungsvollsten Möglichkeiten, eine Veränderung der Notfallregel zu erzielen, stellen die in Kapitel 5 beschriebenen Verhaltensexperimente dar. Man kann jedoch auch gedankliche Veränderungstechniken anwenden, um den Änderungsprozess zu unterstützen. Sie dienen jedoch nicht dazu, Verhaltensexperimente komplett zu ersetzen.

In diesem Kapitel werden verschiedene Möglichkeiten beschrieben, mit deren Hilfe man die jeweilige Entwicklungsregel durch gedankliche Techniken schneller in „Fleisch und Blut" übergehen lassen kann. Probieren Sie die einzelnen Methoden aus und wählen Sie die Methode(n) aus, bei der oder denen Sie den deutlichsten Veränderungseffekt bemerken.

Überzeugungen zu ändern ist eigentlich eine Sache, die ständig in unserem Leben passiert. Diese „natürliche" Veränderung erfolgt dabei allerdings eher ungesteuert als systematisch und bewusst kontrolliert. Die Psychologie hat einige Methoden entwickelt, mit deren Hilfe der Prozess der Veränderung gesteuert und beschleunigt werden kann. Die Beispiele, die in diesem Kapitel verwendet werden, beziehen sich auf die Notfall- und die Entwicklungsregel des eher zu gewissenhaften Verhaltens- und Kommunikationsstils. Sie sind nur zur Illustration der Vorgehens gedacht.

6.1 Veränderung mit Hilfe von Konsequenzen

Bei dieser Veränderungsmethode wird die Notfallregel mit ihren negativen Konsequenzen verkettet (assoziiert), und die Entwicklungsregel wird mit ihren positiven, erwünschten Konsequenzen verkettet. Man nutzt dabei den Effekt aus, dass zwei Dinge, die sehr häufig gleichzeitig auftreten, in unserer Gedankenwelt als eng verknüpft und assoziiert empfunden werden. Diese Veränderungsmethode beinhaltet vier Vorgehensschritte.

Erster Schritt

Notieren Sie sich möglichst viele *negative* Konsequenzen der derzeitigen Notfallregel. Hilfreiche Fragen können dazu sein:
- Welche Nachteile hat diese Notfallregel für Sie?
- Warum wollen Sie die Notfallregel loswerden?
- Woran hindert Sie die derzeitige Notfallregel?

Beispiel – gewissenhafter Stil:
Negative Konsequenzen der zu verändernden Notfallregel

- Ich habe Angst, etwas falsch zu machen.
- Ich vermeide es, mich in Situationen zu begeben, in denen ich mich nicht ganz sicher fühle.
- Ich verspüre einen enormen Leistungsdruck, da ich mich immer sehr gut vorbereiten muss.
- Dadurch habe ich wenig Freizeit und Erholung.

Übung: Negative Konsequenzen der zu verändernden Notfallregel

Zweiter Schritt

Notieren Sie nun möglichst viele *positive* Konsequenzen, die die Entwicklungsregel hätte, wenn Sie tatsächlich fest an diese Regel glauben würden. Hilfreiche Fragen können dazu sein:
- Warum möchten Sie die Entwicklungsregel haben?
- Was könnten Sie tun, wenn Sie diese Entwicklungsregel hätten?
- Was würde Ihnen die Entwicklungsregel bringen?

Beispiel – gewissenhafter Stil:
Positive Konsequenzen der Entwicklungsregel

- Ich würde Situationen aufsuchen, die ich bisher gemieden habe (z. B. Tennisspielen).
- Die Angst vor beruflichen Präsentationen wäre geringer.
- Ich könnte mich mehr auf ausgleichende Tätigkeiten konzentrieren (mehr Zeit für die Familie etc.).

Übung: Positive Konsequenzen der Entwicklungsregel

_____

_____

_____

_____

Dritter Schritt

Gehen Sie nun folgendermaßen vor und nutzen Sie dazu das Arbeitsblatt „Konsequenzen":

a) Lernen Sie die zu verändernde Notfall- und die Entwicklungsregel auswendig.

b) Lernen Sie die negativen Konsequenzen der zu verändernden Notfallregel auswendig.

c) Lernen Sie die positiven Konsequenzen der Entwicklungsregel auswendig.

Übung: Konsequenzen

Zu verändernde Notfallregel:	Entwicklungsregel:

– Welche negativen Konsequenzen hat es momentan noch für Sie, dass Sie fest an die zu verändernde Notfallregel glauben?
– Warum wollen Sie diese Regel los werden?

– Welche positiven Konsequenzen hätte es für Sie, wenn Sie fest an die Entwicklungsregel glauben würden?

_____

_____

_____

_____

_____

_____

Vierter Schritt

Durchdenken Sie das Auswendiggelernte möglichst oft genau in folgender Reihenfolge. Achten Sie dabei darauf, dass Sie die Reihenfolge genau einhalten!

Reihenfolge des Durchdenkens bei der Arbeit mit Konsequenzen:

1. Zu verändernde Notfallregel
2. Negative Konsequenzen dieser zu verändernden Notfallregel
3. Entwicklungsregel
4. Positive Konsequenzen dieser Entwicklungsregel

Wirkungsweise der Methode: Durch die genaue Einhaltung der Reihenfolge wird sichergestellt, dass die zu verändernde Notfallregel mit den darauf folgenden negativen Konsequenzen negativ „eingefärbt" wird. Die zu verändernde Notfallregel wird mit negativen (aversiven) Konsequenzen verknüpft und bekommt so einen negativen „Beigeschmack". Dadurch, dass die Entwicklungsregel die Vorstellung der negativen Konsequenzen der zu verändernden Notfallregel unterbricht, erhält diese einen positiven Charakter. Durch häufiges Kombinieren der Entwicklungsregel mit den positiven Konsequenzen der Entwicklungsregel wird diese positive „Einfärbung" weiter verstärkt.

6.2 Veränderung mit Hilfe positiver und negativer Vorstellungen

Bei dieser Methode wird die zu verändernde Notfallregel mit einer negativen, aversiven Vorstellung verknüpft und die Entwicklungsregel mit einer positiven Vorstellung. Die jeweiligen positiven und negativen Vorstellungen sollten dabei inhaltlich in keinerlei Beziehung zu der zu verändernden Notfallregel oder der Entwicklungsregel stehen (also z. B. nicht die negativen Folgen der zu verändernden Notfallregel sein). Die benötigte positive und negative Vorstellung sollte inhaltlich aus einem ganz anderen Lebensbereich kommen und sehr deutlich positiv oder negativ emotional besetzt sein. Da Vorstellungen im Allgemeinen um so deutlicher sind, je mehr Sinne angesprochen werden, ist es günstig, wenn Sie eine Vorstellung verwenden, die sichtbare, hörbare, fühlbare und eventuell riechbare Inhalte hat. Diese Veränderungsmethode besteht aus drei Schritten.

Erster Schritt

Suchen Sie sich eine für Sie persönlich deutlich positive Vorstellung. Diese positive Vorstellung sollte, wie gesagt, nichts mit der zu verändernden Notfallregel oder der Entwicklungsregel zu tun haben, sondern sollte einfach eine für Sie angenehme Vorstellung an eine Situation sein, die Sie schon einmal erlebt haben. Ein Beispiel für eine solche Vorstellung kann das Skifahren sein. Stellen Sie sich dafür z. B. ein Skigebiet bei Sonnenschein vor, den Geruch der Sonnencreme, das Knirschen des Schnees, das Körpergefühl während der Ausführung eines Schwunges etc. Wichtig ist, dass Sie eine Vorstellung wählen, die für *Sie persönlich* sehr positiv ist.

Übung: Finden einer positiven Vorstellung
Hilfreiche Fragen zum Finden einer positiven Vorstellung: – Was können Sie gut?   – Worüber reden Sie gerne?   – Womit verbringen Sie gerne Ihre Zeit?   – Was ist gut (mit möglichst vielen Sinnen) vorstellbar?

Zweiter Schritt

Suchen Sie nun nach einer für Sie persönlich negativen Vorstellung. Diese negative Vorstellung sollte wiederum nichts mit der konkreten Notfallregel oder der Entwicklungsregel zu tun haben, sondern eine für Sie negative und unangenehme Erinnerung an eine Situation sein, die Sie selbst einmal erlebt haben. Eine solche negative Vorstellung kann z. B. die Erinnerung an den letzten Besuch beim Zahnarzt sein. Stellen Sie sich dabei den zahnarzttypischen Geruch vor, das hochfrequente Geräusch des Bohrers, das Vibrieren des Schädels beim Bohren, vielleicht auch noch die Zahnschmerzen vorher. Wählen Sie auch hier wieder eine Vorstellung, die für *Sie persönlich* unangenehm ist.

Übung: Finden einer negativen Vorstellung

Hilfreiche Fragen zum Finden einer negativen Vorstellung:
– Was machen Sie ungern?
– Was erzeugt unangenehme Gefühle?
– Wovor haben Sie Angst?
– Was ist gut (mit möglichst vielen Sinnen) vorstellbar?

Dritter Schritt

Stellen Sie sich folgende Inhalte in der unten dargestellten Reihenfolge möglichst oft vor. Achten Sie genau auf die Reihenfolge!

Abfolge der Vorstellungen:

1. Zu verändernde Notfallregel.
2. Negative Vorstellung möglichst genau und intensiv vorstellen.
3. Entwicklungsregel.
4. Positive Vorstellung möglichst genau und intensiv vorstellen.

Beispiel:

1. Sagen Sie sich innerlich die zu verändernde Notfallregel vor.
2. Stellen Sie sich möglichst deutlich die Zahnarztsituation vor: den Bohrer, den Geruch, die Vibrationen beim Bohren, die Schmerzen vorher ...
3. Sagen Sie sich innerlich die angestrebte Entwicklungsregel vor.
4. Stellen Sie sich möglichst plastisch die Skifahrszene vor: das Skigebiet, die Wärme der Sonne auf der Haut, den Geruch der Sonnencreme, das Knirschen des Schnees, den Bewegungsablauf beim Ausführen eines Schwunges.

Wirkungsweise der Methode: Bei dieser Veränderungsmethode wird die zu verändernde Notfallregel mit einer für Sie negativen, aversiven Vorstellung assoziiert, die Entwicklungsregel mit einer für Sie positiven Vorstellung „eingefärbt". Durch das Unterbrechen der negativen Vorstellung anhand des Vorsagens der Entwicklungsregel wird dieses „Einfärben" noch verstärkt.

6.3 Veränderung mit Hilfe von Gegenargumenten

Mit dieser Veränderungsmethode werden die Argumente, die gegen die zu verändernde Notfallregel sprechen, ständig präsent gehalten. Die verwendeten Gegenargumente sind zunächst eher theoretisch und abstrakt und werden dann zunehmend persönlicher und konkreter. Da man normalerweise von der Richtigkeit der Notfallregel überzeugt ist, fällt es meist etwas schwerer, diese Methode anzuwenden als die beiden oben genannten Methoden. Diese Art der Veränderung von Notfallregeln erfolgt in fünf Schritten. Für die Arbeit mit der Methode der Gegenargumente können Sie das Übungsblatt „Gegenargumente" verwenden.

Erster Schritt

Überlegen Sie sich, welche Gegenargumente ganz allgemein und rein theoretisch gegen die zu verändernde Notfallregel sprechen.

Beispiel – gewissenhafter Stil:
Welche Argumente könnte „man" gegen die Notfallregel finden?

- Es gibt niemanden, der in allen Dingen perfekt ist.
- Die Welt ist zu komplex, um alles beherrschen zu können.
- Die Maßstäbe dafür, wann etwas perfekt ist, wechseln.
- Kein Mensch kann auf allen Gebieten etwas besonderes leisten, die meisten tun dies nicht einmal auf einem Gebiet.
- Überzogenes Erfolgsstreben mindert die Leistung.
- Mit dieser Einstellung wird man zu einem großen Teil fremdgesteuert.

Zweiter Schritt

Überlegen Sie sich, welche Argumente Personen, die für Sie wichtig sind, gegen diese Notfallregel vorbringen könnten. Sie können hier entweder nur Ihre Vermutungen notieren, was diese Personen sagen könnten, oder natürlich die entsprechenden Personen auch direkt fragen.

Beispiel – gewissenhafter Stil: Einwände, die für Sie wichtige Personen gegen die Notfallregel vorbringen könnten

- Werner: „Fehler sind Ansatzpunkte für Lernerfahrungen."
- Anke: „Perfektion ist ein sowieso unerreichbares Ideal."
- Der Philosoph X sagt: „Der Mensch ist von Natur aus zu Fehlern verdammt."

Dritter Schritt

Notieren Sie sich Argumente, die aus Ihrer eigenen Sicht gegen die Richtigkeit der zu verändernden Notfallregel sprechen.

Beispiel – gewissenhafter Stil: Eigene Argumente, die gegen die Richtigkeit der Notfallregel sprechen

- Michael zeigt häufig seine Schwächen und ist trotzdem erfolgreich.
- In der Situation X habe ich einen Fehler gemacht, alle haben ihn bemerkt, es hatte keine negativen Folgen.

Übung: Gegenargumente

Zu verändernde Notfallregel:

_____

_____

1. Welche Argumente könnte „man" gegen diese Regel finden?

_____

_____

_____

_____

2. Welche Argumente würden Personen, die für mich wichtig sind, gegen die Regel finden?

_____

_____

_____

_____

3. Welche Beispiele habe ich selbst, die gegen die Gültigkeit dieser Regel
   sprechen?

_____

_____

_____

_____

Vierter Schritt

Lernen Sie die Gegenargumente auswendig.

Fünfter Schritt

Durchdenken Sie die Gegenargumente möglichst häufig in folgender Reihenfolge:

Reihenfolge bei der Arbeit mit Gegenargumenten:

1. Zu verändernde Notfallregel.
2. Theoretische Gegenargumente.
3. Gegenargumente der für Sie wichtigen Personen.
4. Ihre eigenen Gegenargumente.

Für die Auswahl von Gegenargumenten gilt:

• Je mehr Gegenargumente, desto besser.
• Je mehr Gegenargumente von Ihnen selbst kommen, desto besser.
• Die Gegenargumente müssen kurz zu beschreiben sein (stichwortartig).
• Die Gegenargumente müssen gut erinnerbar sein.
• Die Gegenargumente müssen so nahe wie möglich an der eigenen „geis-
  tigen Sprache" sein, d. h., sie sollten nicht abstrakt formuliert sein, sondern
  so, wie Sie selbst im Alltag denken.
• Die Gegenargumente müssen glaubhaft sein.

Das Relativieren der negativen Konsequenzen. Es ist ja häufig so, dass sich die Einschätzung von Vorgängen, Ergebnissen etc. im Laufe der Zeit ändern kann. Was zuerst als eine Katastrophe bewertet wird, kann sich im Lichte späterer Erkenntnisse als weniger katastrophal oder sogar als ein außerordentlicher Vorteil erweisen. Ein Beispiel hierfür ist das Zeppelinunglück von 5. August 1908. Das Luftschiff LZ 4 war in Echterdingen verunglückt. Die Träume des Grafen Zeppelin schienen endgültig ausgeträumt zu sein, der Graf war finanziell ruiniert. Soweit die Katastrophe. Nun zur Relativierung. Nach diesem Unglück wurde in ganz Deutschland gespendet, es kamen rund sechs Millionen Reichsmark an Spenden zusammen, der Luftschiffbau wurde fortgesetzt, das gespendete Geld in eine Stiftung eingebracht und so der Grundstein für die wirtschaftliche Entwicklung der Bodenseeregion gelegt, die bis heute davon profitiert. Das Unglück wurde so zum Anfang des Aufschwungs einer ganzen Region.

Nun soll nicht behauptet werden, dass jedes negative Ereignis langfristig immer positive Entwicklungen nach sich zieht. Es gibt genügend Katastrophen, die einfach nur katastrophal sind. Jedes negative Ereignis als den Beginn einer positiven Entwicklung umdeuten zu wollen, wäre ein Akt falsch verstandenen „Positiven Denkens". Die Relativierung ergibt sich aber aus der unbestreitbaren Tatsache, dass man aus der derzeitigen Perspektive die Folgen von negativen (und natürlich auch positiven) Ereignissen niemals abschließend beurteilen kann. Es besteht immer die Möglichkeit, dass sich die Bewertung der Ereignisse im Laufe der Zeit grundlegend ändern kann.

Überlegen Sie bei der Auswahl Ihrer Argumente also auch, ob es in Ihrem Leben Ereignisse gab, die Sie anfänglich als katastrophal eingeschätzt haben, die sich nachträglich aber als weniger katastrophal oder sogar hilfreich erwiesen haben.

Wichtig:

Um es noch einmal zu wiederholen: Die Wirkung dieser Technik besteht nicht darin, zu behaupten, negative Ereignisse hätten immer längerfristig positive Konsequenzen. Dies ist natürlich nicht zwangsweise der Fall. Es ist aber prinzipiell möglich, dass sich die Bewertung der im Moment als negativ bewerteten Ereignisse im Laufe der Zeit vollständig ändern *kann*. Genau in dieser prinzipiellen Möglichkeit liegt die Wirkung der Relativierung. Wir gehen normalerweise meist davon aus, dass die befürchteten negativen Konsequenzen eintreten müssen und ihre Wirkung auch langfristig negativ sein muss. Mit Hilfe der Relativierung wird der Blick dafür geöffnet, dass diese negative Einschätzung prinzipiell falsch sein *kann*, da niemand in die Zukunft sehen kann und sich die Bewertung grundsätzlich ändern *kann*. Das Ausmaß, in dem wir heute an die längerfristig negativen Konsequenzen von Ereignissen glauben, ist also kein Beweis für die Richtigkeit dieser Annahme.

Wirkungsweise der Methode: Wenn Sie die Gegenargumente häufig durchdenken, halten Sie sie damit ständig im Bewusstsein präsent. Dies führt dazu, dass die zu verändernde Notfallregel an „Glaubhaftigkeit" verliert, sie wird zunehmend bezweifelt.

6.4 Veränderung mit Hilfe formaler Veränderung

Eine weitere Methode, Notfallregeln zu verändern, ist die Veränderung der Submodalitäten (z. B. Lautstärke, Stimmhöhe, Sprechgeschwindigkeit), in denen die Regel als innere Stimme abgespeichert ist. Eine Veränderung der Submodalitäten bewirkt eine „Verfremdung" des Inhalts. Genau dies ist hier das Ziel, die zu verändernde Notfallregel soll uns fremd werden.

Veränderbare Submodalitäten der inneren Stimme:

- Geschlecht
- Höhe
- Richtung
- Lautstärke
- Geschwindigkeit
- Dialekt
- Fremdsprache
- Melodie

Bei dieser Technik wird die Tatsache nutzbar gemacht, dass es für die emotionale Bedeutung eines Gedankens nicht nur wichtig ist, wie der Gedanke *inhaltlich* wahrgenommen wird. Für die emotionale Bedeutung eines Gedankens ist es auch wichtig, *wie* er formal wahrgenommen wird. Durch eine Veränderung der rein formalen Wahrnehmung von Gedanken kann deren emotionale Bedeutsamkeit verändert werden. Dazu erfolgt bei der nachfolgenden Übung die Konzentration auf die zu verändernde Notfallregel. Wir wenden uns also aktiv der Notfallregel zu, verändern dabei aber die Modalitäten (z. B. Lautstärke, Stimmhöhe, Sprechgeschwindigkeit), mit denen der Gedanke innerlich wahrgenommen wird.

Wirkungsweise der Methode: Sehr häufig führt eine oder mehrere dieser submodalen Veränderungen dazu, dass die Notfallregel als irreal, als nicht zu einem selbst gehörig erlebt wird. Manchmal wird sie durch diese Art der Veränderungen sogar lächerlich, lustig, witzig. Die Veränderung von Gedanken mit Hilfe dieser Technik wird häufig damit erklärt, dass die Gedanken schwerer vorstellbar, weniger bedrohlich, befremdlich, fremd, irrelevant, als räumlich und bedeutungsmäßig weiter entfernt erlebt werden.

Übung: Submodale Veränderung

Um diese Übung durchzuführen, ist es günstig, einen ruhigen Ort aufzusuchen, an dem Sie ca. 15 Minuten ungestört sind. Da es vielen Menschen leichter fällt, sich mit geschlossenen Augen auf Gedanken zu konzentrieren, sollten Sie versuchen, diese Übung mit geschlossenen Augen durchzuführen. Sollte Ihnen das Schwierigkeiten machen, können Sie die Übung natürlich auch mit offenen Augen durchführen.

– Sagen Sie sich die zu verändernde Notfallregel innerlich wie ein Endlosband oder eine Schallplatte mit Sprung 2 Minuten lang vor, konzentrieren Sie sich auf die körperlichen Veränderungen, die dabei entstehen.

– Entscheiden Sie nun, welches Geschlecht die Stimme hat, mit der Sie sich den Satz innerlich selber vorsagen, ist es eine männliche oder eine weibliche Stimme?

– Versuchen Sie dann, den Satz von dem jeweils anderen Geschlecht gesprochen wahrzunehmen. Wenn Sie den Gedanken innerlich von einer weiblichen Stimme gesprochen hören, versuchen Sie, ihn von einer männlichen Stimme gesprochen wahrzunehmen und umgekehrt.

– Kehren Sie nun wieder zu der Originalversion des Satzes zurück, sagen Sie sich die Notfallregel wieder von dem Geschlecht gesprochen vor, mit dem Sie normalerweise den Satz innerlich zu sich selbst sagen.

– Entscheiden Sie dabei nun, ob die Stimme, mit der Sie sich den Satz innerlich selbst vorsagen, eher eine hohe oder eher eine tiefe Stimme ist.

– Verändern Sie dann die Höhe der Stimme, stellen Sie sich den Satz einmal ganz hoch und einmal ganz tief gesprochen vor.

– Kehren Sie dann wieder zur Originalversion des Satzes zurück, sagen Sie sich den Satz wieder in der Form vor, in der Sie sich den Satz normalerweise innerlich vorsagen würden.

– Entscheiden Sie nun, aus welcher Richtung Sie den Satz in der Originalversion hören (von vorne, von hinten, von der Seite, …).

– Verändern Sie dann die Richtung, aus der Sie den Satz hören. Versuchen Sie, ihn aus verschiedenen anderen Richtungen gesprochen wahrzunehmen.

– Kehren Sie dann wieder zur Originalversion des Satzes zurück. Nehmen Sie nun wahr, ob Sie den Satz in der Originalversion eher laut oder eher leise gesprochen wahrnehmen.

– Verändern dann die Lautstärke, mit der Sie den Satz innerlich hören, versuchen Sie, den Satz ganz laut oder ganz leise gesprochen wahrzunehmen.

– Kehren Sie dann wieder zu der Originalversion des Satzes zurück, nehmen Sie ihn wieder so wahr, wie Sie ihn normalerweise innerlich zu sich selbst sagen.

- Versuchen Sie dann, sich vorzustellen, wie sich der Satz ganz schnell oder ganz langsam gesprochen anhört. Verändern Sie die Geschwindigkeit, mit der der Satz gesprochen wird.
- Kehren Sie danach wieder zur Originalversion des Satzes zurück. Stellen Sie nun fest, ob Sie den Satz in der Originalversion in Hochdeutsch oder in Dialekt gesprochen hören.
- Versuchen Sie dann, den Satz in einem veränderten Dialekt gesprochen wahrzunehmen.
- Vielleicht gelingt es Ihnen auch, den Satz in einer Fremdsprache gesprochen wahrzunehmen.
- Kehren Sie danach wieder zu der Originalversion des Satzes zurück. Nehmen Sie den Satz wieder so wahr, wie Sie ihn normalerweise zu sich selbst sagen würden.
- Stellen Sie sich nun den Satz auf eine gesungene Art und Weise vor, stellen Sie sich vor, wie sich der Satz gesungen anhören würde.
- Sagen Sie sich danach den Satz innerlich wieder in der Originalversion vor.
- Versuchen Sie nun, ob es Ihnen gelingt, sich den Satz von Ihrem Lieblingskomiker gesprochen vorzustellen.
- Rufen Sie sich dann zum Abschluss noch einmal diejenige Veränderung in Erinnerung, die die Bedeutung des Satzes für Sie am meisten verändert hat, sei es das Geschlecht, die Höhe, die Richtung der Stimme, die Lautstärke, die Geschwindigkeit, der Dialekt der Stimme, die Stimme in einer Fremdsprache oder von einem Komiker gesprochen oder die Stimme auf eine gesungene Art und Weise zu hören.
- Sagen Sie sich die Notfallregel zum Abschluss der Übung noch einige Male in der Form vor, die für Sie den Satz innerlich am deutlichsten verändert.

Wenn Sie die Notfallregel in ihrer emotionalen Qualität so verändern können, dass sie als lächerlich, nicht zu ihnen gehörig erlebt wird, hat sie ihre Eigenschaft als Stressgedanke eingebüßt und ist somit wirkungslos. Gelegentlich macht es nach einigen dieser submodalen Veränderungen sogar Schwierigkeiten, sich die Notfallregel in der Originalversion vorzustellen.

6.5 Anwendung der Methoden

Bei der Anwendung der oben beschriebenen Methoden zur Veränderung von Notfallregeln sollten die nachfolgend aufgeführten Hinweise beachtet werden, um einen möglichst großen Erfolg zu erzielen:

Hinweise zur Anwendung der beschriebenen Veränderungsmethoden:

- Üben Sie möglichst oft.
- Üben Sie in einer Umgebung, in der wenige Störreize (Lärm etc.) vorhanden sind.
- Wenn Sie ein Entspannungsverfahren beherrschen, so üben Sie nach der Entspannung.
- Sie werden mindestens ca. 100 der oben beschriebenen Durchgänge brauchen, um eine Veränderung zu bemerken.
- Sie können bei der im Abschnitt 6.2 beschriebenen Methode auch mit wechselnden, positiven und negativen Vorstellungen arbeiten.
- Je mehr und je spezifischere Gegenargumente bzw. Vor- und Nachteile Sie bei der Anwendung der im Abschnitt 6.3 beschriebenen Methode finden, desto schneller und deutlicher tritt der Veränderungseffekt ein.
- Achten Sie genau auf die oben beschriebene Abfolge der Vorstellungen.

Ein einmaliges Durchlaufen der für die jeweiligen Methoden beschriebenen Gedankengänge wird noch keinen besonders großen Effekt haben, die Gedankengänge müssen „automatisiert" werden. Dies wird erst nach einiger Zeit der Übung gelingen.

Den Erwerb einer Entwicklungsregel kann man sich als eine Abfolge von fünf Schritten vorstellen (vgl. Abbildung 44). Auf der ersten Stufe erfolgt eine „theoretische", intellektuelle Entscheidung für die Entwicklungsregel. Man hat eine Regel als hinderlich identifiziert und hätte gerne eine andere, nützlichere Regel.

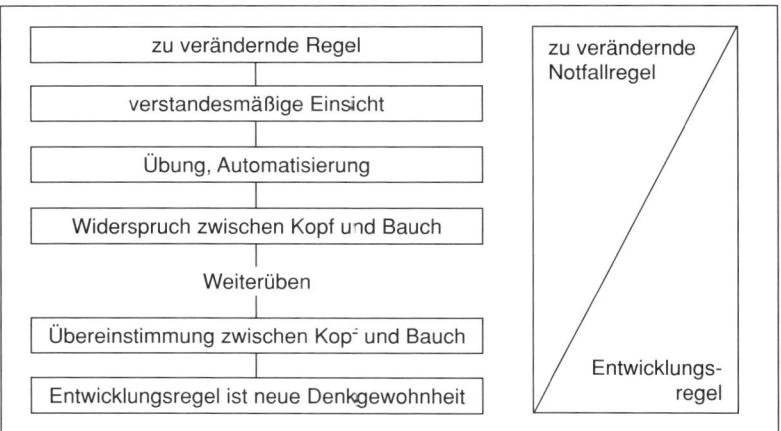

Abbildung 44: Stufen der Veränderung einer Notfallregel

Auf der zweiten Stufe erfolgt dann die Festlegung der Übungsschritte. Die vorher festgelegten Gedankengänge werden mehrfach durchlaufen. Ist dies häufig genug geschehen, so kommt es irgendwann zu einem Widerspruch zwischen „Kopf und Bauch". Man hat dann den Eindruck, sich mit der neuen, als hilfreicher erkannten Entwicklungsregel nur etwas vorzusagen oder einzureden, an das man innerlich (noch) gar nicht glaubt. Auf der vierten Stufe kommt es dann zu einer Übereinstimmung zwischen „Kopf und Bauch", die theoretische, intellektuelle Einsicht verwandelt sich in eine gefühlsmäßige, emotionale Einsicht. Diese nun in „Fleisch und Blut" übergegangenen Einsichten etablieren sich auf der fünften Stufe dann zu neuen Denkgewohnheiten.

7 Verhaltensänderung

Im letzten Kapitel geht es darum, wie man sich den Prozess der Verhaltensänderung vorstellen kann und mit welchen Widerständen man dabei rechnen muss. Dass es schwierig ist, das eigene Verhalten zu ändern, weiß schon der Volksmund. Aus Sicht des vorliegenden Buches hat dies zwei Gründe:

1. Man hat in der Regel keinen Zugang zur autonomen Emotion, sonst wäre sie nicht autonom (vgl. Kapitel 1).
2. Die autonome Emotion gaukelt dem Bewusstsein eine starke Veränderung vor, obwohl (bzw. gerade weil) dieses stark an Stabilität ausgerichtet ist.

Der erste Schritt zu einer Verhaltensänderung ist sicherlich die Beschaffung von Informationen, dies kann z. B. durch das Lesen von Büchern geschehen. Wenn es alleine dabei bleibt, wird das erworbene Wissen jedoch eher theoretisch und abstrakt sein. Es wird sich dadurch nur wenig am Verhalten in konkreten Situationen ändern. Eine Veränderung von generellen Überzeugungen wird sich nur einstellen, wenn die gewünschten Verhaltens- und Reaktionsveränderungen gezielt in konkreten Situationen des täglichen Lebens eingesetzt werden. Für das Erlernen neuer Verhaltensweisen sind einige Prozesse besonders bedeutsam, die nachfolgend näher beschrieben sind.

7.1 Von der seriellen zur parallelen Informationsverarbeitung

Unser Gehirn kann, ähnlich einem Computer, Informationen parallel oder seriell verarbeiten. In den verschiedenen Phasen des Erwerbs neuer Verhaltensweisen erfolgt die Informationsverarbeitung dabei auf unterschiedliche Art und Weise.

Serielle Informationsverarbeitung

Am Anfang des Verhaltensänderungsprozesses ist eine serielle Informationsverarbeitung nötig. Das heißt, man muss sich in einer Situation sehr stark auf den Einsatz der gewünschten neuen Verhaltensweise konzentrieren. Ein großer Teil der geistigen Kapazität wird für die bewusste Steuerung des angestrebten Zielverhaltens gebraucht. Der Begriff „seriell" beschreibt die Tatsache, dass man dabei verschiedene Schritte nur in Serie, d. h. nacheinander ausführen kann. Das Motto der seriellen Informationsverarbeitung ist: „Eines nach dem anderen."

Parallele Informationsverarbeitung

Nach einiger Zeit der Übung kann dann die Informationsverarbeitung parallel
erfolgen, d. h., man kann dann mehrere unterschiedliche Aktivitäten gleichzeitig ausführen. Man benötigt nur noch eine geringe gedankliche Kapazität für
die Verhaltensänderungstechniken und kann sich dagegen fast vollständig auf
die Situation konzentrieren. Im Gegensatz zur seriellen Verarbeitung ist es bei
der parallelen Verarbeitung möglich, zwei oder mehrere Dinge gleichzeitig,
parallel ablaufend auszuführen. Durch Übung wird der anfänglich aufmerkam-
keitsverschlingende serielle Kontroll- und Veränderungsprozess zunehmend
automatisiert und der Teil der dazu notwendigen Aufmerksamkeit zunehmend
geringer.

Dieser Prozess – von der seriellen zur parallelen Verarbeitung – läuft immer
dann ab, wenn wir neue Verhaltensweisen lernen, z. B. wenn wir lernen, in
England Auto zu fahren oder uns mit der linken Hand die Zähne zu putzen.
Der Prozess benötigt zu Beginn noch unsere ganze Aufmerksamkeitskapazität,
nach einiger Zeit wird das neue Verhalten jedoch fast ganz automatisch ausgeführt, die willentliche Konzentration kann zunehmend auf andere, parallel
dazu ablaufende Aktivitäten übergehen.

7.2 Dann üben, wenn man das Verhalten gerade *nicht* benötigt

Nach dem Yerkes-Dodson-Gesetz (Yerkes & Dodson, 1908) funktioniert unser
Gehirn in Stresssituationen in Bezug auf die Verarbeitung von Informationen,
die nicht unbedingt für das physische Überleben notwendig sind, eher weniger
gut. Dies bedeutet, dass also alle Informationen jenseits der Verfolgung des
zentralen Bedürfnisses und jenseits der Vermeidung der zentralen Angst in
Stresssituationen unzureichend verarbeitet werden. Vorhandenes Wissen, das
prinzipiell in unserem Gehirn gespeichert ist, ist in diesen Situationen quasi
für einige Zeit wie verschüttet, wir können nicht mehr so einfach darauf zu-
greifen. Ähnlich verhält es sich mit der Fähigkeit zur Aufnahme und zur Verarbeitung von neuen Informationen. In Stresssituationen können wir nur sehr
ineffektiv lernen. Der Weg der Information in unser Gehirn ist in Stresssituationen zumindest teilweise blockiert, weil die Wahrnehmung auf die potenzielle Bedrohung ausgerichtet ist.

Daraus wird ersichtlich, dass es wenig sinnvoll ist, neue Verhaltensweisen erst
dann zu erlernen, wenn man sie gerade benötigt. Das Erlernen dieser neuen

Verhaltensweisen sollte „auf Vorrat" geschehen. Man sollte sich am besten nicht in einer Stresssituation befinden und die gewünschte neue Verhaltensweise aktuell nicht gerade benötigen. In einer Stresssituation läuft unser Verhalten, wie beschrieben, weitgehend automatisch ab, die Gelegenheit, sich neue Reaktionsweisen zu überlegen und auszuprobieren, ist dann relativ ungünstig. Das Zielverhalten sollte also bereits soweit „verinnerlicht" bzw. eingeübt sein, dass man über die korrekte Ausführung des Verhaltens in einer Stresssituation nicht mehr nachzudenken braucht. In der Stresssituation sollte unsere Aufmerksamkeit nur noch darauf gerichtet sein, *dass* wir das Zielverhalten einsetzen, und nicht darauf, *wie* dieses Verhalten im Detail ausgeführt werden sollte.

7.3 Gründe für Schwierigkeiten bei der Verhaltensänderung

Das Erlernen neuer und das Verlernen alter Verhaltensweisen wird von den meisten Menschen als eher schwierig empfunden. Nachfolgend sind einige Überlegungen aufgeführt, die dabei helfen können, auch bei Schwierigkeiten weiter in Richtung des gewünschten Zielverhaltens voranzugehen.

Lernen in der Kindheit

Wie in Kapitel 1 beschrieben werden viele Verhaltensweisen bereits in der Kindheit erworben. Aufgrund einiger Besonderheiten beim Erwerb neuen Wissens in der Kindheit können unter gewissen Bedingungen ungünstige Entwicklungen noch verstärkt werden. So sind die Lernfähigkeit und die Lernwilligkeit infolge des rasanten Wachstums des Nervensystems in der Kindheit besonders groß. Die Kritikfähigkeit gegenüber der Umwelt ist jedoch noch sehr schwach ausgeprägt. So können in der Kindheit auch ungünstige Verhaltensweisen besonders gut gelernt werden. Man kann diesen Sachverhalt nun als Entschuldigung für eine Nicht-Veränderung verwenden oder man versucht, trotz der Schwierigkeiten, Veränderungen anzugehen.

Das neue Verhalten wirkt unnatürlich und „aufgesetzt"

Neue Denkmuster und neue Verhaltensweisen werden zunächst natürlich als fremd empfunden, dies ist ganz normal, sonst wären sie ja nicht neu. Mit neuen Denk- und Verhaltensweisen verhält es sich wie mit neuen Schuhen, am Anfang passen sie nicht (zu einem), mit der Zeit jedoch werden sie immer passender, und nach einiger Zeit passen sie wie angegossen. Seien Sie sich daher bewusst, dass die neuen Denk- und Verhaltensweisen zu Beginn noch als fremd erscheinen *müssen*. Nehmen Sie gerade dies als ein Anzeichen der einsetzenden Veränderung. Wenn Sie sich weiterhin genau so verhalten würden, wie Sie es immer getan haben, so würden Sie sich nicht weiterentwickeln.

Die Verhaltensänderung erfordert Arbeit

Ähnlich wie es in der Physik eine „Trägheit" gibt, scheint es auch eine Trägheit, ein Beharrungsvermögen im Verhalten zu geben. Genau wie im physikalischen Bereich erfordert es die Zufuhr von Energie, um diese Trägheit zu überwinden.

Am Anfang ist es notwendig, sich intensiv auf die Abläufe zu konzentrieren, um sie gegenüber dem bisherigen, routinierten Ablauf verändern zu können. Dies erfordert natürlich Aufmerksamkeit und geistige Kapazität. Halten Sie sich daher immer die Ziele Ihrer geplanten Verhaltensänderung vor Augen, denken Sie daran, dass der Aufwand der Verhaltensänderung mit jedem Übungsdurchgang geringer werden wird.

Uneindeutigkeit bedeutet Unsicherheit

Wenn man sich anders verhalten will als bisher, geht man ein gewisses Risiko ein, da man ja den Effekt der neuen Verhaltensweisen nicht genau vorhersagen kann. Wir streben prinzipiell danach, in einer möglichst vorhersehbaren und kalkulierbaren Welt zu leben. Wir sollten uns dessen bewusst sein, dass dieses Streben dazu beiträgt, das momentane Verhalten beizubehalten, da es einen stabilen und bekannten Faktor in unserem Leben darstellt. Neues Verhalten dagegen bedeutet Unsicherheit sowohl hinsichtlich der Ausführung als auch hinsichtlich der eigenen Reaktionen bzw. der Reaktionen anderer Menschen auf die geänderten Verhaltensweisen.

7.4 „Rückfall"

Wenn man versucht, sein Verhalten zu ändern, so wird dies nicht auf einen Schlag zu hundert Prozent funktionieren, es wird immer wieder „Rückfälle" in alte Verhaltensweisen geben. Eine Verhaltensänderung erfolgt in der Regel nicht sprunghaft. Nach Prochaska und DiClemente (1992) vollzieht sich eine Verhaltensänderung in fünf Phasen (vgl. Abbildung 45):

1. Phase: Eine Verhaltensänderung wird gar nicht in Betracht gezogen, da man eine Verhaltensänderung gar nicht als wichtig erachtet, andere Ziele momentan wichtiger sind, man sich nicht in der Lage sieht, das Verhalten zu ändern, oder kein Wissen um eventuelle negative Konsequenzen des momentanen Verhaltens besteht.

2. Phase: In dieser Phase wird ernsthaft über eine Verhaltensänderung nachgedacht. Man ist offen für neue Informationen und sucht aktiv nach Informationen. Noch ist nicht klar, welchen Aufwand die Verhaltensänderung bedeuten würde, ebenso ist das Verhältnis von Aufwand zu Nutzen der Verhaltensänderung ungeklärt.

3. Phase: Man ist zu Veränderungen bereit und plant bereits Veränderungen. Neues Verhalten wird ausprobiert, es wird geprüft, wo die Schwierigkeiten und Barrieren liegen, die das neue Verhalten erschweren würden.

4. Phase: Man entwickelt neue Verhaltensweisen. Diese neuen Verhaltensweisen sind auch für Außenstehende zu erkennen.

5. Phase: Das neue Verhalten wird aufrechterhalten und immer mehr automatisch ausgeführt.

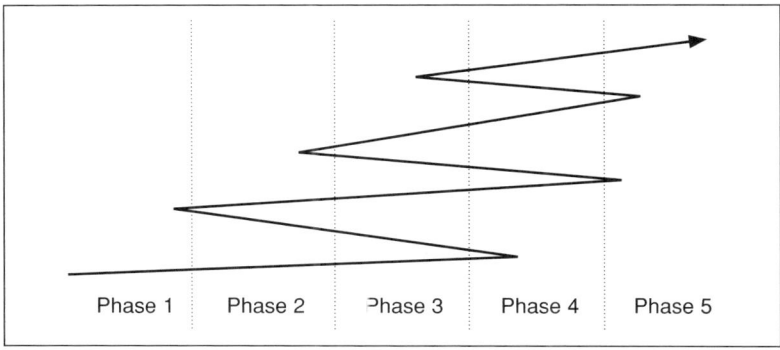

Abbildung 45: Phasenmodell der Verhaltensänderung nach Prochaska und DiClemente (1992)

Die fünf Phasen werden nun in der Regel nicht linear nacheinander durchlaufen, sondern es kommt sehr wahrscheinlich zu einem Hin- und Herschwanken zwischen einzelnen Phasen. Es kann auch zu einem Hängenbleiben in einer der Phasen kommen (viele Handlungen, die wir planen, werden nie ausge-

führt), und es kann zu einem „Rückfall" kommen. Ein „Rückfall" ist so gesehen keine eigene Phase des Erwerbes neuer Verhaltensweisen, sondern ein in
jeder Phase (außer der ersten) normalerweise auftretendes „Pendeln" zwischen
verschiedenen Phasen. Der „Rückfall" ist also eher der Normalfall des Schwan-
kens zwischen verschiedenen Phasen des Verhaltenserwerbs. Ein solches
Pendeln zwischen verschiedenen Phasen ist besonders häufig in Situationen,
in denen man sich emotional beeinträchtigt fühlt (z. B. Angst, Ärger), in Situationen mit zwischenmenschlichen Konflikten und in Situationen, die sozialen
Druck erzeugen (Gruppenzwang), zu erwarten.

7.5 Inkubation

Beim Lernen neuer Verhaltensweisen kommt es häufig zum Effekt der „Inku-
bation". Ähnlich wie bei einer grippalen Infektion dauert es ab dem Zeitpunkt
der eigentlichen Infektion einige Zeit, bis die Symptome bemerkbar sind. In
der Zwischenzeit passiert nichts Merkliches, obwohl bereits ein Veränderungs-
mechanismus in Gang gesetzt ist. Nach einiger Zeit wird die Veränderung dann
unvermittelt bemerkbar. Offenbar benötigt auch das Lernen von neuen Verhaltensweisen manchmal eine solche „Inkubationszeit", in der die Lerninhalte
irgendwo abgelegt sind und momentan nichts oder nur wenig sicht- oder spür-
bar bewirken. Doch ähnlich wie bei einer körperlichen Infektion ist der Prozess
der Veränderung – wenn auch momentan vielleicht noch unmerklich – in Gang
gesetzt.

Der Wirkmechanismus dieses Inkubationseffekts kann zu einem guten Teil
durch die Beseitigung einer „Hyper-Intention" erklärt werden. Mit „Hyper-
Intention" wird der Effekt beschrieben, dass man manchmal, wenn man eine
Sache zu intensiv betreibt, sich so tief in sie verrennt, dass man den Wald vor
lauter Bäumen nicht mehr sieht. Ein gewisser Abstand zur eigenen Anstrengung zur Erreichung der Ziele kann in solchen Fällen der Zielerreichung för-
derlich sein.

Literatur

Bosetzky, H. (1980). Macht und die möglichen Reaktionen der Machtunter-worfenen. In G. Reber (Hrsg.). *Macht in Organisationen* (S. 121–138). Stuttgart: Poeschel.

Bühler, K. (1934). *Sprachtheorie. Die Darstellungsfunktion der Sprache.* Jena: Fischer.

Burns, T. (1961). Micropolitics: Mechanism of Institutional Change. *Administrative Science Quarterly, 6,* 87–101.

Delling, H. (2008). *Internationale Klassifikation psychischer Störungen ICD-10, Kapitel V (F).* Bern: Huber.

Goethe, J. W. von (1948). *Hamburger Ausgabe in 14 Bänden* (Bd. 9). Hamburg: Christian Wegner Verlag.

Hofmann, E. (2001). *Weniger Stress erleben – wirksames Stressmanagement-Training für Führungskräfte.* Kriftel: Luchterhand.

Hofmann, E. (2005). Lassen Sie sich nicht manipulieren. München: mvg-Verlag.

Hofmann, E. (2006). *Wege zur beruflichen Zufriedenheit – die richtigen Entscheidungen treffen.* Bern: Huber.

Kaleko, M. (1983). *Heute ist morgen schon gestern.* München: dtv.

LeDoux, J. (2001). *Das Netz der Gefühle. Wie Emotionen entstehen.* München: dtv.

Neuberger, O. (2002). *Führen und geführt werden.* Stuttgart: UTB/Lucius & Lucius.

Prochaska, J. O. & DiClemente, C. C. (1992). Stages of change in the modification of problem behaviours. In M. Herson (Ed.), *Progress in behaviour modification* (S. 217–231). Newbury Park, CA: Sage.

Roth, G. (2007). *Fühlen, Denken, Handeln.* Frankfurt: Suhrkamp.

Roth, G. (2009). *Aus Sicht des Gehirns.* Frankfurt: Suhrkamp.

Sachse, R. (2007). *Schwarz ärgern – aber richtig.* Stuttgart: Klett-Cotta.

Sachse, R. (2007). *Wie manipuliere ich meinen Partner – aber richtig.* Stuttgart: Klett-Cotta.

Sachse, R. (2007). *Wie ruiniere ich meine Beziehung – aber endgültig.* Stuttgart: Klett-Cotta.

Sachse, R. (2008). *Selbstverliebt – aber richtig.* Stuttgart: Klett-Cotta.

Sachse, R. (2009). *Wie ruiniere ich mein Leben – und zwar systematisch.* Stuttgart: Klett-Cotta.

Saß, H., Wittchen, H. U. & Zaudig, M. (2003). *Diagnostische Kriterien DSM-IV-TR.* Göttingen: Hogrefe.

Schulz von Thun, F. (1981). *Miteinander reden. Störungen und Klärungen.* Reinbek: Rowohlt.

Sulz, S. (1999). *Als Sisyphus seinen Stein losließ*. München: CIP Medien.

Sulz, S. & Sulz, J. (2005). *Emotionen*. München: CIP Medien.

Watzlawick, P. (2009). *Anleitung zum Unglücklichsein*. München: Piper.

Yerkes, R. M. & Dodson, J. D. (1908). The relationship of strength of stimulus to rapidity of habitformation. *Journal of Comparative Neurological Psychology, 18,* 58–67.

Anhang

Lösung zur Übung „Gedanken – Gefühle" auf Seite 153 im Kapitel 5.4.2.2

- Ich fühle mich ausgelaugt. (Gefühl)
- Ich habe das Gefühl, er/sie mag mich nicht. (Gedanke)
- Ich habe das Gefühl, dass es schlimm ist, wenn ich die Antwort nicht weiß. (Gedanke)
- Ich habe Angst vor dem Vortrag. (Gefühl)
- Ich habe das Gefühl, dass mich die anderen für blöd halten. (Gedanke)
- Ich denke, dass ich traurig bin. (Gedanke)
- Ich glaube, ich habe einen Fehler gemacht. (Gedanke)
- Ich habe das Gefühl, ein Versager zu sein. (Gefühl)

Lösung zur Übung „Beschreibung und Interpretation von Verhalten trennen" auf Seite 154 im Kapitel 5.4.2.3

- Herr A hat den Ausflug sehr gut vorbereitet. (Interpretation)
- Herr F ist häufig abweisend. (Interpretation)
- Auf Frau C kann man sich nicht verlassen. (Interpretation)
- Frau D kam in den letzten drei Wochen viermal zu spät zu einer Verabredung. (Beschreibung)
- Aus Mangel an Selbstbewusstsein wirkt Herr B unsicher. (Interpretation)
- Herr E hat sein Auto in der letzten Woche dreimal auf den falschen Parkplatz gestellt. (Beschreibung)
- Frau G ist immer sofort aufbrausend und ungerecht. (Interpretation)
- Herr H trickst seine Mitmenschen häufig aus. (Interpretation)

Lösung zur Übung „Ich- und Du-Aussagen" auf Seite 155 im Kapitel 5.4.2.4

Du-Aussagen	Ich-Aussagen
„Wo warst du denn die ganze Zeit?"	„Ich habe mir Sorgen gemacht, wo du bleibst."
„Du lässt dich in der letzten Zeit überhaupt nicht mehr sehen."	„Ich würde mich gerne öfter mit dir treffen."
„Du hast schon wieder das falsche Essen gekocht."	„Ich mag dieses Essen nicht."
„Du sollst mich jetzt endlich in Ruhe lassen."	„Ich möchte in Ruhe meine Zeitung lesen."
„Du kommst schon wieder zu spät."	„Ich ärgere mich über Unpünktlichkeit."
„Du sollst nicht mit schmutzigen Händen an den Tisch kommen."	„Ich lege großen Wert auf Sauberkeit am Tisch."

Buchtipps

Richard Bents · Reiner Blank

Typisch Mensch

Einführung in die Typentheorie

3., überarbeitete Auflage 2005,
143 Seiten, € 15,80 / sFr. 26,90
ISBN 978-3-8017-1834-3

Typisch Mensch führt in einer verständlichen
Weise in die Typentheorie ein. Mit welchen unterschiedlichen Präferenzen leben und begegnen
sich Menschen im Alltag bewusst und unbewusst?
Der Band will zu einer bewussten Wahrnehmung
verhelfen, wie Menschen ihre Umwelt wahrnehmen
und wie sie Entscheidungen treffen.

John P. Forsyth · Georg H. Eifert

Mit Ängsten und Sorgen erfolgreich umgehen

*Ein Ratgeber für den achtsamen Weg
in ein erfülltes Leben mit Hilfe von ACT*

2010, 245 Seiten, inkl. CD-ROM,
€ 24,95 / sFr. 42,–
ISBN 978-3-8017-2249-4

Der Ratgeber liefert ein wirkungsvolles Selbsthilfe-
programm zum erfolgreichen Umgang mit Ängsten
und Sorgen. Mithilfe des ACT-Ansatzes lernen
Betroffene, ihre Aufmerksamkeit von der Angst weg
auf das zu richten, was ihnen wirklich wichtig ist
im Leben, und so einen Weg in ein erfülltes Leben
zu finden.

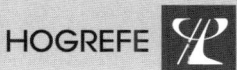

HOGREFE

Paul Watzlawick /
Janet H. Beavin / Don D. Jackson

Menschliche Kommunikation

Formen Störungen Paradoxien

12., unv. Aufl. 2011. 271 S., Kt
etwa € 19.95 / CHF 29.90
ISBN 978-3-456-84970-6

Watzlawicks Standardwerk der Kommunikationswissenschaft handelt von den pragmatischen Wirkungen der Kommunikation im zwischenmenschlichen Verhalten und deren Störungen.

Maja Storch

Machen Sie doch, was Sie wollen!

Wie ein Strudelwurm den Weg zu Zufriedenheit und Freiheit zeigt

2010. 136 S., zahlr. Abb., Kt
€ 17.95 / CHF 29.90
ISBN 978-3-456-84754-2

Wie Sie mit einem kleinen Wurm herausfinden, was Sie wirklich wollen, und wie Sie mit dieser Fähigkeit frei und zufrieden werden.

HUBER